# HOW
# PEOPLE LEARN
## LEARNING INNOVATION

LEARNING INNOVATION
# HOW PEOPLE LEARN

**초판 1쇄 인쇄** 2021년 11월 12일
**초판 1쇄 발행** 2021년 11월 19일
**지은이** 닉 섀클턴 존스(Nick Shackleton-Jones)
**옮긴이** 오승민
**펴낸이** 최익성
**편집** 유정혜
**마케팅** 임동건, 임주성, 홍국주, 김아름, 신현아
**마케팅 지원** 황예지, 신원기, 박주현, 이혜연, 김미나, 이현아, 안보라
**경영지원** 임정혁, 이순미
**펴낸곳** 플랜비디자인
**디자인** 바이텍스트

**출판등록** 제2016-000001호
**주소** 경기도 화성시 첨단산업1로 27 동탄IX타워
**전화** 031-8050-0508
**팩스** 02-2179-8994
**이메일** planbdesigncompany@gmail.com

**ISBN** 979-11-6832-003-1   03320

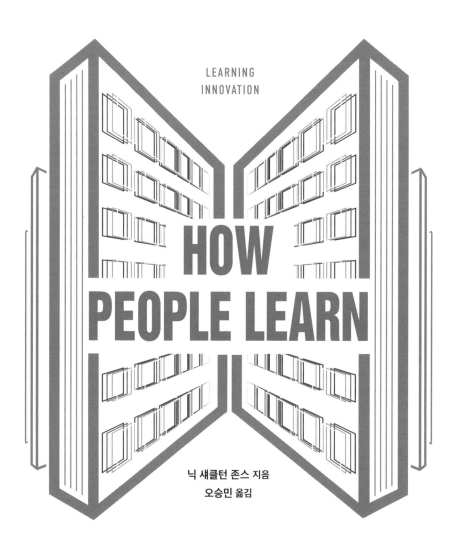

LEARNING
INNOVATION

# HOW
# PEOPLE LEARN

닉 섀클턴 존스 지음

오승민 옮김

PlanB DESIGN 플랜비디자인

## 차례

---

### ◆ 1장 ◆
# 도대체 로봇은 어디로 갔을까?    41

---

---

### ◆ 2장 ◆
# 우리는 어떻게 배우는가?(정서맥락모델)    61

---

'우리는 왜 HR을 싫어하는가? Why we hate HR?'라는 논문은 HR 관련 문헌 중에 가장 많은 조회 수를 기록하였다. 솔루션 네트워크의 CEO인 하몬즈가 사업의 관점에서 바라본 HR에 대한 객관적인 평가를 담은 이야기로 4가지 관점에서 HR의 활동들을 비판하고 있다. 먼저 HR은 사업에 대한 이해 및 통찰이 부족하고, 둘째 가치 창출이 아닌 효율성을 높이는 일들에 매몰되어 있으며, 셋째 복잡해지고 다양화되는 경영환경에 예외를 만드는 것이 변화의 원동력임에도 HR은 아직도 획일성과 균등의 잣대에 얽매여 있다는 것, 마지막으로 사업 성과를 창출할 수 있는 제안을 선행적으로 하기보다는 항상 경영진이 의사결정을 해 주기를 기다린다는 것이다.

국내/외를 막론하고 HR은 위기에 직면해 있다. HR의 핵심 기능으로 여겨지는 인원/인건비에 대해서도 일부 글로벌 기업에서는 CFO 조직으로 이관하고 있다. 오히려 비용을 관리하는 CFO 조직이 훨씬 더 전문성이 있다고 판단한 것이다. 또한 오픈 이노베이션 및 아웃소싱의 명목으로 조직 내 교육부서들의 역할이 점점 축소되어 가고 있는 것 또한 우리가 관심 있게 볼 대목이다. 교육부서에서는 많은 양의 온라인 콘텐츠들을 만들어 쌓아두고 있지만, 현실은 암담하다. 이미 우리 사회는 굳이 회사의 시스템에 접속하지 않더라도 관심만 있다면 내가 원하는 정보나 지식에 언제 어디서든 접근할 수 있는 환경을 갖추고 있다.

이러한 현실에 직면하게 된 이유는 지금까지 HR이 조직 내 다양한 이해관계자들에게 실질적인 가치를 제공하지 못했기 때문이다. 가치라는 것은 주는 사람이 아니라 받는 사람이 느끼는 것이다. 중요한 것은 HR의 성과지표 관리가 아니라 사업의 성과지표이다. 이 둘의 인과관계가 결여된 상황에서의 HR 활동은 단지 이벤트에 불과할 뿐이다. 20년간 기업 교육에 종사하면서 '내가 정말 사업에 어떠한 가치를 더했는가?' 자문해보면 스스로 부끄러워지기도 하고 미안해지기도 한다.

기업교육 시스템에 문제가 있다고 느끼고 비판하는 사람들은 많지만 어떻게 고칠지 구체적인 아이디어와 대안을 제시하는 사람은 거의 없다. 지금의 상황은 내가 기업 교육을 시작한 20년 전과 별반 다르지 않으며 교육 분야의 혁신은 아직 이루어지지 않은 것 같다. 이 말인즉슨, 문제가 그대로 반복되고 있다는 것이다. 지난 20년 동안은 기업 교육의 근본적인 문제를 개선하기보다는 그저 유행하는 프로그램들을 이것저것 경쟁처럼 도입하고 실행하는 것을 반복했던 것 같다.

그렇다면 현재 기업 교육의 몇 가지 문제점들에 대해서 생각해보자.

## 1. 누구를 위한 교육인가?

에빙하우스Hermann Ebbinghaus의 망각곡선은 교육공학에서 핵심 공식처럼 적용되고 있다. 사람의 기억은 유한하여 어떤 정보든 일정한 시간이 지나면 기억에서 사라진다는 것이다. 대략 6일이 지나면 25% 정도밖에 기억을 못 한다고 한다. 그래서 우리 교육자들은 기억을 유지하기 위한 다양한 전략들을 수립하여 학습자들을 괴롭혀왔던 것도 사실이다. 그러나 여기서 중요한 사실은 에빙하우스가 망각 실험에 사용한 정보들은 의미 없는 문자의 조합에 불과했다는 것이며, 이는 곧 개인에게 의미가 없는 정보는 쉽게 사라진다고 해석할 수 있다. 결국, 학습 효과를 높이기 위해서는 개인에게 의미 있는 혹은 개인이 관심 있는 내용이나 현재 수행하고 있는 일에 직접적으로 연관되는 내용을 제공해야 한다.

기업 차원에서 교육과정 개발을 시작할 때 흔히 저지르는 실수는 바로 경영진들에게 구성원들이 배워야 할 게 무엇이라고 생각하는지 물어보는 것이다. 교육 담당자들은 구성원들이 원하는 것은 이미 알고 있다고 착각하고 물어보는 것 자체가 시간 낭비라고 치부해버린다. 최근에 그러한 현상이 더 두드러지는데 이것은 잘못된 접근 방식이다. 이 경우, 경영진들은 구성원들이 해야 한다고 생각해왔던 주제들을 나열할 것이고 그러면 또 교육 담당자는 그 주제를 묶어서 교육과정을 개발할 것이다. 그렇게 만들어진 교육 내용이 구성원들의 관심사와 관련이 있을 리 만무하고 자발적인 학습을 기대하기란 더더욱 어렵다. 결국 필수 교육이라는 명목으로 구성원들에게 의미 없이 넥스트 버튼을 클릭하게 만드는 것이다. 어떤 이유에서든 교육과정개발의 출발점은 경영진이 아닌 구성원들이어야 하며 그들이 무엇에 관심을 두고 현업에서 무엇을 하려고 하는지 이해해야 한다. 사람들은 관심 없는 콘텐츠는 거들떠보지도 않을 것이다.

## 2. Digital! Digital! Digital!

'GIGO<sup>Gabage In Gabage Out</sup>'라는 말이 있다. 쓰레기가 들어오면 쓰레기가 나간다는 뜻이다. 몇십 년 전만 해도 이러닝이 모든 교육의 혁신을 불러일으킬 것으로 생각했다. 그러나 사람들은 기대했던 것만큼 이러닝 콘텐츠를 활용하지는 않았다. 일부 교육학자들은 그 원인을 인간이 주의 집중할 수 있는 시간의 한계량 탓으로 돌리며 이러닝 콘텐츠를 쪼개기 시작했다. 그 결과 많은 기업이 마이크로 러닝 형식의 교육 방식을 도입하기 시작했다. 수만 개의 마이크로 러닝 콘텐츠들이 교육시스템에 차곡차곡 쌓여가지만 아무도 관심을 두지 않았다. 그러자 이제는 편리성을 강조하며 언제 어디서든 볼 수 있도록 모바일 러닝을 제공하고 있다. 하지만 안타깝게도 기업에서 제공하는 마이크로 러닝 콘텐츠 중에 구성원들의 조회 수가 가장 높은 것은 화면의 제일 상단에 디스플레이되었다는 공통점이 있을 뿐이다. 이것은 예외 없이 모든 조직에 적용되는 법칙이다.

사실 우리는 필요에 의해 유튜브를 찾아보면서도 10분 남짓의 시간조차 지루해하며 앞부분은 쭉 당겨버리고 실질적인 정보를 제공하는 부분으로 급하게 이동한다. 하물며 관심도 흥미도 없는 콘텐츠를 도대체 누가 처음부터 하나하나 들여다보고 있을까? 인간은 인지적인 구두쇠이다. 인지를 최대한 덜 사용하는 방식으로 진화했다. 그러므로 관심이 없는 내용, 자신의 삶과 일에 직접적인 영향을 미치지 않는 정보는 철저히 무시한다. 교육담당자들은 이런 특성을 인지하고 쓸모없는 정보들을 대량 생산하는 공급자 중심의 사고방식을 버려야 한다.

### 3. 교육체계<sup>Training roadmap</sup>는 꼭 필요한가?

현재의 교육방식은 인간발달이론에서 기인한 것으로 개인을 상당히 유아적인 존재로 인식한다. 사회생활을 위해 배워야 할 실용적인 지식은 철저하게 배제되기 때문에 우리는 고등학교를 마칠 때까지도 세상이 어떻게 돌아가는지 현실을 전혀 인지하지 못한 채 대학에 들어가게 된다. 기업에서도 교육 체계, 역량 세분화라는 명목으로 거대한 피라미드를 만들고는 구성원들에게 수준에 따른 단계별 교육을 제공해 왔다. 이러한 교육 체계를 따른다면 특정 지식을 전문가 수준으로 습득하기 위해서는 10년도 더 기다려야 할지 모른다. 최근 글로벌 기업에서는 기존의 필수 교육 체계(직무 및 리더십 등)를 대체하는 방식으로 레고<sup>LEGO</sup>형 교육체계를 운영하며 민첩하게 움직이고 있다. 빠르게 변화하는 시대의 흐름에 대응하기 위해서는 기존의 수준별 교육을 차곡차곡 받아 직무 역량을 단계적으로 쌓아간다는 것이 본질적으로 무의미해졌기 때문이다. 업무를 수행하는데 사원이 갖춰야 할 역량과 대리가 갖춰야 할 역량을 구분하기도 쉽지가 않다. 이제부터 우리는 자기 주도적으로 이슈나 과제를 선정하고 그것의 해결에 필요한 교육을 선택함으로써 스스로 레고 블록을 만들어 가야 한다.

## 4. 무엇을 측정하려고 하는가?

"1박 2일 동안 팀장들을 대상으로 연수원에서 교육한 적이 있다. 1일 차 과정이 끝나고 저녁 만찬에 참가한 팀장들은 나에게 와서 교육이 정말 도움이 되었고 조금 더 일찍 이 과정에 참석했다면 지금보다 훨씬 더 좋은 리더가 되었을 거라고 이야기했다. 대부분의 교육생은 강사의 전문성과 새로운 교육 접근법에 매료되어 지금까지 받은 교육 중 최고의 과정이라고 입을 모았다. 직접 강의를 했던 강사도 첫날의 반응에 동기부여가 되어 두 번째 날에는 더 열정적으로 강의를 했다. 그런데 거기서 문제가 발생했다. 강사가 너무 열정이 넘쳐서 30분 정도 늦게 강의를 마친 것이다. 짐작하겠지만 스마일 시트는 더는 스마일이 아니었다. 내가 운영한 교육과정의 평균에도 훨씬 못 미치는 만족도가 나왔다."

기업교육에서는 아직 커크패트릭Kirkpatrick의 4단계(반응-학습-행동-결과) 평가 모형을 활용하고 있다. 일반적으로는 '교육 만족도-학업성취도Test-현업 적용도-사업성과 기여도'로 구분하여 운영한다. 제시된 4가지 단계 중 3단계와 4단계 정도만 의미 있는 척도라고 할 수 있는데 대부분 기업에서는 1, 2단계 정도만 운영하는 실정이다.

2단계 '학습'은 학습이 아니라 암기이다. 다시 말해, 의미 있는 방식으로 행동이나 능력에 영향을 주지 않으면서 많은 양의 정보를 암기하게 하는 것이다. 사람들에게 극도의 불안감을 주는 것이 유일한 목적인 것 같은 테스트는 사람들의 관심을 유발하는 가장 손쉽고 간편한 방법이다. 교실에서 학생들을 집중시키려면 다음 주에 있을 시험 관련 정보들을 찍어 주면 되고 기업에서 직원들이 무언가 열심히 학습하게 하려면 필수 이수 과정으로 등록시켜서 괴롭히면 된다. '이수를 안 하면 당신은 진급을 못 합니다' 얼마나 손쉽게 학습이 일어나게 하는 방법인가? 그런데 이러한 학습이 3, 4단계인 현업적 용도와 연계될지는 고민해 봐야 한다.

측정하기 쉬운 것을 측정하는 것은 의미가 없다. 비즈니스 언어와 연계되지 않는 평가 항목들은 어차피 작위적이며, 주관부서 이외에는 아무도 관심을 가지지 않는다.

## 5. 고마운 사람들

그래도 조직 내에는 교육의 가치를 절감하는 아주 고마운 사람들이 있다. 교육 담당자들이 지금까지 존재하는 이유이기도 하다.

### 1) 경영자들

최근 들어 교육 부서의 주요한 역할 중 하나로 꼽히는 것이 법정/사내 필수 교육의 운영이다. 과거와 비교하면 정부 차원의 다양한 규제와 직원 및 산업 보호를 위해 구성원들이 받아야 하는 법정 필수 교육들이 늘고 있다. 이에 더해서 조직 내의 다양한 부서들은 각각의 부서가 가지고 있는 리스크를 최소화하기 위하여 구성원들이 알아야 할 내용을 필수 교육 형식으로 운영하고 있다. 조직은 큰 비용을 들여서 다양한 콘텐츠를 만들고 학습자에게 제공하고 있지만 사실 '제대로 보는 사람이 있을까?' 의문이 든다. 다시 한번 이야기하지만, 사람들은 관심 없는 내용에는 인지적인 노력을 하지 않는다. 그래도 교육 부서는 100% 이수를 끝까지 해낸다. 결국 필수 교육이 늘고 있다는 것은 회사 내의 다양한 운영상의 책임이 구성원들에게 전가되고 있다는 것이다. '우리는 우리가 알려줘야 할 것들은 이미 알려줬어요. 현업에서 잘 실행하지 않아서 발생한 문제입니다!' 얼마나 손쉬운 방법인가? 기업에서 무분별하게 진행되고 있는 필수 교육의 내용을 들여다보면 정말 이러한 내용이 교육으로 해결 가능한 문제인가에 대한 의문이 드는 데다가 오히려 한두 장의 가이드나 체크리스트를 제공하는 것이 효과적인 경우들이 너무도 많다.

## 2) 리더/구성원들

현업의 리더들에게 가장 소중한 교육의 가치는 무엇일까? 대부분은 인재 유지를 위한 수단으로 활용하고 있다. 리더들은 구성원들의 동기부여를 위해 다양한 교육이 필요하다. 내용보다는 기간이 중요하고, 자격증이나 학위를 주는지 등의 제반 사항들이 가장 중요한 요건이다.

교육의 순기능 중에 또 다른 하나는 재충전이다. 오랜만에 현업을 떠나 조용한 연수원에서 교육을 받는다는 것은 학창 시절 소풍처럼 들뜨는 일이다. 다양한 사람들과의 만남 또한 무시하지 못할 교육의 순기능이기도 하다. 요즘은 코로나 영향으로 대부분 합숙 교육을 하지 못해서 아쉬워하고 있지만, 실망할 필요는 없다. 재택이라는 것이 그 자리를 충분히 대체하고도 남는다. '집에서 교육할 수 있어서 너무 좋아요!!' 재택은 교육생을 유인하기 위한 교육 부서의 또 다른 미끼이다.

그렇다면 향후 기업 교육의 혁신을 위한 구체적인 대안들은 무엇인가?

## 1. HRD 업무의 재정의

새로운 관점에서 교육에 접근하기 위해서는 교육 담당자들의 업무에 대한 정의를 확장할 필요가 있다. 예를 들어 신입사원 교육담당자들이 자신의 업무를 신입사원들을 위한 과정을 개발하고 운영하여 높은 만족도를 끌어내는 것이라고 정의한다면, 담당자는 신입사원 교육과정을 개발하고 문제없이 교육과정을 운영하는 일에 모든 에너지를 쏟아부을 것이다. 그러나 여기서 한발 더 나아가 업무의 정의를 '신입사원들이 조직에 잘 적응할 수 있도록 도와주는 것'이라고 확장한다면 교육프로그램 말고도 제공할 수 있는 리소스들이 무궁무진하게 많아질 것이다. 교육담당자들은 더는 교육 프로그램에 매몰되어서는 안 된다. 교육 프로그램은 단순히 활용 가능한 리소스 중 하나일 뿐이다. 70:20:10의 법칙에서 보듯이 교육담당자가 제공한 교육프로그램에서 실질적으로 현업에 도움을 주는 비율은 고작 10%이다. 그것도 잘 운영된다는 전제하에서. 왜 그 10%를 위해 대부분의 예산을 투입하고 많은 시간을 쏟아부어야 하는가? 단순히 교육과정을 개발 운영하는 사람들이 아니라 구성원들이 성과 창출에 필요한 수행을 잘 할 수 있도록 지원하는 역할을 해야 한다. 이제는 교육이라는 관점에서 수행 지원Performance supporting의 관점으로 변화되어야 한다.

## 2. 전략과 실행의 연계

대부분의 교육 부서 미션에는 유행처럼 등장하는 문구가 있다. "비즈니스의 전략적 파트너가 되자To be a strategic business partner." 조직 내 현업 부서의 대다수는 교육 부서를 비즈니스 파트너로 생각하지 않는다. 사실 비즈니스의 전략적 파트너가 되자는 것도 우스운 이야기이다. 비즈니스 자체가 되어야지 왜 파트너가 되고자 하는가? 그렇다면 비즈니스 자체로서 HRD는 어떠한 역할을 해야 하는가? 전략과 실행의 매개 역할을 해야 한다고 생각한다.

| 사업 목표 | <········· Alignment ········ > | | HR 목표 |
|---|---|---|---|
| SHOULD - IS | Business SHOULD | Performance SHOULD | SHOULD-IS |
| GAPS | Business IS | Performance IS | GAPS |

현업 구성원들의 업무 수행상의 페인 포인트Pain-point들을 적극적으로

찾아 도움이 될 만한 리소스들을 적기에 제공하는 것이 교육 부서의 미션이 되어야 한다.

## 3. 적기 제공 Just in time

교육부서에서는 매년 신임 팀장들을 대상으로 교육을 한다. 신임팀장으로서 겪게 될 힘든 경험 등에 대해서 사전에 선배들의 노하우를 배우는 시간, 앞으로 일 년간 팀장으로서 해야 하는 전반적인 업무(목표 수립/평가 면담 등)에 대해서 A~Z까지 배우는 시간 등을 갖게 된다. 다들 교육 기간에는 교육 내용에 몰입되어 적극적으로 학습하고 교육 프로그램에 상당히 만족하며 복귀하곤 한다. 그러나 실제로 이러한 교육 내용을 현업에서 적극적으로 활용하는 사례는 찾아보기 힘들다. 이렇게 현업 적용이 어려운 이유는 교육의 시점과 관련이 많다. 연초에 신임 팀장들을 불러서 연말에 하게 되는 평가 기법에 대해서 상세히 교육하는 것은 사실 별 효과가 없다. 사람은 누구나 필요를 느낄 때 무언가를 찾기 마련이며, 결국 콘텐츠의 질보다 더 중요한 것은 적기에 콘텐츠를 제공하는 것이다. 그러기 위해서 교육부서에서는 연초에 한 해 동안 리더들이 해야 하는 일련의 활동들을 파악하고 그 시기에 맞춰 솔루션을 제공하는 채널들과 협업해 나가는 것이 중요하다. 목표 수립하는 방법에 대한 리소스들은 목표 수립을 하는 시기에 제공해야 현업 적용을 할 가능성이 커진다.

## 4. 교육 조직

대부분의 기업에는 조직문화와 인재육성을 전담하는 조직이 있다. 각각의 기능들이 조직 내에서 효과를 발휘하기 위해서는 조직의 거버넌스 측면에서 차이를 두어야 한다. 문화를 '삶의 방식'이라고 정의 내린다면 조직 문화는 아주 간단하게 '일하는 방식'이라고 할 수 있다. 대기업에서는 대부분 다양한 포트폴리오를 추진하기 위한 사업부 단위의 조직으로 나누어져 있다. 우리가 일하는 방식에 관해 이야기할 때 사실 우리 회사가 어떻게 일하고 있는지는 중요하지 않다. 결국, 중요한 것은 고객의 일하는 방식이며 그 방식에 맞춰 나가는 게 문화 전략이라고 할 수 있다. 따라서 회사 내 메이저 고객들의 차이가 사업부에 따라 크게 난다고 한다면 하부조직의 조직 문화를 별도로 추진하는 것이 좋다. 따라서 조직문화를 전담하는 조직은 사업 단위로 분산시키는 것이 효과적이다. 반대로 인재육성을 전담하는 조직은 전문성이 중요하다. 특히 교육 관련 지식은 대부분 일반적으로 통용되는 지식General knowledge, 즉 어디에서나 동일하게 적용될 수 있는 지식 구조로 되어 있다. 따라서 기업 내에 필요한 교육 영역을 정한 다음, 본사에서 지원하는 체계가 훨씬 효과적이다. 교육 기능을 하는 조직들이 사업 단위로 생기기 시작하면 자원의 중복투자가 일어날 수밖에 없는 것이다. 정리하자면 조직 문화 기능은 사업 단위로 이양해야 하고 교육 기능은 본사에서 전반적으로 지원하는 기능을 가지는 것이 효과적이라고 할 수 있다.

## 5. 교육 혁신

교육 혁신이라는 단어를 떠올리면 다양한 디지털 기술을 접목한 고도화된 콘텐츠를 생각하게 된다. 그러나 교육 혁신이라는 것은 교육 매체의 고도화나 디지털화를 의미하지 않는다. 저자는 동일한 정보를 전달하는 다섯 가지 교육 매체를 개발해 어떠한 매체가 교육 효과가 뛰어난지 실험을 하였다. 가장 기본적인 형식인 단순 텍스트에서 시작하여 오디오, 비디오 등을 단계별로 추가하고 마지막 형식에서는 통합된 버전으로 고도화 및 차별화하였다. 실험 대상을 5개 그룹으로 나누고 5단계의 교육 매체를 각각 제공한 후 동일한 과제를 제시하였다: 자료를 30분 동안 학습하고, 그들이 얼마나 기억하는지 알아보기 위해 테스트를 하였다. 당연히 풍부한 인코딩 형식, 즉 고도화된 매체를 제공한 그룹이 더 우수한 테스트 성적을 받을 것으로 기대하였다. 결과는 실망스러

학습 제거 곡선

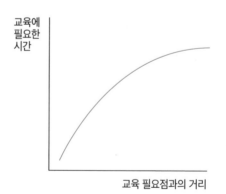

웠다. 다양한 교육 형식은 테스트 점수에서 유의미한 차이를 나타내지 않았다. 오히려 텍스트 전용 형식을 공부한 학생들이 평균적으로 약간 더 좋은 성적을 거두었다. 아래의 그래프를 보자. 정보의 필요성(개인의 관심 혹은 연관된 업무)이 떨어지면 떨어질수록 사람들에게 정보를 전달하는 교육에 더 많은 돈과 시간을 투자해야 한다.

서울역에서 강남역까지 차로 운전해서 출퇴근해야 한다고 생각해 보자. 1단계는 지속해서 반복 운전을 하면서 도로를 기억하여 학습할 수 있다. 2단계에서는 더는 도로를 기억할 필요가 없다. 종이 지도를 보면서 길을 찾을 수 있다. 3단계에서는 지도를 보는 번거로움 없이 GPS를 활용한다. GPS는 현재 위치와 가고자 하는 목적지를 정확히 인식할 수 있다. 마지막 단계는 자율 주행이다. 이제 운전을 해야 하는 수고로움을 줄일 수 있다. 기업에서 운영되고 있는 교육 프로그램은 사실 대

학습 고도화 단계

| 과정 | 리소스 | 지침서 | 자동화 |
|---|---|---|---|
| 학습자가 필요한 경우 정보를 기억할 수 있도록 한다. | 필요한 시점에 수행을 지원할 수 있는 리소스를 제공한다. | 구체적인 지침을 제공할 수 있도록 리소스에 상황적인 정보를 추가한다. | 지침을 제공하는데 사람의 역할을 최소화하거나 제거한다. |
| 방향 기억하기 | 지도 | GPS | 자율주행차 |

부분 1단계이다. 정보를 학습하고 기억하는 단계이다. 그러나 진정한
의미의 학습 고도화는 아래와 같이 인지적 학습의 필요성이 점점 줄어
드는 것을 뜻한다. 교육 담당자들은 단순히 매체의 화려한 포장에 신경
쓰기보다는 교육 이외의 다양한 리소스를 활용하여 교육 자체의 필요
성을 줄여나가야 한다.

## 6. 학습자 중심의 교육과정 개발(이 책의 주요 이론들)

**"정서 맥락 모델**The affective context model**"**

당신이 조직을 이끄는 리더라고 가정해보자. 구성원들은 아마도 당
신이 중요하다고 말한 것들을 시간이 지나면 쉽게 잊을 것이다. 또한
당신이 하는 구체적인 행위들도 잊어버리기는 마찬가지이다. 그러나
구성원들은 당신이 그들에게 어떠한 감정을 느끼게 한 사건, 그 사건의
경중을 떠나서 개인의 감정과 연관된 사건에 대해서는 쉽게 잊어버리
지 않는다. 리더십 서베이의 주관식 문항들을 분석해 보면, 구성원들이
리더들의 약점이라고 이야기하는 내용의 90% 이상은 리더에 대한 부정
적인 정서 경험Negative affective experience이 포함된 내용이다. 우리는 경험
에 대한 정서적인 반응을 저장하고 이러한 반응의 기억을 통해서 경험
을 재구성한다. 결국 학습이라는 것은 무언가에 대한 사람들의 정서적
인 반응을 통하여 이루어진다는 것이다.

## "풀Pull & 푸시Push 방법"

학습자가 어떤 주제에 관해서 관심과 흥미가 있다면, 교육 담당자들은 학습에 필요한 리소스만 제공하면 된다. 단순한 책자나 자료, 구글의 동영상도 그들에게는 충분히 매력적인 학습 도구가 될 수 있다. 굳이 많은 시간과 노력을 들여서 구성원들의 동기부여를 위한 억지스러운 교육 과정들을 개발하지 않아도 된다. 사실 교육 이외의 리소스로 해결할 수 있으면 그게 최선이다. 아이러니하게 결국 풀 방식의 교육환경이란 점진적으로 교육을 줄여나가는 것일 수도 있다. 풀 방식에서 교육담당자의 핵심 역량은 과정을 개발하는 것이 아니라 구성원들의 관심과 흥미를 찾아내고 리소스를 연결해 주는 것이다.

푸시형 교육방식이 필요한 시기는 개인의 관심사와 필요성이 떨어지는 맥락에서의 교육방식이다. 학습자가 어떤 주제에 관해서 관심과 흥미가 없다면 그들에게 리소스를 제공하는 것은 의미가 없다. 안전에 관한 관심이 없는 학습자에게 단순히 절차나 규정 등을 제공하는 것만으로 행동이 바뀌기를 기대하기 힘들다. 교육 담당자들은 학습자들이 피부로 느낄 수 있도록 구체적인 경험(시뮬레이션, 스토리텔링 등)을 제공하는 교육과정을 개발해야 한다.

## "새로운 학습설계 모형5Di"

교육 부서가 배워야 할 내용은 물론 협업해야 하는 대상도 달라지고 있다. 기존의 교육공학을 통해서 진화되어 온 교육과정개발 방법론들은 시시각각 변화하는 시대에 맞춰서 획기적으로 바뀔 필요가 있다. 이제 우리가 협업해야 할 대상은 교육 컨설팅 업체나 HRD 전문가들이 아니다. 디자인 프로세스를 통해 고객 혁신을 이루어 내는 마케팅 부서가 더 적합할지도 모른다. 최근 마케팅에서 고객 경험에 집중하는 것처럼 교육 과정 개발도 이제는 직원 경험을 중심으로 바뀌어야 한다. 마케팅 전문가들이 고객 경험을 파악하고 적절한 리소스를 디자인하는 과정들은 이 책에서 소개하고 있는 새로운 학습 설계 모델의 핵심이다. '마케팅'을 '교육'으로 '고객'을 '직원'으로 단어만 바꾸어도 충분히 활용 가능한 툴들이 많이 있다.

마케팅에서 제품개발을 위해 최근에 많이 활용하고 있는 워킹 백워드 기법은 이 책에서 제시하는 5Di 교육 모델과 매우 흡사하다. 워킹 백워드는 모든 업무를 고객 관점에서 바라보는 제프 베이조스의 집착에서 시작된 아마존의 업무수행 방식이다. 이는 아마존의 신제품 개발 프로세스를 포함한 모든 업무에서 체계적으로 실행되고 있다. 아마존이 지금까지 살아남을 수 있었던 것은 모든 활동을 철저하게 고객 관점에서 출발하고, 고객의 페인 포인트를 해결하기 위해 치열하게 고민하고 노력한 결과이다. 이제 교육 부서의 모든 활동도 철저하게 구성원 관점에서 출발하고, 구성원들의 페인 포인트를 해결하기 위해 다양한 리소스를 고민해야 한다.


## 7. 학습 문화 구축


기업 내의 학습 문화라고 하면 대부분 사람은 구성원들이 늦은 시간까지 암기하고 공부하는 모습을 떠올릴 것이다. 진정한 의미의 학습 문화는 훨씬 더 상위의 개념이고 실제로 제대로 된 학습 문화가 만들어진다면 공식적인 교육 학습 체계들이 줄어들 것이 분명하다.

모든 조직은 어떠한 형식으로든 지식과 경험을 전수하는 저마다의 학습 문화를 가지고 있다. 사실 학습 문화라는 것이 없이는 조직은 살아남기 힘들다. 제대로 된 학습 문화가 만들어지기 위해서는 결과물에 대한 두려움 없이 새로운 시도를 해보는 문화적 수용성이 높아야 한다. 수용성이라는 것은 구성원이 자유롭게 생각과 아이디어를 말 할 수 있고 한편으로는 조직의 부정적인 관행, 잘못된 제도나 의사결정에 관해

**학습 문화 구축 단계**

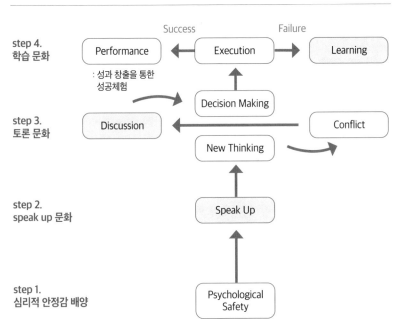

이야기할 수 있는 문화를 말하는 것이다. 이러한 수용성 없이는 조직의 학습 문화를 키워나갈 수 없다. 아래 그림은 학습 문화의 구축 단계를 보여준다. 교육 부서의 향후 역할은 교육 프로그램을 다양하게 제공하는 것보다는 구성원들의 자발적인 학습이 일어날 수 있는 학습 문화를 구축하는 일이 선행되어야 한다.

## 8. All or Noting

"리더십 교육을 한다고 리더가 바뀌냐?

조직 개발 프로그램을 운영한다고 조직이 바뀌냐?"

교육을 바라보는 무용론자들이 흔히 하는 질문인데 실제로 조직에서도 이런 이분법적인 마인드를 가지고 있는 리더들이 많이 있다. 교육 담당자로서 정말로 대답하기 힘든 질문이다. 교육은 단절된 전후 관계의 비교가 아닌 연속 선상에서 진행되는 여정으로 이해해야 한다. 결국 교육을 통해서 우리가 지금보다 조금 더 나은 방향으로 성장하고 있다는 믿음. 그 믿음을 갖고 스스로 동기를 부여해야 한다.

### 교육 담당자에게 가장 중요한 역량은 무엇입니까?

2001년 나는 울산공장 연수원으로 입사를 했다. 그때 현장에서 나를 인터뷰 했던 분이 아직도 생각난다. "교육 담당자에게 가장 중요한 역량은 무엇입니까?" 그 당시 내가 받았던 질문인데, 최대한 다양한 전문 용어를 활용하여 내가 가지고 있는 지식을 보여주려 노력했던 기억이

난다. 또한 나를 면접한 임원은 과제를 하나 주었다. 입사하고 1개월간 현장을 돌면서 현장 리더를 포함하여 현장에서 근무하는 구성원들의 이름을 모두 외우라는 것이었다. 그리고 시험을 봐서 한 명이라도 틀리면 불합격시키겠다고 이야기하였다. 그날로 수백 명의 이름과 특성을 연결 지어 한 달간 정말 열심히 외웠지만 역부족이었다. 다행히 합격이 취소되는 일은 없었지만, 시험을 마치고 그분이 나에게 했던 마지막 말씀이 기억에 남는다. "HR을 하는 사람들에게 가장 중요한 것은 사람에 대한 진정한 관심과 애정이다. 이게 없으면 HR의 어떤 제도나 활동도 근본이 흔들리는 것이다."

이 책은 위기를 맞은 기업 교육이 앞으로 나아가야 할 방향과 교육 담당자의 역할 등에 대해 심리학적 이론을 근간으로 새로운 교육 방법론을 제시하고 있다. 더불어 기업에서든 학교에서든 교육을 담당하는 부서라면 꼭 한번 고민해 보아야 하는 사항들이 정리되어 있다. 아직 다듬어지지 않은 새로운 이론들이기 때문에 실효성 검증이 필요한 부분도 있겠지만 교육 담당자들이 현업에 잘 적용한다면 유의미한 성과를 얻을 수 있을 거라 믿는다.

이 책을 통해 더 나은 미래 교육 환경을 만들기 위한 발전적인 고민의 시간을 가져 보길 바란다.

**생각은 감정의 그림자이다. 언제나 더 어둡고, 더 공허하며, 더 단순하다.**
**-프리드리히 니체-**

1885년 에빙하우스는 매우 어리석은 짓을 하였다. 그는 정신물리학 Psychophysics이라고 불리는 새로운 학문을 통해 인간의 기억을 연구하는 학자이다. 그는 기억에 관한 실험에 쓰이는 자극들을 아주 순수하게(개인에게 어떠한 의미도 없는 자극)만드는 것, 그래서 개인의 성가신 경험들이 결과에 영향을 미치지 않는 것이 아주 좋은 실험 조건이라고 생각했다. 이에 의미 없는 세 글자의 알파벳, 예를 들면 'RUP', 'SFH'등의 문자를 조합해서 피험자에게 실험용 자료로 제공하였다. 만약 당신이 이 실험의 참가자라면 이러한 문자들을 받고 일정한 시간의 학습을 거쳐서 다시 기억해야 한다.

그의 이러한 실수는 플라톤의 철학까지 거슬러 올라가면 그 뿌리를 찾을 수 있다. 플라톤은 인간의 이성과 감성이 분리되어 있다고 주장했다. 그 이론을 설명하면서 말Chariot과 기수Charioteer의 비유를 들곤 했는데, 말을 끄는 기수는 인간의 이성을, 말은 인간의 동물적인 감성을 의미한다. 여기에서 메시지는 명확하다. 동물적인 감성을 통제하기 위해서 인간은 냉철한 이성을 사용해야 한다는 것이다.

몇 세기 이후에는 데카르트가 이러한 이성과 감성이 분리되어 있다는 사상을 더 심도 있게 연구하였다. 합리주의자인 그는 인간의 마음과 육체가 분리되어 있다고 서술하며 감성은 인간 본성의 육체적인 부분을 잘 못 활용한 결과와 마음은 진실하고 신성한 것과 동일시 하였다. 즉 '육체=나쁜 것', '마음=좋은 것'으로 이분화 한 것이다. 그리고 현대의 우리는 여기서 더 나아가 '감성=나쁜 것', '이성=좋은 것'으로 규정하곤 한다.

이러한 잘못된 고정관념은 여성과 남성을 판단하는 기준으로 적용되기도 하는데 어떤 상황을 판단할 때 여성은 다소 감성적인 측면이 있지만, 남성은 좀 더 이성적이라고 생각하는 것이다. 서구 사회에서는 사업이나 과학적인 의사결정을 할 때 냉철하고 객관적인 것만이 칭송받았지만 이 모든 것 역시 감정의 변형된 모습이라는 것을 깨닫게 될 것이다.

에빙하우스는 아마도 자신이 의미 있는 연구를 하고 있다고 생각했을 것이다. 실험에서 사용되는 정보들을 의미나 정서적인 연관성이 없는 순수한 자극들로 제공함으로써 인간이 정보를 처리하는 방식을 좀 더 정확하게 분석할 수 있다고 생각한 것이다.

하지만 불행하게도 그는 정반대의 결론을 도출하였다. 인간은 태고부터 스토리텔러이다. 우리의 마음은 정교하게 사건들의 정서적인 의미에 맞춰져 있다. 반면에 우리의 기억은 개인에게 의미 없는 모든 지루한 자극들을 (예를 들면, 에빙하우스가 엉터리로 제시한 알파벳 조합들) 효율적으로 제거해 버린다.

에빙하우스는 실험 결과들을 분석하면서 대부분의 의미 없는 알파벳 조합들은 짧은 시간에 잊힌다는 사실을 알게 되었다. 그동안 교육학을 지배해왔던 '망각의 곡선'을 드디어 발견한 것이다. (그림 0.1)

그림 0.1 망각 곡선

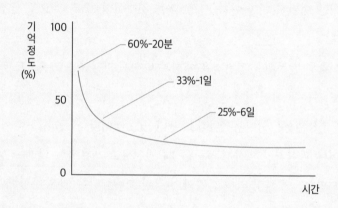

그는 완전히 틀렸다. 스스로 깨닫지 못했지만, 그는 정말로 중요한 것을 발견했다. 그것은 바로 기억이라는 건 전부 의미와 연관되어 있다는 것이다. 즉, 개인에게 의미가 없는 정보는 단순히 정신적인 쓰레기에 불과하고 쉽게 사라져 버린다는 뜻이다.

그렇다면 이 시점에서 개인적으로 의미 있는 것이야말로 기억의 과정에 매우 중요하다는 것을 인정하는 편이 훨씬 합리적으로 보인다. 만약에 그가 의미 있는 문자들의 조합, 예를 들면 'FLY'나 'TEA' 같은 단어들을 제시했다면 이런 것들이 그가 제시한 단어들보다 훨씬 더 잘 기억된다는 사실을 발견했을 것이고 모든 것이 행복하게 끝났을 것이다.

그러나 그는 그러지 않았다. 잘못된 가정에 이끌려서, 인간이 의미 없는 자극들을 더 잘 기억할 수 있도록 만드는 방법들을 조사하기 시작한 것이다. 그러다 그는 아무리 의미 없는 정보라도 일정 기간 반복적으로 노출한다면 기억될 수 있다는 것을 발견했다. 심리적인 강제-급여Force-feeding 방법을 발견한 것이다.

에빙하우스가 발견한 것들을 좀 더 극단적인 비유로 설명하자면 휴대폰을 가지고 어떻게 가장 효과적으로 못을 박을 수 있는지를 발견한 것이나 다름없다. 그의 연구는 과학적으로는 정확하지만, 동시에 오해를 불러일으킬 수도 있었다. 설령 휴대폰으로 못을 박는 가장 효과적인 방법을 찾을 수 있다고 할지라도, 실제로 그렇게 한다면 그것만큼 멍청한 짓은 없을 것이다.

흔히 고전의 심리학이 그렇듯이, 이 완전히 어리석은 이론은 기억과 학습, 궁극적으로는 교육 전반에 걸쳐서 새로운 모델로 널리 받아들여지고 말았다. 그 결과 아직도 학교나 기업에서는 '암기 학습Rote learning'으로 알려진 이 야만적인 기법을 단순히 시험 통과를 위한 기억력 증진법으로 사용하고 있는데, 안타깝게도 시험 합격이라는 목적을 달성하고 나면 우리는 모든 것을 잊어버린다.

우리의 일상에서는 대부분 중요한 교훈들은 초기 단계에 학습된다. 그도 그럴 것이 호랑이가 위험하다는 것을 알기 전에 호랑이에게 여러 번 물려야 했던 생물은 오래 살지 못했을 것이다. 아이들은 뜨거운 난로에 반복적으로 화상을 입을 필요가 없다. 물론 몇 번의 시행착오가 필요하기는 하지만 개인에게 중요한 의미의 사건일수록 그 사건에 대한 학습이 더 잘 이루어진다는 것은 하나의 진리이다. 우리는 일반적으로 아주 황당한 실수는 반복하지 않는다.

이러한 방식으로 기억이 작동한다는 것은 어찌 보면 당연한 결과이다. 인간의 기억은 극도의 효율성을 추구하기 때문에 자신에게 중요한 정보만을 저장한다. 그렇다면 중요한 정보란 무엇인가? 개인에게 중요한 정보라는 것은 개인의 정서에 영향을 미치는 것이다. 개인에게 정서적인 영향을 미친다는 것은 태어날 때부터 내재화되어 있을 수도 있고, 성장하면서 학습되기도 하므로 상당히 정교한 시스템이다. 고통을 경험한 아이는 이제 막 존재하는지도 몰랐던 고통의 세계로 새롭게 안내받은 셈이다. 생명은 태어남과 동시에 나쁜 것들은 본능적으로 피하고 이로운 것들은 추구하도록 만들어지는데, 과학자들은 이를 '항상성 Homeostasis'이라는 말로 정의 내린다. 생명의 초기 단계에서는 고통과 즐거움, 공포와 끌림, 이러한 것들이 우리를 올바른 방향으로 안내한다. 우리 인간은 뇌가 발달한 생명체로서 일련의 삶의 과정에서 이러한 반응을 더욱 정교하게 발달시키고 확장할 수 있는 능력을 갖추고 있다.

학습에 도움이 되는 환경을 만들고자 고민하는 사람이라면 가장 먼저 개인에게 중요한 것이 무엇인지를 이해하는 데에서 출발해야 한다. 이러한 초기 노력이 학습에 관한 가장 기본적인 토대를 형성하기 때문이다. 이에 다음 장에서는 어떻게 개인을 교육과정 설계 프로세스의 중심으로 둘 것인가에 대한 몇 가지 방법에 대해 알아볼 것이다.

슬프게도 에빙하우스가 우리에게 제공한 방법론은 학대의 한 형태이다. 그는 네모난 말뚝도 반복적으로 끊임없이 두드리면 어떻게든 둥근

구멍 속으로 넣을 수 있다고 말했다. 만약 이러한 사실들을 교육학에 종사하고 있는 사람들에게 지적한다면 그들은 대부분 엄청나게 화를 내며 방어적인 태도를 취할 것이고 끔찍한 일을 저지르고 있는 것에 대한 온갖 종류의 변명을 늘어놓을 것이다. 잠시 후에 알게 되겠지만 이러한 현상들은 사람들이 관습에 정서적으로 집착하고, 그와 관련하여 일련의 정당성을 만들려고 하는 경향이 있기 때문이다.

## 암기<sup>memory</sup> vs 기억<sup>remembering</sup>

에빙하우스와 동시대를 살았던 학자 중에는 그의 이론에 대해서 상당한 거부감을 나타내는 사람도 있었다. 그중 한 명인 바틀릿<sup>Frederick Bartlett</sup>은 정보의 문화 간 전파를 연구한 학자로서 문화라는 것은 일종의 이야기를 통해서 저장되고 전수된다는 주의였다. 에빙하우스와 대조적으로 그는 기억을 하나의 구성주의적인 과정으로 이해하였고 인간이란 자신을 둘러싸고 있는 환경이나 개인에게 의미 있는 사건들을 반영하여 우리가 알고 있는 것들을 계속해서 재창조한다고 주장했다.

모든 문화에는 이야기가 있다. 사람들은 다른 사람과 대화를 할 때 거의 80% 이상의 시간을 이야기에 활용한다. 사람들이 반복적으로 의미 없는 사건들을 기억하도록 강요하는 문화는 어디에도 없다. 이러한 방식으로 학습에 관한 흥미로운 것을 발견할 수 있다고 기대하는 것은 상당히 야만적이고 잘못된 생각이다. 바틀릿은 에빙하우스가 개인적으로 의미 있는 자극들을 제거함으로써 기억에 관해 연구한 것이 사실은 기억이라는 일반적인 현상을 파괴하였다고 지적했다.

바틀릿은 특이한 사람이었다. 1886년 영국의 한 시골 마을에서 태어난 그는 친구들과 크리켓Cricket을 하고 농사일을 돕는 지극히 일반적인 시골 소년의 유년 시절을 보내다가 14살이 되어서야 사립학교에 들어갔다. 그러다 병 때문에 학교를 그만두어야 했고, 그때부터 혼자서 공부하기 시작했다. 아버지의 제안으로 대안학교를 다니며 학위를 완료했고 케임브리지에서 가정교사로 활동하다가 케임브리지 대학에서 박사학위를 받게 되었다. 그리고 10년 후 그는 당시 심리학 연구에서 가장 권위 있는 센터였던 케임브리지 연구소의 소장이 되었다.

바틀릿의 심리학에 대한 접근은 그가 흥미를 느꼈던 인류학에 영향을 많이 받았다. 에빙하우스가 단순한 암기Memory에 대한 연구를 했다고 하면 바틀릿은 사람들이 사회적인 맥락에서 의미를 재구성하고 적극적으로 정보를 처리하는 과정으로서의 기억Remembering을 연구하였다. 그의 초창기 연구는 피험자들에게 군인들의 얼굴 사진들을 나눠주며 기억하게 하고 시간 간격(30분, 7일, 14일 후)을 달리하면서 얼마나 기억하는지를 질문하는 방식이었다. 흥미로웠던 건 피험자들이 파이브, 수염, 모자, 배지 등을 한 군인들의 얼굴이나 환하게 웃고 있거나 상당히 근엄하게 보이는 얼굴 모습 등 개인에게 큰 의미가 있는 얼굴들을 더 잘 기억한다는 것이었다.

바틀릿은 이야기가 하나의 문화에서 다음 세대로 암묵적으로 전파되어 가는 과정, 소위 '인습Conventionalization'이라는 것에도 많은 흥미를 느꼈다. 그는 옮겨 말하기 게임Chinese whispers과 유사한 방법을 사용해 실험했는데 한 사람이 '유령의 전쟁 The war of the ghosts'이라는 제목의 아메리카 원주민 민화를 읽은 다음 다른 사람에게 이야기를 들려주고 그 사람이 또 다른 사람에게 전달하는 식이었다. 그들이 읽은 이야기는 다음과 같다.

[유령의 전쟁]

어느 날 저녁, 에굴락에서 온 두 청년이 바다표범을 사냥하기 위해 강으로 내려갔다. 그들이 있는 동안 그곳은 안개가 끼고 고요해졌다.

그때 그들은 전쟁의 함성을 듣고 '출전 중인 전사들일지도 모른다.'라고 생각하여 강변으로 도망쳐 통나무 뒤에 숨었다.

카누 여러 대가 저 멀리서 다가오기 시작하였고, 노 젓는 소리와 함께 카누 한 대가 그들에게 오는 것을 보았다.

카누에는 다섯 명의 남자가 타고 있었고, 그들은 청년들에게 물었다.

'우리는 전투를 위해 강을 거슬러 올라가고 있는데 당신들을 데려가고 싶습니다. 괜찮나요?'

한 청년이 말했다. '저는 화살이 없습니다.' 그러자 그들은 '화살은 카누에 있습니다.'라고 말했다.

그러자 한 청년이 '나는 함께 가지 않을 거야. 죽을지도 몰라. 친척들은 내가 어디로 갔는지조차 몰라. 하지만 너는 그들과 함께 갈 수 있어.'라며 다른 청년에게 말했다.

그렇게 한 명은 카누를 탄 사람들을 따라가게 되었고 다른 한 명은 집으로 돌아갔다.

전사들은 강을 따라 칼라마 건너편에 있는 마을로 갔다.

마을 사람들은 물가로 내려와 싸우기 시작했고 많은 사람이 죽었다.

청년은 어떤 전사가 '빨리 집으로 돌아가자, 저 인디언이 당했다'라고 말하는 것을 들었고 생각했다: '오, 그들은 유령이구나'. 청년은 고통을 느끼지 않았지만, 전사들은 그가 총에 맞았다고 말했다.

그래서 전사들은 카누를 타고 에굴락으로 돌아갔고 청년은 집에 돌아가서 불을 피웠다.

그리고 그는 모두에게 말했다. '전 유령들과 동행했고 같이 싸우러 갔습니다. 많은 동료가 죽었고, 우리를 공격했던 사람들이 죽었습니다. 그들은 내가 총에 맞았다고 말했고 나는 아프지 않았습니다.'

그는 모든 것을 말하였고 주변은 조용해졌다.

해가 뜨자, 그는 쓰러졌다. 그의 입에서 검은 무언가가 나왔다.

그의 얼굴은 일그러졌다. 사람들은 벌떡 일어나 울기 시작했다.

그는 죽어 있었다.


이야기가 정말 흥미롭지 않은가? 방금 읽은 이야기를 당신이 다른 사람에게 어떻게 전달할지 상당히 궁금하다. 아마 당신은 이 이야기에서 유령이 나온다는 사실은 잊지 않았을 것이다. 유령이라는 것은 상당히 흥미로운 주제이다. 바틀릿이 이러한 실험을 했을 때 그의 결론은 에빙하우스의 결론과 상당히 다른 것이었다. 정보가 이야기의 처음에 제시되던 끝에 제시되던 기억력의 차이에 아무런 영향을 주지 못하였고, 정보를 회상해 나가는 과정도 망각곡선의 패턴을 따르지 않았다. 대신에 이야기가 되풀이되면서 주인공의 죽음과 같은 이야기의 지배적인 특징들을 중심으로 단순화되고 인습화되었다. 바다표범 사냥과 같이 사람들에게 익숙지 않은 이야기들은 더 친숙한 낚시 등과 같은 언어로 대체 되었다.

요약하자면, 사람들은 저마다 개인에게 가장 의미 있는 것들의 관점에서 정보를 처리해 나간다는 것이 바틀릿의 주장이다. 우리는 여러 장면과 이야기를 접하더라도 우리에게 가장 의미 있는 것들을 기억 속에 저장한다.

컴퓨터나 책과는 다르게 살아있는 생명체는 감정이 있고 그래서 세상에 쉽게 흔들린다. 우리는 감각으로 세상에 연결되어 있으며 그러한 감각들이 경험하는 것으로 인하여 반응한다. 이러한 반응은 부수적인 것에 그치지 않고 세상을 이해하고 우리가 살아가는 방식의 밑바탕이 된다. 우리가 무엇을 신경 써야 하는지에 대해 알려주는 것이다.

사람은 컴퓨터처럼 정보를 습득하고 저장하지 않는다. 그 대신 세상에 반응하는 것을 통해서 기억의 토대를 형성한다. 다음 장에서는 사람을 기계처럼 생각함으로써 만들어진 몇 가지 실수들과 이러한 실수들이 우리에게 남긴 학습에 관한 교훈들에 대해서 살펴볼 것이다.

HOW PEOPLE LEARN

# 1장

◆

# 도대체 로봇은
# 어디로 갔을까?

2차 세계 대전 직후인 1950년대, 사람들은 로봇을 간절히 기다리고 있었다. 2차 세계대전은 과학의 발전에 엄청난 기폭제가 되었고 최초의 컴퓨터가 대중들에게 인식되기 시작했다.

1942년 아이작 아시모프 Isaac Asimov는 공상 과학 소설 '런 어라운드 Run around'에서 처음으로 '로봇공학의 삼 원칙'을 이야기했는데, 소설 속에 등장하는 로봇의 작동 원리를 구체화 한 것이다. "서기 2058년 제56판 로봇공학의 안내서"에서 인용된 로봇공학의 삼 원칙은 다음과 같다.

첫째, 로봇은 인간에게 해를 가하거나 혹은 행동하지 않음으로써 인간에게 해를 끼치지 않는다.

둘째, 로봇은 첫 번째 원칙에 위배되지 않는 한 인간이 내리는 명령에 복종해야 한다.

셋째, 로봇은 첫 번째와 두 번째 원칙을 위배하지 않는 선에서 로봇 자신의 존재를 보호해야 한다.

1956년에 이르러 드디어 공상 과학 영화 '금지된 세계 <sup>Forbidden planet</sup>'를 통해 로봇이 스크린에 등장하였다.

로봇이 우리의 모든 일상에 함께하게 되는 것은 시간문제인 것처럼 보였다. 인공 지능 연구자들은 이러한 로봇 기술이 빠른 속도로 진행될 것임을 자신 있게 예측했다. 1968년 영화 '2001년 우주 오디세이'의 기술 고문인 마빈 민스키<sup>Marvin Minsky</sup>는 할9000(영화에 등장하는 인공지능 컴퓨터)의 AI 기능이 '보수적으로 추정된 것'이라고까지 이야기했다.

그런데 지금 우리 옆에 있어야 할 로봇들은 어디 있는가?

우리가 기대하던 미래의 도래는 생각보다 훨씬 더 힘들었다. 컴퓨터는 그것을 해내지 못했다. 오늘날 우리는 구글 번역기와 같은 기계번역을 사용하고 있지만, 그 기능에 완전히 만족하는 사람은 거의 없을 것이다. 컴퓨터 과학자들은 사람들이 말하는 각각의 단어를 컴퓨터가 인지하도록 훈련할 수 있다고 가정했다. 하지만 막상 훈련을 시키려고 보니 사람들은 대부분 끊기지 않는 형태의 소음으로 말을 하며 그 소음이 단어 사이의 단절과 깔끔하게 일치되는 것도 아니었다. 더 최악인 것은 문맥에 따라 같은 단어가 다른 사람(심지어 같은 사람)의 입에서 매우 다르게 들릴 수 있다는 것이다. 이것은 오늘날 아무리 큰 소리로 명확하게 말을 해도 시리<sup>siri</sup> 또는 알렉사<sup>alexa</sup>가 우리의 말을 이해하는 데 종종 어려움을 겪는 이유이기도 하다. 나는 침대에 누워 '알렉사! 침실. 불. 꺼!'라고 말할 때마다 이웃 사람들이 나를 어떻게 생각할까 싶다.

앞으로 예측되는 미래 상황은 더 좋지 않다. 컴퓨터는 사물이 어떻게 생겼는지 인식할 수 없다는 것이 밝혀졌다. 우리는 컴퓨터가 입력된 고양이 사진을 가지고 '이건 고양이야'라고 말한다고 생각하지만, 사실 고양이 사진은 명암의 패턴일 뿐이다. 어떤 상황에서는 유사한 패턴의 고양이가 아닐 수도 있고, 완전히 다른 패턴의 고양이과 동물일 수도 있다.

모든 것에는 이상하리만치 끊임없이 반복되는 사실이 있다. 보이는 것과 들리는 것은 모두 '맥락'과 연관돼 있다는 것이다. 한 사람이 배운 모든 배경지식을 고려하지 않고서는 각각의 요소에 대해 정확하게 알 수 없다. 컴퓨터가 잘 할 수 있는 유일한 일은 대부분의 사람이 잘 못하는 일들, 즉 큰 소수를 찾거나 체스를 두는 것과 같은 복잡한 논리적 일이다.

복잡하다는 뜻을 가진 영어 단어로는 'Complex'와 'Complicated'가 있다. 둘 다 복잡하다는 의미이지만, 복잡성의 본질이 다르다. 'Complicated'한 복잡성은 논리성을 전제로 하고 있다. 복잡한 문제이기는 하지만 그 분야의 전문가가 문제를 완벽하게 해결할 수 있다. 자동차 엔진의 구조는 일반인이 보기에는 너무도 복잡하여 손도 대지 못하지만, 전문가는 어느 부분에 문제가 있는지 발견하고 해결할 수 있다. 즉 인과관계가 명확하다는 것이다. 그러나 'Complex'한 복잡성에는 그러한 인과 관계가 없다. 단순히 결과를 예측할 수 있지만, 완벽히 들어맞지는 않는다. 주로 자연현상이나 사람과 관련된 복잡성은 후자라고 할 수 있다. 우리는 발전된 과학기술로 일기예보의 예측률을 높일 수 있지만, 항상 예외를 경험하곤 한다. 즉 컴퓨터가 잘 할 수 있는 일이라는 것은 극도로 'complicated'한 환경에서만 발현될 수 있다는 의미이다.

로봇의 등장이 모든 문제를 해결해 줄 것으로 기대했던 사람들은 매우 실망했고 투자는 고갈되었다. 깊은 실망감은 AI 프로젝트에 대한 투자를 위축시켰고 이에 'AI winter'라는 표현까지 등장하게 되었다.

사실 우리가 'AI winter'에 직면한 이유는 우리가 자신을 이해한다고 착각하고 우리가 하는 일을 컴퓨터에 대신시키는 것이 쉬울 것이라고 자신하는 오류를 범했기 때문이다. 하지만 우리는 실제로 우리 스스로가 어떻게 작동하는지 전혀 알지 못했다. 우리는 컴퓨터가 인간이 사물을 처리하는 방식으로 사물을 다루게 하는 것이 어렵다는 것을 발견했고 우리가 기대했던 결과를 얻지 못했다. 어떤 면에서는 과학자들이 아닌 데카르트 사상에 심취한 철학자들과 심리학자들에게 책임이 있었다.

더 다루기 힘든 문제 중 하나이자 우리가 여전히 해결할 수 없는 문제는 언어 처리이다. AI 초기에 추론은 다음과 같았다. '언어는 단어로 구성된다. 모든 단어에는 각기 다른 정의가 있다. 컴퓨터에 사전과 문법에 관한 내용을 제공하면 언어를 이해할 수 있을 것이다. '

결과는 완전한 실패였다. 우리가 컴퓨터에 아무리 많은 정보를 제공해도 그들은 우리가 말하는 것을 이해할 수 없었다. 이것은 지금까지도 변함없는 사실이다. 2015년에 IBM의 AI 시스템인 왓슨이 밥 딜런의 가사를 읽고 이해할 수 있다는 기사가 났었다. 왓슨이 슬픈 사랑의 가사를 이해할 수 있게 되었다고, 드디어 사람의 감정에 공감할 수 있다고 광고하고 있었다. 그러나 컴퓨터가 이해했다고 주장하는 것은 딜런이 실제로 노래한 내용이 아니었다. 딜런은 베트남 전쟁의 아픈 과거를 투영하여 가사를 만들었는데 왓슨은 본질적으로 단어를 세고 더 자주 발생하는 단어를 합산하는 식으로 이해했기 때문에 인간과는 전혀 다른 방식이었다.

## 인간은 단어를 어떻게 사용하는가?

여러분이 느끼는 것에 관해 이야기해보고 싶다. 누군가와 사랑에 빠졌을 때와 이별했을 때 감정적으로 어떤 일이 일어났는지 기억해보자. 이것을 경험했다면 아마 그것이 얼마나 끔찍한 느낌일지 알 것이다. 관계가 무너질 때 다른 사람들은 당신이 느끼는 감정을 가리켜 '분노' 같은 단어를 사용하겠지만 아마 그것마저도 당신이 느끼는 그 감정을 제대로 표현하지는 못할 것이다. 당신이 느끼는 것은 삶이 산산이 조각나고 오장육부가 뒤틀리는 그런 쓰라린 아픔일 텐데, '분노'라는 단어는 그러한 감정들을 모두 담아내지 못한다. 감정에 관해 이야기할 때 우리는 때때로 우리가 어떻게 느끼는지 적절하게 설명할 단어가 부족하다고 느낀다. 우리의 감정을 표현하는 단어의 범위(행복, 슬픔, 분노)가 너무 작기 때문이다.

그러나 여러분이 생각했던 것보다 우리의 감정을 표현할 단어들은 훨씬 많다. 그중 몇 가지를 소개하고자 하는데, 첫 번째는 '집home'이라는 단어이다. 지금부터는 '집'이라는 단어를 사람들이 느끼는 것이 아니라 건물 그 자체를 의미한다고 생각해보자. 컴퓨터를 위해 '집'의 정의를 내리라고 한다면 사람들은 집을 누군가가 사는 곳으로 정의하고 다양한 형태의 집 모양을 컴퓨터에 학습시킬 것이다. 그러나 이것을 고려해 보자. 며칠 전 집^house에서 끔찍한 살인사건이 일어났다면 사람들은 더는 '집^home'처럼 느껴지지 않는다고 불평하며 그로 인해 이사를 할 수도 있다. 마찬가지로 새 집^house으로 이사하고는 '아직 집^home처럼 느껴지지 않는다'라는 말을 자주 한다. 이것을 컴퓨터에 어떻게 설명해야 할까? 컴퓨터가 '어디든지 내가 모자를 벗어 두는 곳이 바로 내 집이야'라는 가사를 어떻게 이해할 수 있을까? 생각해 보면 '집'이라는 단어는 단순히 실제 장소만을 의미하는 것이 아님이 분명하다. 사람들이 소속감을 느끼는 곳을 묘사하는 단어이기도 하다. 집이 아닌 다른 장소에서도 '집에 있는' 느낌을 받을 수 있으며, 해변에 서서 '마침내, 내 집에 왔어. 여기가 내 집이야!'라고도 말할 수 있다.

또 다른 단어, '의자'를 예로 들어 보자. 당신은 아마 '의자'라는 단어를 '행복하다', '슬프다' 등의 의미로 생각하는 데 익숙하지 않을 것이다. 하지만 의자라는 단어는 행복할 수도 슬플 수도 있다. '의자' 같은 단어의 이상한 점은 우리가 그것을 특정 종류의 물체로 생각함에도 컴퓨터가 의자를 신뢰성 있게 식별해낼 수 있는 방식으로는 결코 설명하지 못한다는 것이다. 그 이유는 당신이 '의자'라고 말하는 것의 진정한 의미는 '의자라고 느끼게 만드는 것' 이기 때문이다. 동일한 물체가 어떤 상황에서는 의자처럼 느껴질 수 있지만 다른 상황에서는 그렇지 않다는 것을 생각해보자(예: 미술관의 의자 조각). 여러분이 다른 문화권으로 여행을 가서 의자라고 생각한 어떤 것에 앉아 있는데 그것이 실제로는 '도마'라고 한다면 매우 당혹스러울 것이다. 그때부터 당신은 그것을 '의자'가 아니라고 느낀다. 우리가 '의자'라고 말하는 것은 '맥락상 앉기에 적절한 것'이라고 느끼는 것이다.

이것이 아이들이 의자에 대해 배우는 방법이다. 정의를 통해서가 아니라 경험을 통해 사물에 대해 느끼는 방식을 다듬어 가는 것, 즉 항상성(주변의 환경변화에 대응하여 내부 상태를 일정하게 유지하는 현상) 연장이다. 어린아이는 미술관의 의자 조각에 앉을 수도 있지만, 그들 부모의 충격적인 반응은 아이들이 '의자'에 대해 느끼는 방식을 바꾼다. 아이들은 끊임없이 물건에 기어오르고 그들의 부모는 이를 악물고 '거기서 내려와'라고 끊임없이 얘기한다.

말하고자 하는 것은 다음과 같다. 우리의 단어는 곧 느낌 단어이다. 모든 단어가 그렇다. '집'이란 단어부터 '의자'라는 단어까지 모두, 우리가 물건에 대해 어떻게 느끼는지 설명한다. 그것들은 세상에 있는 사물의 종류를 설명하지 않는다. 대신 사물과 경험에 대해 우리가 어떻게 느끼는지를 설명한다. 이것은 우리의 단어가 항상 모호하고 어느 정도 변경 가능하다는 것을 의미한다. 특정 단어가 의미하는 것이 다른 사람이 의미하는 것과 동일하다는 것을 100% 확신할 수 없다.

이건 어떤가? 당신은 숫자 7에 대해 어떻게 생각하는가? 그리고 숫자 18에 대해서는? 당신은 정확하게 '7'에 대한 느낌과 '18'에 대한 느낌이 어떻게 다른지 말할 수 있는가? 숫자 3712는 어떤가? 나는 여러분이 숫자 3712가 당신의 암호라 엄청나게 충격을 받지 않는 이상 숫자 3712와

18의 차이를 크게 느낄 거로 추측한다. 그에 반해 컴퓨터는 모든 숫자에 대해 똑같이 느낀다.

이제 AI에서 나타나는 문제를 상상해보자. 컴퓨터가 '이 단어가 무슨 뜻입니까?'라고 묻는다면 그에 맞는 답은 '그건 우리가 사물에 대해 느끼는 방식을 묘사한 것' 이다. "의자가 무슨 뜻입니까?" - "우리가 어떤 것을 의자처럼 느낀다는 뜻이야."처럼 말이다. 하지만 우리처럼 생각하는 컴퓨터는 없다. 왜냐하면 감정을 느끼는 컴퓨터란 아직 존재하지 않기 때문이다. 이러한 차이가 고쳐지지 않는 이상 AI는 인간의 지능과 절대로 같아지지 않을 것이다.

당신은 오늘날 컴퓨터가 어떻게 언어를 번역하는지 궁금할 것이다. 그에 대한 답은 '번역하지 않는다'이다. 컴퓨터가 하는 일이란 사람이 번역한 문구를 검색하고 결과를 함께 '복사하여 붙여넣기'하는 것일 뿐, 실제로 그들은 문제를 이해하지 못한다.

이것이 컴퓨터가 지능적일 수 없다는 말은 아니다. 다만 그들은 완전히 다른 방식, 즉 논리적 방식으로 문제를 해결할 뿐이다. 예를 들어, 고양이 사진을 식별할 때 사진을 보고 '고양이처럼 느껴지나요?'라고 생각하는 대신 컴퓨터는 우리가 고양이라고 입력한 모든 사진을 보고 그것을 비교한다. 물론 사람들은 이것이 잘못된 방식이라는 것을 알고 있다.

이것은 플라톤 이후 철학자들을 괴롭힌 문제이기도 하다. 그들은 단어가 우리 내부의 감정이 아니라 외부 세계의 것을 의미한다고 생각했기 때문에 혼란스러워했다. 특히 철학자 루드비히 비트겐슈타인<sup>Ludwig</sup> <sup>Wittgenstein</sup>은 언어에 대한 특별한 흥미를 느끼고 있었다.

그의 초기 글을 보면 세상에 대해 정말 명확하고 논리적으로 묘사하고 있는데, 단어들이 사물을 가리키는 세상이고 단어들 사이의 논리적 관계가 세상 사물들 사이의 논리적 관계를 반영한다며 그는 다음과 같은 이야기를 한다.

"가능한 상황 사이 내부 관계의 존재는 그것을 표현하는 서술어들 사이의 관계에 의해 언어로 표현됩니다."

그러나 이것에 대해 더 많이 생각할수록 그의 철학은 더 무너져 갔다. '확실성'이란 그의 저서를 보면 다음과 같이 쓰여 있다.

"그러나 더 정확하게는: 내가 '손'이라는 단어를 사용할 때 다른 어떤 단어도 다시 생각하지 않고 사용하는 것이 언어 놀이에서 필수적이며 실제로 그 의미를 의심하려 할수록 스스로 나락 앞에 서게 될 것이다."

그는 언어를 '놀이'라고 생각하기 시작했고, 단어를 사람들이 사용하는 방식과 독립적으로 존재할 수 없는 것으로 생각하기 시작했다. '단어는 무엇을 의미합니까?'라고 비트겐슈타인에게 묻는 것은 의심 가득한 세계로 들어가는 것이다. 우리가 '다시 생각하지 않고 단어를 사용'하는 매우 구체적인 이유는 단어가 우리가 느끼는 방식을 설명하기 때문이다. 우리는 사용할 적절한 단어에 대해 '생각'하지 않고 (비정상적인 경우 제외) 우리가 느끼는 방식에 해당하는 단어를 말한다. 우리는 많은 시간을 소비하지 않고 말 그대로 '단어'를 사용한다.

비트겐슈타인의 실수는 간단했다. 그는 말이 감정이 아니라 사물에 관한 것으로 생각했다. 하지만 그렇게 생각하면 할수록 그는 망가져 갔다. 물론 비트겐슈타인은 나보다 훨씬 더 똑똑한 사람이었지만 그의 이런 기본적인 실수는 오늘날 우리가 직면한 학습과 교육 문제를 잘 드러 낸다. 당신이 얼마나 똑똑한지는 중요하지 않다. 아무리 똑똑하다 한들, 잘못된 가정으로부터 시작한다면 올바른 답을 얻을 수 없을 것이다.

학습의 본질은 우리가 나이가 들었을 때도 변하지 않는다. 교육적인 의식들로 인해 모호해질 뿐이다. 학교에서는 '학습'이 시험에 합격하기 위해 정보를 암기하는 과정이라고 이야기한다. 그러나 적절한 학습은 동료들과 어떻게 맞춰나가는지를 계속 배워나가는 과정이고 성인이 되어서도 이러한 방식은 계속된다. 우리는 조직에 속하게 되고 필수 교육 과정을 받지만, 실제 학습은 우리가 하는 일에 대한 주변 사람들의 반응을 관찰하면서 이루어진다. 어떤 사람이든 한 곳에 자리를 잡고 익숙해지려면 6개월에서 1년이 걸린다고 한다. '자리를 잡다'라는 표현은 주어진 문화, 환경에서 옳다고 여겨지는 행동이 무엇인지 아는 것을 의미하는 것으로 인간은 주변 사람들의 반응을 관찰하여 옳고 그름을 결정한다. 이 암묵적인 지식은 기록되지 않으며, 학습 경험을 염두에 두고 설계되지 않았기 때문에 사람들이 자신이 일을 잘하고 있는지 확신하는 데 오랜 시간이 걸릴 수 있다.

사람들은 AI를 연구하면서 인간이 사건에 대한 반응이 아닌 사실을 저장한다고 가정했다. 이 같은 오류는 교육 분야에서도 일어났는데, 이는 사람들이 '반응을 경험하는 환경'이 아닌 '사실을 암기하는 환경'을 만들 수 있다고 상상하게 했다.

비트겐슈타인은 처음부터 세상을 논리적으로 설명하려고 했기 때문에 잘못 출발하게 되었다. 그는 논리와 수학이 자연어가 아니라 인공 언어라는 것을 놓쳤다. 우리가 세상의 사물을 어떻게 느끼는지 그 방식을 설명하는 인간의 언어와는 달리 수학과 논리는 세상 사물 간의 논리적 관계를 설명하기 위해 최근에 만들어진 언어이다. 대다수 사람이 복잡한 수학과 단순한 논리로 어려움을 겪고 있으며 심리학 문헌의 목록은 논리에서 벗어난 인간의 사고에 관한 것으로 가득 차 있다. 이것을 이해하기 위해 숫자 3,756,981을 생각해보자. 느낌이 어떤가? 아마도 3,684,782와 크게 다르지 않을 것이다. 하지만 여기에는 문제가 있다. 둘 다 '많다'라는 느낌이 든다는 것이다(물론 특정 지점을 넘어서면 아무리 큰 숫자라도 '많다'라는 느낌이 든다). '많다는 느낌'은 인간이 정말 큰 숫자에 반응하는 방식이다.

이것은 인간이 천억과 일조의 차이를 이해하는 데 어려움을 겪는 이유이기도 하다. 그것들은 엄청나게 다른 숫자지만 우리에게는 모두 엄청나게 큰 숫자라고 느껴져서 매우 유사하게 인식되기 때문이다. 이것은 인식이 편향되거나 잘못된 것이 아니라 우리가 평소에 생각하고 느끼는 방식의 결과이다.

따라서 여러 세대의 철학자들은 동일한 기본적인 오류를 저지르고 또 스스로 그 오류를 해결해오고 있다. 그들은 단어가 사물을 지칭하고 단어들 사이의 관계가 세상 사물 간의 관계와 일치한다고 가정했지만, 그것은 잘못되었다. 단어는 우리의 감정 만을 의미하며 단지 사물에 대한 우리의 느낌을 나타낸 것이다. 그래서 인간은 의미가 모호하고 난해한 시를 이해하게 한다. 우리의 감정은 때로 흐릿해지고 문맥에 따라 바뀔 수 있다.

물론 사람이 철학자가 되는 이유는 진실을 추구하기 때문이다(그리고 그 뒤에는 항상 감정적인 이유가 있다). 그래서 '모든 인지는 감정의 한 형태'라는 말이 어떤 사람들에게는 곧바로 심각한 문제가 되기도 한다. 그것은 조금은 터무니없는 상대주의를 나타내는 것 같지만 진실에서 멀어질 수 있는 것은 없다. 우리의 감정은 세상과의 물리적 연결에 기반을 두고 있으며, 우리는 생리학적으로 유사한 생물체이기 때문에 우리의 경험은 공통된 기반을 갖추고 있다.

두 사람이 '이 모래는 뜨겁다'라고 말하는 것은 생리학적으로 같은 방식으로 체험하도록 설계되었기 때문이다. 이것이 니체가 '진리의 모든 증거는 오로지 감각에서 나온다'고 쓴 이유이며 서로 다른 두 과학자가 같은 관찰을 할 수 있는 근거이다. 사람이 사물에 대해 느끼는 방식은 '막연한' 것이 아니라 세상에 대한 우리의 물리적 경험에 고정되어 있는데 이것은 '불의'와 같은 다른 다양한 것들에도 해당한다. 인간을 비롯한 많은 생명체가 '불의'에 민감한 것으로 나타났다. 그래서 '이 모래는 뜨겁다'라고 말하는 것과 마찬가지로 '불의는 나쁘다'라고 말하는 것은 진실이다. 우리는 그렇게 느끼도록 설계되어있다. 같은 맥락이긴 하지만 좀 더 추상적인 차원에서는 두 사람은 어떤 특정 음악이 아름다운지 아닌지와 같은 문제에 대해 확실하게 동의하지 않을 수 있다. 왜냐하면 이러한 감정들은 훨씬 더 경험 의존적이기 때문이다. 즉, 나무의 가지가 줄기에서 뻗어 나가는 것처럼 개인으로서의 다양성은 인간으로서의 유사성에서부터 확장된다.

일단 당신이 특정 단어(우리의 모든 단어)를 우리가 사물에 대해 느끼는 방식(그가 우리에게 일으키는 반응)으로 이해한다면 AI와 철학의 어려운 문제 중 일부가 풀리기 시작할 것이다. 단어에는 정확한 의미가 없다. 단어의 의미는 상황이 달라지거나 우리가 느끼는 방식에 따라 바뀔 수 있다. '개'라는 단어의 의미는 개를 두려워하는 사람들과 개를 사랑하는 사람들에게 매우 달라진다. '그 개는 그에게 껑충껑충 달려들었다'라는 문구를 생각해보라. 그게 행복한 생각인가, 무서운 생각인가? 우리는 성장하면서 단어를 사용하는 법을 배운다. 같은 단어라 할지라도 각각의 문화에 따라 받아들여지는 방식이 다를 수 있고 두 개 이상의 언어를 사용하는 사람들은 각 언어를 말할 때 다른 사람처럼 느낄 수 있다.

그래서 단어는 감정을 의미하고 감정은 세상에 대한 반응이다. 그러나 헤라클레이토스Heraclitus에서 지젝Zizek에 이르기까지 내가 읽은 모든 철학자 중 니체만이 이것을 진정으로 깨달았던 것 같다. 그가 쓴 '즐거운 지식The Gay Science'에서 그는 '생각은 우리의 감정의 그림자입니다 - 항상 더 어둡고 더 공허하고 더 단순합니다.'라고 썼다. 우리의 말은 단지 우리가 느끼는 복잡한 감정을 발성으로 표현할 뿐이다. '개'라고 말할 때는 '개'들에 대한 일생의 경험을 일련의 반응으로 요약해서 나타내는 식이다. 예를 들어, 개들의 독특한 '짖는 소리'와 같이 당신과 내가 공통되게 가질 수 있는 몇 가지 요소가 있다. 그러나 다른 차원에서는 '사랑'이라는 단어를 사용하면서도 서로 다르게 느끼는 것처럼 당신과 나는 '개'라는 단어를 말할 때 매우 다른 느낌을 받을 수도 있다.

우리가 세상을 설명하기 위해 단어를 사용하는 것은 우리의 경험에 대해 우리가 어떻게 느꼈는지 설명하기 위해서이다. 이것이 인간이 자연스럽게 '스토리텔러'가 되는 이유이다. 경험의 정서적인 영향이 말에 반영되고 우리가 그것들을 연결하면 이야기가 만들어지는 것이다.

우리는 공유된(사람들이 어느 정도 비슷한 것에 비슷하게 반응하는) 문화에서 성장하기 때문에, 단어를 사용하는 법을 배울 수 있다. 나는 내 안에 있는 일련의 감정을 묘사하는 단어를 사용할 수 있고, 당신 내면의 비슷한 감정들도 비슷하게 묘사한다고 자신한다. 단어들을 통해 나는 당신이 내가 느끼는 것을 느끼도록 할 수도 있다. 나중에 살펴보겠지만 흥미롭게도 음악에도 이런 힘이 있다. 혹시 도움이 된다면 단어가 노래의 음표와 매우 비슷하다고 생각해보시길. 단어는 자신의 느낌을 표현하고 누군가 노래를 부를 때 비슷하게 느끼는 음정이다.

감정과 생각의 관계는 색과 그림의 관계와 비슷하다. 그림은 색조각으로 이루어져 있다. 그렇지 않은 그림은 없다. 왜냐하면 그것들이 모여야 비로소 그림이 되기 때문이다. 마찬가지로 감정의 조각들로 이루어지지 않은 생각은 없다. 감정들이 모여야 생각이 구성된다. 색상 자체는 비교적 단순할 수 있지만, 색 조각들의 조합과 복잡성을 통해 정교하고 의미 있는 그림이 만들어진다. 우리는 '의자'나 '집'과 같이 생각에 이름을 붙이는 것처럼 '모나리자' 같은 이름을 그림에 부여한다. 이게 우리의 말이다.

또한, 우리의 마음은 우리가 미래에 또는 다른 장소에서 어떻게 느낄지 상상하는 데 매우 능숙하다. 우리가 정확하게 어떻게 느낄지 예측하는 것을 말하는 건 아니다. 다만 여러분이 지나가는 기차의 지붕에 앉아있는 기분이 어떨지 쉽게 상상할 수 있다는 것이다. 또는 빗속에서 우산을 들고 고군분투하는 사람이 어떻게 느낄지도 말이다. 물론 틀릴 수도 있지만, 당신이 그런 느낌을 쉽게 상상할 수 있다는 것에는 의심의 여지가 없다.

나는 나의 딸이 어디를 가든 '부드러운 촉감의 인형'을 사고 싶어 하는 이유가 무엇인지 궁금했다. 그래서 딸에게 물어보았고 딸은 '저는 인형들에게 어떤 이야기든 할 수 있어요. 저 혼자 얘기하면 바보 같은 기분이 들어요'라고 대답했다. 딸 아이의 마음은 자동으로 모든 사물에 감정을 이입한 데서 비롯된 것이고 그 껴안고 싶은 장난감이 딱 알맞은 대상이었던 것이다. 혹시 근처에 어린아이가 있다면 이 실험을 해보시기 바란다. 나무를 발로 차면 나무가 어떻게 느낄지 물어보시라. 또는 가족 모두가 휴가를 떠나면 남겨진 집이 어떻게 느낄지 물어보시길. 어린아이들이 이러한 종류의 질문에 얼마나 쉽게 대답하는지 들으면 놀랄 것이다. 다만 같은 질문을 어른에게 한다면 그들은 당신이 스트레스를 받아서 이상해졌거나, 감수성이 풍부한 사람이라고 생각할 수 있다. 이것은 플라톤, 그리고 그와 뜻을 같이하는 동료 철학자들 덕분으로 이 사회가 우리 마음에서 실제로 일어나는 일을 숨기고 외면하는 데 익숙해져 있기 때문이다.

즉, 경험이 만들어내는 반응에 따라 세상을 인지해 내는 이러한 방식은 시나 은유적인 표현과 같이 컴퓨터에서 불가능했던 것들의 가능성을 열어준다. 또한, 뉴런의 네트워크가 하는 것과 같은 종류의 병렬 처리에서도 잘 작동한다. 우리가 어떤 것을 볼 때 시각적인 특징들은 일련의 감정적인 반응을 유발하기 때문에 우리는 즉시 그것이 무엇인지 알게 된다(물론 틀릴 수도 있다). 이 과정은 우리가 의식적으로 그것을 인식하기 전에 발생한다. 우리의 신경계는 위협적인 것이 무엇인지 말하기도 전에 그 위협으로부터 '싸우거나 도망칠' 준비를 할 것이다. 그 상황에서 우리는 눈에 보이는 것과 우리 기억에 저장된 것들을 하나하나 비교하는 장시간의 탐색 과정을 절대 거치지 않는다. 그것은 정말 어리석은 일이므로 앞으로도 절대 작동하지 않을 것이다.

다른 사람을 위해 사물들을 설명할 때, 우리는 그 감정들을 표현하기 위해서 여러 단어를 사용해 일련의 감정들을 한데 묶는다. 그러다 서로 다른 두 가지 단어가 우리 안에 비슷한 감정을 불러일으켰을 때 우리는 창의적인 도약을 할 수 있다. '구름처럼 외롭게 헤맨다'라는 시적 대사는 하늘에 홀로 떠다니는 구름을 볼 때 느끼는 감정과 외로움을 연결할 수 있다는 점에서 의미가 있다. 사실 단어들은 사물이 아닌 감정을 표현하기 때문에 다른 사람은 이해할 수 있지만, 컴퓨터는 결코 이해할 수 없는 모든 종류의 것들을 말로 표현할 수 있다. 나는 '그는 회의 중에 마치 도자기 가게의 황소(a bull in a china shop, 무모한 사람, 망나니) 같았다'라고 말할 수 있고 여러분은 그것을 이해할 수 있다. 왜냐하면 그 단어에 내재된 감정을 얘기했기 때문이다. 문제의 사람이 황소처럼 생겼다거나 도자기 가게에서 회의가 열렸기 때문이 아니다. 그저 그 단어에 내재된 감정을 공감하기 때문이다.

물론 우리는 컴퓨터에 도자기 가게의 황소는 무모한 뜻을 가진 사람이라고 말할 수 있지만, 만약 여러분이 '유리 상점의 캥거루'라고 말했다면 아마도 나는 꽤 재미있는 사람이라고 생각했을 것이고 컴퓨터는 이해하지 못했을 것이다. 요약하면 우리는 감정을 표현하기 위해 단어를 사용하며, 우리가 말을 할 때 다른 사람들도 비슷한 감정을 가진다는 것이다. 그것이 사람들이 자연스러운 이야기꾼인 이유이다. 모든 것은 감정으로 암호화되어있고 단어들은 그러한 감정을 불러일으킨다.

대화를 나누는 사람들의 이야기를 자세히 들어보면 이런 일이 종종 일어난다. 한 사람이 이야기하고, 다른 사람은 그와 관련된 이야기를 한다. 만약 이러한 상호작용을 자세히 본다면, 여러분은 대화가 각자의 이야기를 전체적으로 묶어준다는 느낌을 받을 것이다. 내가 다른 것이 아닌 하나의 이야기를 여러분에게 들려주기로 한 이유는 여러분의 이야기가 내가 다른 곳에서 느꼈던 것을 느끼게 해주었기 때문이다. 이것이 흔히 '상기 시키기Reminding'라고 말하는 것이다. 우리는 '푸른 하늘의 새를 보니 해변에서 있었던 순간들이 생각난다'라고 말할 수 있다. 실제로도 어떤 한 현상은 감정을 또 다른 느낌으로 활성화하기도 한다.

당신이 파티에서 누군가를 만났다고 가정해보자. 당신이 '저 이 노래 좋아해요'라고 말하자마자 상대방도 '저도 이 노래 좋아하는데요'라고 답한다. 그럼 그 순간 당신과 상대방은 함께 미소 짓게 될 것이다.

학습의 기본 요소는 '사실'이나 '지식'이 아니라 '반응'과 '이야기'와 '경험'이다. 사람마다 사건에 대한 반응이 다르기 때문에, 어떤 식으로든 누군가가 변화하기를 바란다면 그 사람과의 연결고리를 새롭게 만들어내는 것이 중요하다. '연결 관계 구축'이 왜 중요한지는 두말하면 입이 아플 정도이다. 나는 확실하게 얘기해 두고 싶다. 관계를 맺는다는 것은 사람들에게 중요한 것을 이해시키는 것을 의미한다. 이러한 심리적인 특징들이 사람들이 반응할 것들을 결정하기 때문에 학습과 교육을 설계하는 데에서도 중요한 심리적인 특징을 이해하는 것은 필수적이다. 그리고 다음 장에서 보겠지만 사람들의 반응은 그들의 경험들이 암호화되는 방식을 결정한다. 연결 없이는 학습이 이루어질 수 없다.

## 핵심 요약

- 단어는 사물을 의미하지 않는다. 단어는 우리가 사물에 대해 느끼는 감정을 표현한다.
- 생각은 우리가 경험하는 것에 대한 감정 또는 반응의 조각들이다.
- 우리는 다른 사람들과 의사소통 할 때 관련된 많은 감정을 단어의 형태로 표현하고 이것은 듣는 사람에게 상응하는 감정을 활성화한다.
- 학습을 설계할 때 우리는 각 개인의 반응을 일으킬 수 있는 경험을 만드는 것을 목표로 해야 한다.
- 우리는 상대방에게 중요한 것이 무엇인지 모르는 상태에선 그들에게 일어날 반응을 자신 있게 예측할 수 없다.

바로 다음 장에서 과연 인간의 기억과 학습에 대해 이 새로운 사고방식이 무엇을 의미하는지 살펴보겠다.

HOW PEOPLE LEARN

# 2장

◈ ◆ ◈

# 우리는
# 어떻게 배우는가?
## (정서맥락모델 The affective context model)

**"사람들은 당신이 한 말과 행동을 쉽게 잊게 되겠지만, 당신이 그들에게 어떤 느낌이 들도록 했는가는 절대 잊어버리지 않을 것이다."**

**- 마야 안젤루**

나는 학교에서 있었던 많은 일을 기억한다. 하지만 그것 중 어떤 것도 수업에서 배운 정보는 없다. 특히 수학에 대해서는 그런 과목이 있었던 것 정도만 기억할 뿐이다. 나는 여전히 7×8을 계산 할 때 꽤 떨린다. 내가 몇 번이나 그 곱하기를 되풀이했을까? 적어도 만 번 정도는 했을 것이다. 또한 역사, 지리, 생물학, 물리학, 화학, 종교학 역시 모두 기억이 잘 나지 않는다. 너무도 이상하다. 무언가를 배웠던 시간이 강의 내용에도 없는 하찮은 사건들보다도 더 기억에 남지 않는다니 왜 그런 것일까? 그렇다면 학습 설계가 무슨 의미가 있을까? 기억과 학습에 관해 우리가 알고 있다고 자부하는 모든 것이 잘못되었다면 어떨까? 약간 틀린 것이 아니라 완전히 그리고 근본적으로 틀린 것이다. 플라톤과 고대 그리스로 돌아가는 내내 틀린 것이다. 학습에 대한 우리의 기본적인 이해는 다음과 같다. 학습은 우리가 머릿속에 정보를 저장하는 과정이다. 우리는 특정 출처(예: 책이나 선생님)에서 지식을 얻고 나중에 기억할 수 있도록 암기한다.

내가 허수아비 논법의 오류strawman fallacy (상대방의 주장을 왜곡시켜서 논파하기 쉬운 허수아비처럼 무력한 주장으로 바꾸어 공격하는 논리적 오류)를 범하고 있다고 생각할 수도 있겠지만 실제로 웹스터 사전에서는 학습을 '지도나 학습을 통해 습득한 지식 또는 기술'로 정의하고 옥스퍼드 사전에서는 기억을 '마음이 정보를 저장하고 기억하는 능력'으로 정의한다.

하지만 이러한 정의를 액면 그대로 받아들여 학창 시절의 학습과 비교한다면 매우 이상하게 느껴질 것이다. 나는 내가 배운 지식이나 기술이 무엇인지 확실히 알 수 없다. 나는 프랑스어를 조금 알고 있지만 내가 기억하는 것 대부분은 '지식'이라고 부를 만한 것이 아니다. 동료들과 상호 작용하는 방법, 비 오는 날 강제로 달리는 방법과 같이 내가 '습득'한 기술은 '배운' 것과는 전혀 다른 것이다.

게다가, 최근에는 동창회 참석을 위해 예전 학교를 찾았다가 학교에 대한 나의 기억이 얼마나 부정확했는지를 깨닫고 상당한 충격을 받았다. 일단 내가 잊고 있었던 테니스 코트가 있었다. 중앙 홀은 내가 기억하는 것보다 훨씬 작았고, 학생 때 손바닥처럼 좁다고 느꼈던 곳에서는 두어 번 길을 잃었다. 내가 완전히 저장했다고 생각했던 것 중 일부는 나의 착각에 불과했다. 어쨌든 우리는 모두 인간의 기억이 이와 비슷하다는 것을 안다. 컴퓨터 메모리와 달리 우리의 기억은 믿을 수 없다. 우리는 경험의 일부만을 기억하며 때로는 기억을 만들어 내기도 한다. 많은 사람이 기억력이 얼마나 나쁜지에 대해 농담으로 이야기하지만 때로는 정말 문제가 되기도 한다.

예를 들면 범죄를 목격했을 때이다. 스티브는 31세의 레스토랑 매니저로 그렌첸과 약혼했다. 어느 날 밤 그들은 로맨틱한 식사를 하러 나갔는데 집으로 돌아오는 길에 경찰이 차를 불러 세웠다. 경찰은 스티브의 차량이 강간 사건에 연루된 차량과 비슷하다고 말했다. 게다가 피해자에게 스티브의 사진을 보여줬더니 강간범과 가장 흡사하다고 말했다. 스티브와 그의 약혼자, 그리고 가족들이 계속해서 그의 무죄를 주장했지만, 피해자는 그가 강간범인 게 확실하다고 주장했다. 결국 스티브는 감옥으로 끌려갔다. 운 좋게도 한 기자가 실제 강간범을 추적했는데, 그 지역에서 50여 건의 유사한 범죄를 저지른 것으로 의심되는 남자가 결국 강간을 자백했다. 쓰라림, 분노, 억울함에 사로잡힌 스티브는 직업, 약혼자, 모든 재산을 잃었다. 그는 억울함을 풀고자 집착했고 민사소송 며칠 전, 스트레스로 유발된 심장마비로 사망했다. 향년 35세였다.

스티브의 재판에서 심리학자 엘리자베스 로프터스는 스티브가 거짓 기억의 피해자라고 주장했다. 로프터스는 1970년대부터 기억을 연구

해왔다. 그녀가 발견한 것은 솔직히 충격적이었다.

초기 실험에서 그녀는 참가자들에게 두 대의 차량이 충돌한 가상의 자동차 사고를 담은 단편 영화를 보여주었다. 영화를 본 후 그녀는 목격자에게 사고에 관한 질문을 했다. '차가 강하게 부딪쳤을 때$^{smashed}$ 자동차가 얼마나 빨리 가고 있었나요?'라는 질문과 '차가 접촉했을 때 $^{contacted}$ 자동차가 얼마나 빨리 가고 있었나요?'라는 질문이었다. 속도 추정치는 사용된 단어에 따라 차이가 컸다.

그녀는 그 연구를 더 진행했다. 참가자들에게 현장에서 '산산조각'으로 깨진 유리에 관해 물었다. '산산조각'이란 질문을 들은 참가자들은 존재하지도 않는 깨진 유리에 관해 회상하기 시작했다. 간단히 말해서, 그들은 절대 일어나지 않은 일들을 기억해냈다.

그 후 수십 년 동안 로프터스는 인간 기억에 대한 모든 문제를 조사했다. 그녀는 기억이 왜곡될 수 있을 뿐만 아니라 완전히 가상인 기억도 만들어질 수 있다는 사실을 발견했다. 예를 들어 어렸을 때 쇼핑센터에서 길을 잃었다$^{lost\ in\ the\ mall}$는 기억 같은 것(일어나지 않은 일에 대한 기억의 조작) 말이다.


바틀릿과 마찬가지로 로프터스는 기억해내는 것$^{remembering}$을 암기$^{memory}$를 위한 활성 과정으로 간주했다. 그녀는 사건의 재구성을 위해서는 두 종류의 정보, 그러니까 사건 당시 저장된 정보와 사건 이후의 정보가 결합해야 한다고 주장했다.

정서맥락모델은 기억에 대한 급진적인 주장이라고 할 수 있다. 우리는 실제로 우리에게 일어나는 어떤 경험도 기억하지 못한다. 대신 우리는 그 사건들에 대한 우리의 반응(그것이 우리를 어떻게 느끼게 했는지)을 저장하고 이러한 반응은 필요할 때 기억을 '연상시키는 데' 사용된다.

다시 말씀드리면 여러분은 실제로 아무것도 기억하지 못하고, 단지 사물이 어떻게 느끼도록 만들었는지 저장해 두었다가, 그 감정적인 각인을 필요에 따라 꺼내어 기억을 만드는 데 사용한다.

이것은 사건 당시 '정보'는 암호화되는 것이 아니라 사건에 대한 우리의 반응일 뿐이라는 점에서 로프터스의 기록과 다르다. 이후 다른 장에서 살펴보겠지만, 이는 교육과 일상 학습 모두에 깊은 영향을 미친다. 오늘날 우리가 사용하는 학습모델의 비효율성을 설명하는 데 큰 도움이 될 뿐만 아니라 우리가 사용하는 교육 기법에 대해 매우 구체적인 예측을 할 수 있게 한다. 그러므로 꼭 채택해야 하는 이론이기도 하다. 정서맥락모델은 사람들의 반응은 감정적이기 때문에 그들의 관심사를 이해하는 체계적인 프로세스가 없다면 교육이 매우 비효율적일 거라고 말한다. 왜냐하면, 우리의 감정적 반응은 기억의 기본 요소이기 때문이다.

또한 사람들이 무언가에 관심을 가질 때에는 '교육을 설계하는 것'이 별로 중요하지 않다. 왜냐하면 그들은 그 무언가에 대해 스스로 신나게 구글링할 것이기 때문이다. 같은 맥락으로 관심이 거의 없는 것에 대해 교육하려 한다면 그들의 무관심을 기억으로 바꿀 만큼 강한 반응을 일으킬 수 있는 경험이 필요하다.

가장 최악의 상황은 에빙하우스의 실수를 반복하는 것이다. 사람들이 그들에게 거의 의미가 없는 것들을 기억하기를 기대하는 것 말이다.

우리가 느끼는 방식으로 사건을 재구성한다는 주장이 터무니없다고 생각할 수도 있다. 어떻게 감정적인 반응만으로 당신이 하는 모든 세부 사항을 재구성할 수 있겠는가? 하지만 그 전에 먼저 당신 스스로 얼마나 많은 세부사항을 저장하는지 알고 있는가? 아니면 여러분의 마음이 얼마나 많이 여러분을 속이고 있는지 알고 있는가?

이렇게 한번 해 보시라. 5 파운드 지폐를 떠올리며 기억나는 대로 그려보라. 당신의 기억이 얼마나 부정확한지 충격받게 될 것이다. 그리고 여러분에게 친숙한 것들, 예를 들면 집의 모습과 같은 것을 떠올려보라. 창 개수조차 제대로 파악하지 못할 가능성이 크다.

2016년에 회사 signs.com은 156명의 미국인에게 기억만으로 한 유명

브랜드 기억

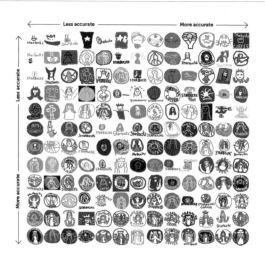

Branded in memory: 1500 drawings reveal our ability to remember famous logos.
https://www.signs.com/branded-in-memory/

브랜드 로고를 그리도록 하는 과제를 주었다. 결과는 매우 충격적이었다. 놀랄 만큼 부정확했기 때문이다. 그들이 공통되게 제대로 그린 것은 단지 녹색과 여성의 존재뿐이었다.

## 정서맥락모델은 이런 현상들을 어떻게 설명하는가?

1949년 신경 심리학자인 도널드 헤브Donald Hebb은 놀라운 발견을 했다. 신경 활동을 조사하는 동안 그는 두 개 이상의 신경 세포가 동시에 활성화될 때 서로 연결되는 경향이 있다는 것을 알아낸 것이다. 이것은 헤브의 법칙으로 불린다. 이는 학습이나 경험을 통해 한 뉴런에 자극(전기 신호)이 전달되면 뉴런 끝부분에서 신경전달물질이 분비되고 이것이 수십 나노미터 떨어진 이웃 뉴런의 수용체에 결합하여 다시 전기신호가 발생한다는 것이다. 그리고 이렇게 한번 자극을 받았던 뉴런은 자극받은 그 순간뿐만 아니라 상당 기간 시냅스에서의 신호전달 효율을 높인다. 여러분이 집에서 기차역으로, 기차역에서 커피숍으로, 세상을 누비며 경험하는 순간에도 신경전달물질을 뿜어내는 뉴런을 상상해 보시라. 여러분의 뇌는 외부 환경에 반응하여 변하고, 여러분의 기억은 여러분의 경험을 어떻게든 반영한다고 가정하는 것이 타당해 보이지 않은가?

그러나 이것은 아주 중요한 의문을 불러일으킨다. 모든 뉴런이 뿜어낸 전달 물질과 전기 신호는 어떻게 정보화, 코드화되는 것일까? 아마 사물이 보이는 방식, 소리, 일련의 의미 또는 스키마를 인코딩하는 게 아닐까 하는 추측이 들 수 있다.

시각 피질이 우리가 보는 것을 인식한다는 것은 분명하지만, 어쩔 수 없이 발생하는 여러 오류는 그것이 시각적 특징까지는 기억하지 못한다는 것을 강력하게 시사한다.

정서맥락모델은 인코딩 과정이 사건과 정보에 대한 감정적 반응이라고 말한다. 이러한 반응은 생각과 기억으로 구성되는 것들이다. '감정적 반응'이란 '행복, 슬픔 등'이 아니라 사건에 대한 미묘하고도 대체로 무의식적인 감정 반응을 의미한다. 예를 들어 당신은 미용실에서 기대했던 것과 다른 머리 모양이 완성됐을 때와 파란 병, 땅벌, 모깃소리 등을 접했을 때의 감정적 반응이 다르다는 데에 동의할 것이다. 그러나 이것을 단순히 '행복, 슬픔' 유형의 용어로 구분 짓는 것은 어려운 일일 것이다. 모기의 소리는 매우 특정한 느낌이지 않은가?

정서적맥락모델에서는 특정 사건을 경험할 때 사건 자체가 저장되지 않는다고 이야기한다. 대신 사물에 대한 반응이 저장되고 이러한 감정은 요청 시 기억을 떠올리는 데 사용된다는 것이다. 이 감정적 흔적은 원래 자극(예: 시각 피질)이 인식하는 것과 동일한 신경학적 영역을 활성화할 수 있다. 즉, 해당 버전을 효과적으로 '재창조'한다. 물론, 회상 당시의 감정 상태가 이 과정을 왜곡하기도 한다. 예를 들어 누군가가 속도에 대해 질문하면서 '산산조각smashed'이라는 단어를 사용한 경우, 이는 기억의 흐름에 민감도를 더할 수 있다.

결과적으로 이 이론이 내놓은 예측은 뉴기니의 정글처럼 전혀 다른 문화적 배경을 가진 사람을 뉴욕 여행에 데려가면 그들이 기억할 것은 원주민 뉴요커가 기억하는 것들과 매우 다를 거라는 것이다. 이는 사건에 대한 감정적 반응이 매우 다르기 때문이다. 어떤 사건은 태어날 때부터 알아볼 수 있지만, 우리는 각각 다른 문화에서 성장하기 때문에 우리의 감정적 반응은 우리의 문화에서 공유되는 경험을 기반으로 형성되고 정제된다.

이 말이 이상하게 들릴지 모르겠지만 신경 과학 영역에서는 이에 대한 지지가 증가하고 있다. 신경 과학자 안토니오 다마지오Antonio Damasio는 그의 저서 〈느낌의 진화The strange order of things〉에서 다음과 같이 언급했다. '우리는 감정이 있고 우리의 정체성을 유지하기 위해 감정을 사용해 우리 내부의 상태를 표현한다. 그렇기 때문에 환경에 적응하고 발전할 수 있다.' 다마지오는 '생물은 자신이 경험하고 있는 것을 감정으로 표현할 수 있게 되었을 때 큰 진전을 이루었다'고 주장했다.

마찬가지로 자크 판크세프Jaak Panksepp은 그의 저서인 〈감정신경과학 Affective Neuroscience〉에서 '모든 포유류의 7가지 기본 감정이 변화함에 따라 신경세포 간에 발생하는 분명한 변화를 발견했고, 이를 통해 효율적인 학습을 달성할 수 있습니다.'라고 썼다.

여러분은 인간이 일련의 '스키마'(기본적으로 관련된 정보를 통합해 조직하는 인지 개념)을 사용하여 세계를 인지한다는 생각에 익숙할 것이다. 예를 들어 새는 '부리 있음' 또는 '날개 있음'과 같은 개념에 연결될 수 있다. 그러나 이것은 일련의 의미 관계를 암시하기 때문에 정확할 가능성이 매우 낮다. 원시적인 생물들은 세상에 대해 배울 때 의미 관계를 사용하거나 저장하는 방법을 떠올리기가 매우 어렵기 때문에 특정한 사건에 대한 일련의 반응을 저장한다고 생각하는 편이 훨씬 쉽다. 우리의 실수는 인간이 학습하기 위해 사용하는 인지 메커니즘이 다른 동물들과 완전히 다르다고 가정한 것이다.

이 시점에서 나는 정서맥락모델이 때로 '감정은 배우는 게 매우 중요하다'거나 '기억에 남길 원한다면 재미있게 만들어라'라고 잘못 표현되기도 한다는 점을 지적해야겠다. 이것은 전혀 그런 의미가 아니다. 정서맥락모델은 세상을 살아가면서 기록 또는 기억되는 것은 오직 당신의 감정적 상태이며, 이러한 감정적 상태는 당신의 경험을 기억으로 재구성하기에 충분하다고 말한다. 당신의 정서적인 반응은 단어들에 대한 기억이다. 그것들은 문자 그대로, 기억으로 만들어진 것이다. 정서맥락모델을 이해하는 것은 세계의 모든 물체를 자세히 들여다보고 그것들이 모두 레고 벽돌로 이루어져 있다는 것을 발견하는 것과 같다. 당신의 정서적 반응은 당신의 경험들로부터 만들어진 작품이다.

당신이 친구와 함께 서서 재미있는 PC 게임을 하는 누군가를 보고 있다고 상상해 보자. 당신은 친구에게 이렇게 말한다. "이 프로그램은 모두 1과 0으로 만들어진 것에 불과해." 당신의 친구는 깜짝 놀라서 당신을 쳐다볼 것이다: '글쎄, 기본적인 연산은 1과 0으로 구성될 수도 있지만, 나머지 연산은 훨씬 더 복잡할 거야.' 하지만 당신의 친구는 틀렸다. 컴퓨터 프로그램이 아무리 복잡해 보여도, 궁극적으로 1과 0의 패턴으로 모두 나타낼 수 있다. 그것이 바로 '기계 코드'이다.

따라서 '감정'은 풍부한 기억력을 유발할 만큼 복잡하지 않은 것처럼 보일 수 있지만, 컴퓨터 프로그램이나 DNA(또는 비전)와 마찬가지로 단순한 구성 요소에서 엄청 복잡한 일이 발생할 수도 있다. 기계 코드는 '1'과 '0'으로 작성되고 인간의 코드는 감정으로 작성된다. 말하자면 우리는 세심하게 코딩되어 있다는 것이다. 결국 생각과 느낌 사이에는 구별이 없다. 어떤 사람들은 우리가 말로 생각한다고 추측한다. 하지만 그것은 결코 사실이 아니다. 사람들의 생각은 말하기 전에 형성되고 언어가 없는 사람들도 생각할 수 있다. 결과적으로 우리는 감정으로 생각한다. 우리는 대부분의 생물과 공통점이 있다. 말은 그 느낌이 들리는 방식이다. 단어는 우리가 감정의 패턴에 부여하는 이름일 뿐이다. 우리의 감정은 대부분의 포유류보다 유연하며 목소리도 그렇다.

다시 한번 정리하자면 생각과 감정의 관계는 그림과 색채의 관계와 같다. 그림은 색상 패치로 구성되고 생각은 감정으로 이루어진다. 단어는 '모나리자'처럼 우리가 그림에 붙이는 이름과 같다. 우리는 단어를 말하고 생각을 구성하는 감정의 패턴을 요약해 전달한다. 지금 당장이라도 '개'라고 말하면 개에 대한 감정이 활성화되고 마음에 개에 대한 희미한 이미지가 떠오를 것이다.

교육적인 측면에서 우리는 사람들이 경험을 다르게 기억할 수 있다는 점을 받아들여야 한다. 그 누구도 정보를 단순하게 저장하지 않는다. 우리는 책이나 컴퓨터가 아니기 때문이다. 우리는 사물에 반응한다. 위험하지 않은 상황에서의 기억은 굳이 신경 쓰지 않아도 된다. 단순히 사람들은 정보에 노출되는 것만으로는 반응이 전혀 강하지 않을 수 있다. 그런 경우 사람들은 그것들을 '지루하다' 또는 '부적절하다'고 생각할 것이며 기억할 가능성이 희박하다. 가장 잘 작동하는 학습 형식은 학습자의 반응을 생성하거나 반응하는 형식이다. 공익 광고는 종종 충격적인데 그럴만한 이유가 있다. 예를 들어 죽음, 질병 또는 부상을 둘러싼 우려와 같은 가장 본능적인 관심사 중 일부를 활용하는 식이다. 모든 교육 경험이 충격적이어야 하는 것은 아니다. 그러나 각 개인의 관심사가 정교하게 발전함에 따라 더욱 신경 써야 하는 게 사실이다. 해양 생물에 대한 열정이 있는 사람은 해양 생물과 관련된 정보에 깊이 관심을 가질 것이다. 하지만 그들의 관심이 거기에 그치지 않고 소프트 웨어 개발에까지 이르게 된다면 새로운 네트워크를 만들어 주거나 무언가 극적인 자극을 주어야 할 수도 있다.

사람들은 자신의 마음이 정보를 저장하지 않는다는 것을 잘 깨닫지 못한다. 이는 매우 직관적이지 못한 생각이다. 그들은 뇌가 외부 자극에 반응하여 자신을 재연결하고 기억이 어떻게든 과거의 사건을 떠올린다는 것을 알고 있다. 따라서 뇌가 정보를 저장한다고 가정하는 것이 논리적으로 보일 것이다. 그러나 이 부분에 대해서는 잘못 인식되고 있다는 것을 확실히 알아야 한다. 마음은 우리가 지식을 전달할 수 있는 상자와 같다는 생각으로 말이다.

정서맥락모델에 따르면, 우리는 우리의 삶을 사물에 대한 단순한 정서적 반응과 함께 시작한다. 예를 들어 미소와 얼굴이 우리를 저절로 기쁘게 할 수 있다. 우리는 매력적이고 대칭적인 얼굴을 선호한다. 물론 다른 형태의 얼굴에 대해서도 처음엔 놀랄 수 있지만, 곧 감정을 다듬을 수 있다. 우리는 이러한 감정을 반영하는 소리에 대한 레퍼토리도 가지고 있다. 아이가 웃거나 울 때 모든 사람이 그 느낌을 이해한다. 엄마들은 심지어 각각의 울음이 요구하는 게 무엇인지 구별할 수도 있다.

이렇듯 사회적 동물로서 우리는 타인의 감정에 대한 민감성을 내재하고 있다. 그리고 다양한 문화를 초월한 사람들은 타인의 어떠한 표현이든 인식하는 데 어려움이 없다.

이 동일한 메커니즘은 좀 더 민감한 상황에서도 발현된다. 말벌이 다가올 때마다 공황 상태에 빠지는 부모가 있다면 아이들도 말벌, 벌, 파리 등 윙윙거리는 물체에 동일한 방식으로 반응하는 법을 빠르게 배운다. 우리의 감정적 반응은 이렇게 다른 사람들의 반응을 반영하는 경향이 있다. 다만 시간이 지남에 따라 우리는 반응을 개선 할 수 있는데 이를테면 말벌과 꿀벌에 다르게 반응하는 것이다.

다른 예를 들자면, 어린아이들은 개를 처음 보고는 깜짝 놀랄 수 있다. 그러나 시간이 지남에 따라 개에게 긍정적으로 반응하는 법을 배울 뿐만 아니라 개의 품종에 따라서도 다른 감정반응을 일으키게 된다. (그림 2.1)

그림 2.1 반응의 정교화 과정

정서맥락모델
우리는 우리에게 일어나는 모든 경험을 기억하지 못한다.
대신에 우리는 이러한 사건들의 반응(우리에게 어떤 느낌을 주는지)을 저장하고
이러한 반응은 필요할 때 기억을 떠올리는 데 사용한다.

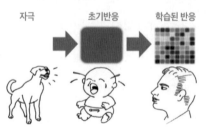

자극　　　　초기반응　　　학습된 반응

잠시 멈추고 이전 질문을 다시 생각해보자. 파리 소리를 들을 때와 모깃소리를 들을 때 같은 느낌이 드는가? 나는 당신이 그렇지 않을 거라고 확신한다. 느낌이 정확히 어떻게 다른가? 만약 누군가가 검은 물방울무늬의 밝은 분홍색 우산을 들고 빗속을 지나쳤다면, 당신은 나중에 그것을 기억할지도 모른다. 이것은 당신이 우산, 밝은 분홍색, 그리고 반점에 대해 뚜렷한 감정적 반응을 보인다는 것을 시사한다. 당신은 아마 이러한 것들에 대해 어떻게 느끼는지 정확히 말로 표현하기 위해 고군분투할 것이다. 하지만 당신은 '점박이, 밝은 분홍색 우산'이라고만 말하면 되고 감정을 말로 표현할 필요는 없다. 우리의 모든 말들은 '감정 언어'이다.

정서맥락모델은 우리가 우리에게 중요한 모든 것들에 미묘한 감정적 반응을 가지고 있다고 말한다. 위에서 쓴 것과 같이, 나는 당신이 다른 머리 스타일에 대해 다르게 반응한다고 확신한다. 하지만 그때 생겨난 감정들이 정확히 어떻게 다른지 과연 설명할 수 있을 것인가? 우리가 경험한 감정의 미묘한 차이를 설명할 단어가 부족하다고 생각할 수도 있지만, 1장에서도 보았듯이 사실 일련의 감정을 묘사하는 어휘들은 정확하게 사용되고 있다. '의자'는 앉기에 어떤 것이 적합한가에 대한 느낌을 말하고 '모히칸'은 특히 두드러지고 맞지 않는 헤어스타일을 묘사한다.

정서맥락모델의 흥미로운 결과 중 하나는 '느낌이 없으면 보지 못한다'는 것이다. 사회적인 감각을 완전히 상실한 상태의 사람들은 일상에서 다음과 같은 종류의 대화를 한다.

"그 여자 표정 봤어요?" "누구 표정이요?"

"완전 이상한 모자 쓴 그 여자요!" "응? 어디요? 모자 쓰고 있는 여자가 어딨어요?"

"아.. 잊어버려요"

표면적으로는 감정이 어떻게 정신생활의 풍요로움과 정교함을 만들어내는지 이해하기 어려울 수 있다. 여기서 좋은 비유를 들어보겠다. 인간의 망막을 생각해보면 그것은 서로 다른 빛의 파장을 감지하도록 구성되어 있다. 하지만 우리는 자라면서 이러한 빛의 조각을 물체로 인식하는 것을 배운다. 그리고 계속되는 시각적인 경험에 따라 빛의 조각을 물체로 인식하는 것을 초월하는 풍부함과 깊이를 쌓아가게 된다. 우리의 감정적인 반응도 마찬가지이다.

이미 말했듯이, 우리의 감정적 반응을 조절하는 방식 중 하나가 바로 자신이 강하게 끌리는 것에 따라 다른 것을 '보는' 것이다. 당신과 친구가 함께 같은 기차를 타고 여행하고 있다고 생각해보자. 당신의 친구는 식물 전문가이고 당신은 건축 전문가라면 당신과 친구는 같은 것을 보면서도 매우 다른 것을 떠올리게 될 것이다. 나무와 덤불로 가득한 건축물을 보면서 당신은 흥미진진한 다양한 건축 양식에 대한 이야기를 들려주겠지만 친구는 식물의 변화하는 패턴을 자세히 설명할 것이다.

방금 든 예는 특히 교육에 관해 이야기할 때 매우 의미 있는 포인트이다. 같은 반에 앉아 같은 수업을 듣는 학생이라도 무엇을 신경 쓰느냐에 따라 매우 다른 것들을 듣고 기억할 수 있다. 즉 청중이 무엇에 관심을 두고두고 기억하느냐에 결과가 달라지기 때문에 효과적인 학습 프로그램을 설계하기 위해서는 먼저 개별 참여 인원의 관심사를 총체적으로 이해하고 고려할 필요가 있다. 마찬가지로, 제공되는 정보들을 '관련 없는 내용(이건 시험에 안 나오는 내용이야, 이건 내 직업과 관련이 없어)'이라고 인식하는 학습자는 교육의 내용을 잊어버릴 가능성이 더 클 것이라고 자신 있게 예측할 수 있다. 이러한 매우 중요하고도 구체적인 이유로 모든 교육 설계 프로세스의 중심에는 학습자의 관심이 있어야 한다.

## 당신은 무엇을 신경 쓰고 있는가?

이제 우리는 우리의 삶에 의해 관심사가 형성된다는 사실도 알게 되었고, 교육자로서 새로운 관심사를 통해 학습자의 삶을 형성하려 할 것이다. 즉, 우리는 앞으로 수년간 그들의 경험을 암호화하는 일에 어떤 역할을 하게 될 것이다. 하지만, 당신이 확신할 수 있듯이 우리는 사람의 감정을 자극하지 않고는 이 일을 해낼 수 없다. 게다가 새로운 관심사는 기존의 것들로부터 만들어지고 기존의 것들을 위협한다. 이러한 과정을 통해 우리는 사람들을 어려운 상황에 놓이게 할 수도 있다. 예를 들어, 특정인들의 지위가 위태로운 상황에 놓이게 할 수도 있다.

우리는 놀랍도록 정교한 생명체이다. 우리의 시작은 다른 많은 포유류와 같았지만, 고통, 음식, 성별, 지위, 가족, 공정성에 관심을 가지다 보니 결국 플라스틱을 재활용하는 것에 신경을 쓰게 되었다. '학습Learning'은 이러한 우리의 관심사를 형성하는 데 붙여진 이름이다. 그리고 '교육Education'은 사람들이 외울 수 있도록 의도적으로 관심을 형성해

내는 것이다.

물론 교육자들은 교육이 '사람들의 관심사를 바꾸는 것'이라는 사실에 대해 불편함을 느낄 수도 있다. 본능적으로 그들은 사람들이 무언가를 외우지 않는 한 '진짜' 학습이 진행되지 않는다고 생각하기 때문이다. 그러나 요점은 통제에 관한 것이다. 학습자가 무언가에 충분히 관심을 기울이면 관련 정보에 대해 반응하게 된다. 즉, '학습'하게 되는 것이다. 따라서 교육자로서 우리의 임무는 이러한 관심을 자극하는 것이고 학습자의 임무는 배우는 것이다.

여기서 중요한 점은 한 사람의 '관심Concern'이 그 사람의 '동기Motivation'와 같지 않다는 것을 유념하는 것이다. 나는 바틀릿이 그랬던 것처럼 언어에는 '관습성Conventionalzation' 효과가 있다는 흥미로운 사실을 알게 되었다. 만약 당신이 새로운 것을 말하려고 한다면, '관심'과 같은 새로운 방식으로 새로운 단어 또는 익숙한 단어를 사용해야 한다. 하지만 사람들은 이것을 관습적으로 이해해 버리고 만다. 그래서 어떤 사람들은 '감정적인 맥락'이 단지 '배움에 있어서 동기부여가 중요하다'는 말을 전하는 그럴싸한 방법일 뿐이라는 결론을 내리게 되는데, 물론 동기 부여도 중요하긴 하지만 그것은 우리가 새롭게 말하려던 관심사 중 작은 부분에 불과하다. 내가 서서 당신과 이야기하고 있는데 갑자기 코피가 난다면 잠깐은 그것을 인식하고 그에 관해 이야기할 것이다. 하지만 코피로 '동기 부여'된다고 말하는 것은 이상하지 않은가?

당신의 삶에 대한 걱정으로 가득한 미지의 대륙과도 같은 머릿속을 상상해보라. '동기 부여'는 일부분일 뿐이다.

내가 설명하고자 하는 것은 '날씨'와 '대기'의 차이와 비슷하다. '감정'에 대해 이야기할 때 사람들은 일반적으로 '분노' 또는 '놀라움'과 같은 심한 감정 상태를 말한다. 이 상태는 '태풍'이나 '온난 전선'과 같은 기상 시스템과 같다. 하지만 나는 분위기에 관해 이야기하고 있다. 마치 모든 인지를 지속시키는 것과 마찬가지로 모든 생명체를 지탱하는 시스템 말이다. 우리는 사람의 심한 감정 상태를 억제 할 수 있다. 그러나 정서적 맥락은 여전히 뇌가 사용하는 기본 처리 언어임에 틀림없다(흥미롭게도 벤조디아제핀과 같은 감정을 억제하는 약물도 기억 과정을 방해하는 경향이 있음).

내가 학생들을 가르치던 시절에는 그들을 시험에 합격시키기 위해 공책에 적어 두고 열심히 암기해야 하는 정보를 알려주는 데 많은 시간을 할애하곤 했다. 학생들은 대부분 따분하게 느꼈을 것이다. 한번은, 아마 이상 심리학abnormal psychology 수업 시간이었을 것이다. 더운 여름날이었고 학생들은 지루해하고 굉장히 산만한 분위기였다. 나는 조울증과 치료법에 관해 이야기하기 시작했다. 한 학생이 손을 들어 질문했다. 조용한 학생이었는데 갑자기 많은 질문을 쏟아냈다. 그 질문들은 다른 치료법과 부작용에 대한 것이었고 대화는 계속됐다. 알고 보니 그 학생에겐 조울증 진단을 받은 가까운 친척이 있었고 무엇이 도움이 될지 더 알고 싶었던 것이다. 사람들은 관심을 가지는 것에 대해 기억하고 그것을 배운다.

이제 당신은 기억과 인지가 어떻게 작동하는지 알게 되었을 것이고 그것은 이성과 감정이 구별되는 플라톤의 세계로 향하는 사고방식을 완전히 전환시켰을 것이다. 내가 말하고자 하는 것은 당신이 가진 모든 생각이 감정적 반응으로 구성되어 있다는 것이다. 우리의 말은 복잡한 감정 패턴을 요약한다. 우리가 단어를 사용할 때 우리는 그 감정을 전달하고 함께 성장하기 때문에 그 감정이 무엇을 의미하는지 안다. 본질적으로 우리는 쥐와 고양이가 하는 것과 같은 방식으로 작동한다. 그것은 우리가 생각을 하고 있는지 그렇지 않은지의 문제가 아니다. 단지 우리의 감정이 좀 더 복잡하고 유연하다는 것이다. 요약하면, 우리의 생각과 경험 그리고 기억과 결정 모두 감정으로 구성된다는 것이다.

교육적인 관점에서 사람들에게 무엇을 배워야 한다고 생각하는지 또는 다른 사람들이 무엇을 배워야 한다고 생각하는지를 묻는 것은 거의 의미가 없다. 그들은 그럴듯하게 들리는 주제들과 그 근거를 제시하겠지만 그 교육의 결과는 사람들이 원하는 결과가 아닐 것이다. 훨씬 더 나은 출발점은 사람들의 관심사를 이해하는 것이다. 이후 장에서 그 구체적인 방법, 기술에 대해 논의하겠지만 누군가의 관심사를 파악하기 위해서 혹은 관찰하거나 혹은 이야기(멘토링, 코칭 등)하기 위한 시간을 내는 것은 모두 관심사를 들을 수 있는 접근 방식이고 학습 설계를 위한 유일한 효과적인 방법이다. 대화는 이렇게 시작하면 된다.

### '무엇에 관심이 있습니까?'

기업 차원에서 교육과정 개발을 시작할 때 흔히 저지르는 실수는 바로 직원들이 배워야 할 게 무엇이라고 생각하는지를 의사결정권자들(예를 들어, 비즈니스 리더)에게 물어보는 것이다. 이것은 무조건 잘못된 접근이다. 그들은 의심 없이 평소에 직원들이 해야 한다고 생각하는 주제 리스트를 나열할 테고 그럼 교육 담당자는 관련 주제들을 묶어서 교육 과정을 개발할 것이다. 그러한 교육 내용이 사람들의 관심사와 관련 있을 리가 없다. 올바른 출발점은 의사결정권자가 아닌 직원들이 무엇에 관심을 두고 무엇을 하려는지 이해하는 것이다. 예를 들어, 리더가 팀의 존경심을 얻으려고 노력하는 것을 알고 있다면 그 존경심을 효과적으로 얻는 방법에 대한 지침에 더 관심을 두어야 할 것이다.

당신이 어떤 것을 하기 위한 결정을 내리고 누군가가 "왜 그렇게 했어?"라고 묻는다면 당신은 굉장히 그럴듯하게 들리는 설명을 하겠지만 실제로는 간단하다. 당신이 그게 옳다고 느꼈기 때문에 그렇게 한 것이다. 어떻게 보면 우리는 우리 스스로가 인생을 써나가고 있다는 환상에 빠져 있지만, 우리의 삶은 연주되고 있는 음악의 조각들에 불과하다.

## 합리적인 동물

정서맥락모델에 의해 가정된 중요한 원칙 중 하나는 우리가 무의식 중에 발생하는 감정 반응의 복잡성과 정교함을 대부분 모르고 있다는 것이다. 그 원인은 '아이오와 도박 과제Iowa gambling task'라고 불리는 유명한 심리학 실험에서 찾을 수 있다. 당신에게 4장의 카드가 제시되고 당신의 목표는 가능한 많은 돈을 따는 것이다. 각 카드 묶음에는 보상 또는 처벌 카드가 혼합되어 있다. 당신은 어떤 카드 묶음에 더 많은 보상 카드와 처벌 카드가 포함되어 있는지 알 수 없다. 문제는 '어떤 카드 묶음이 보상과 처벌 카드가 많은지 알아낼 수 있을 것인가? 하는 것이다.

대부분 참가자는 카드를 무작위로 뽑는데, 어떤 것이 나쁜 묶음인지 알아내기 위해 약 40~50번 진행한다. 그러나 흥미로운 것은 (거짓말 탐지기에 사용되는 것과 유사한) 갈바닉 피부 반응 탐지기의 측정치가 단지 10번의 시험만으로 참가자들의 손이 '나쁜 묶음' 위를 맴돌 때 이미 긴장하고 있음을 보여준다는 것이다. 즉, 참가자들은 의식적으로 문제를 파악한 것보다 무의식적으로 더 빨리 불안감을 느낀다. 이 실험은 적어도 우리의 학습 메커니즘 중 일부는 무의식적이고 비언어적인 수준에서 작동한다는 것을 보여준다.

만약 여러분이 느끼는 방식과 그 감정들 사이의 관계가 대부분 무의식적으로 처리된다면 어떨까? 1998년 심리학자인 앤서니 그린왈드Anthony Greenwald와 마자린 바나지Mahzarin banaji는 사람들이 의식적으로 인지하고 제어하지 못하는 가운데 생각과 감정이 사회적으로 어떻게 영향을 받는지 연구하는 방법을 생각해냈다.

그들은 단어를 열로 분류해야 하는 컴퓨터 게임 같은 것을 만들었다. 한 단어가 화면 중앙에 나타나면, 가능한 한 빨리 이 단어가 가장 잘 어울린다고 생각되는 위치에 따라 왼쪽 열(예: '여성-강인') 또는 오른쪽 열(예: '남성-약자')로 끌어다 놓아야 한다.

그들이 발견한 것은 우리가 이미 가지고 있는 편견에 따라 각 열마다 주제가 정해져 있을 때(예: '남성-강함', '여성-약함'), 사람들은 항목을 훨씬 더 빨리 분류해냈다는 것이다. 이 밖에도 모든 종류의 암묵적인 편견과 고정관념을 확인하기 위해 동일한 방법이 사용되었다. 예를 들어,

평균적인 표본에서 약 70%의 성인들이 흑인보다 백인을 더 선호한다는 것을 보여주었다. 대부분의 경우, 암묵적인 편견을 가진 것으로 보이는 사람들은 의식적으로 그러한 편견을 인식조차 하지 못했다.

다윈의 진화론이 처음 주장되었을 때 '그저 가설'이라는 비판을 받았다. 그것을 입증할 어떠한 증거도 없었기 때문이다. 사람들은 그의 말이 우스꽝스럽다며 화를 내거나 비웃었다. "찰스는 정말 우리 증조할머니가 원숭이라고 말하는 거야? 완전 말도 안 되는 소리!"라며 그 가설을 비웃었다. 하지만 다윈의 진화론이 유일하게 공감을 얻었던 부분이 있었는데, 그것은 바로 그 이론이 가지는 설명력이었다. 일반적인 이론들이 설명할 수 없는 많은 특이한 것들 - 예를 들면 화석 - 을 진화론은 설명할 수 있었다. 다시 말해 진화론이 설명할 수 있는 많은 특이한 것들 - 예를 들면 화석 - 을 일반적인 이론은 설명할 수 없었다.

그렇다면 정서맥락모델은 어떤 특이점을 설명할 수 있을까? 그 답은 매우 많다. 그중 몇 개를 설명해 보겠다.

정서맥락모델은 엘리자베스 로프터스가 그녀의 기억이 부정확하다고 알게 된 이유를 설명한다. 사람들은 '일련의 이야기'를 통째로 저장하지 않는다. 대신에 어떤 사건에 대한 느낌을 저장하는데, 그것이 기억이다. 여러분이 특정 시점의 감정을 다시 활성화하려고 한다면 현재의 감정에도 영향을 미치게 된다.

'산산조각 나다smashed'라는 단어에 대해 여러분이 느끼는 감정은 '접촉하다contacted' 같은 단어에 대한 감정과는 상당히 다르다. 그리고 당신에게 사실과 다른 생각을 떠올리게끔 할 것이다. 그것은 왜 이야기가 우리가 회상해내는 정보에 영향을 미치는지 설명하고 인간 대화의 많은 비율이 스토리텔링으로 구성되어 있는지를 설명한다.

또 그것은 왜 음악이 인간들의 문화에 중요한 역할을 하는지도 설명한다. 본질적으로 음악은 스토리텔링과 같은 역할을 한다. 우리는 음악을 통해 우리의 감정을 공유할 수 있다. 음악을 감정과 연관 짓는 능력이 없었다면 우리는 언어를 만들 수 없었을 것이다.

그것은 사람들이 인생을 되돌아볼 때 감정적으로 많이 신경 썼던 경험을 주로 기억하는 이유를 설명한다. 이것은 꼭 삶의 중요한 단계(이사하는 나라, 이사하는 집, 결혼하는 것, 아이의 탄생)를 의미하는 것은 아니다. 충격적인 악플 하나, 영감을 준 피드백 하나처럼 간단할 수도 있다. 이것은 또한 우리가 학습시키는 정보들을 학습자들과 개인적으로 관련 있게 만들 수 있다면 그들이 그것을 기억할 가능성이 더 크다는 사실을 증명한다.

그것은 또 우리가 '지루하다'라고 생각하는 경험을 거의 기억하지 못하는 이유를 설명한다. 에빙하우스가 발견했듯이 감정적으로 와 닿지 않는 정보는 거의 즉시 기억에서 사라진다. 마찬가지로 사람들에게 지루한 단어와 흥미진진한 단어 목록을 제시하면 흥미진진한 단어를 기억할 가능성이 훨씬 더 크다.

또한 기억이 주변의 상황에 민감한 이유에 대한 답이기도 하다. 컴퓨터 메모리는 주변 상황에 민감하지 않다. 노트북은 당신이 오래전에 다녔던 학교에 가져가서 작동시켜도 똑같이 작동할 것이지만 당신에게는 많은 추억이 흘러넘칠 것이다. 이것은 또한 학생들이 왜 그들이 공부한 교실에서 시험을 볼 때 최고의 성적을 내는지, 또 우울한 사람들이 우울한 사건을 주로 기억해내려고 하는 이유가 무엇인지 설명할 때도 요긴하다. 사람들의 평소 감정 상태는 사물을 기억해내는 능력에 상당히 많은 영향을 끼친다. 학창 시절을 떠올리면서 우리가 왜 열정적인 선생님들(혹은 무서웠던 선생님들)과 우리를 아꼈던 사람들을 기억하는지 알 수 있다. 선생님들이 학생들에게 중요한 것과 정보를 연관시키려는 노력을 기울일 때, 그 정보에 대한 기억력이 향상되는 것으로 나타났다. 지루한 정보에 대한 기억력을 개선하려면 이상한 장면이나 감정적인 장면을 함께 상상하게 하면 도움이 될 것이다. 낯선 장면일수록 효과가 좋다. 하지만 만약 학습이 평소의 감정 상태와 너무 다른 곳에서 진행된다면(예, 비상사태) 학습자들은 그 순간의 감정적 동요로 인해 많은 것을 기억하지 못할 수 있다는 점도 명심해야 할 것이다.

여기서 끝이 아니다. 정서맥락모델은 정보를 떠올릴 때 '감정 대체 affective substitution'로 인한 실수를 하는 이유도 설명해준다. 즉, 사람들이 본인이 유사하게 느끼는 요소들을 똑같은 경험으로 생각해버리는 이유 말이다. 그것은 우리가 표범을 호랑이로 기억하는 이유일 수도 있다.

이 효과의 연장선에서, 은유와 창조성은 '감정 대체'를 포함한다. 워즈워스가 '구름처럼 외롭게 떠돌았다'고 쓴 걸 봤을 때, 우리는 고립된 느낌과 하늘에 홀로 떠 있는 구름에 대해 어떻게 반응하는지를 비교할 수 있기 때문에 납득할 수 있다. 다만 이 두 가지가 무엇을 의미하느냐를 비교하는 것이 아니라 그것에 관해 어떻게 느끼는가에 따라 비교되고 있다는 점에 유의해야 한다.

## 게이미피케이션과 사람들이 속임수를 쓰는 이유

마지막으로 정서맥락모델은 행동주의의 핵심에 있는 미스터리를 설명한다. 행동주의는 1970년대에 시작된 심리학의 한 학파로 그 지지자들은 고전적 조건화, 조작적 조건화를 통해 행동이 수정되고 보완될 수 있음을 발견했다. 예를 들어 쥐나 비둘기가 레버를 눌렀을 때 '긍정 강화(보상)'를 경험하면 레버를 더 많이 누르게 된다. 마찬가지로 전기 감전과 같은 '부정 강화(처벌)'를 받으면 그 행동을 멈출 것이다. 이 놀라운 발견은 행동을 수정할 가능성의 세계에 대한 문을 열었다. 오늘날 우리는 이 현상을 설명하기 위해 '게이미피케이션Gamification'이란 단어를 사용한다. 게이미피케이션'이란 게임 외적인 분야에서 문제 해결, 지식 전달, 행동 및 관심 유도 혹은 마케팅을 위해 게임의 메커니즘과 사고방식을 접목하는 것을 뜻한다. 순위표 등을 제공해 경쟁심을 끌어내거나 행동에 대한 보상으로 가상의 화폐나 보상을 지급하는 등의 메커니즘을 통해 평소 재미없게 느끼거나 지루하게 느끼는 설문조사, 콘텐츠 읽기 등을 유도하는 것이 일반적인 방식이다. 오늘도 아마 여러분은 '게이미피케이션'을 경험했을 것이다. 구매에 대한 '포인트'를 적립했거나 그 '포인트'를 사용했을 것이다. 학교에 다니는 자녀가 있다면 자녀들은 모범이 되는 행동을 함으로써 '별 모양 스티커'를 받았을 수 있다. 그러나 행동주의자들은 가장 중요한 질문에는 답하지 않은 채 남겨두었다. 정확하게 '긍정적인 강화'란 무엇인지, 그리고 그 문제에 대한 '처벌'이란 무엇인지에 대한 답 말이다.

대답은 다음과 같다. 긍정적인 강화란 우리가 기분이 좋아지는 것이다. 쥐는 나무로 만들어진 가짜 먹이를 위해 레버를 누르진 않는다. 그리고 처벌은 우리 기분이 나빠지는 것이다. 물론 아이러니한 점은 행동주의가 무엇이건 간에 행동주의를 이해하기 위해서는 정서 상태의 모델이 필요하다는 것이다. 우리처럼 학습하는 생명체들은 우리처럼 느낀다.

최근 몇 년 동안 기본적인 메커니즘만 사용해 왔음에도 불구하고 게이미피케이션은 교육 분야에서 두각을 나타냈다. 교육 과정의 마지막 단계에 대부분의 학생은 그 대가로 '인증서' 형태의 것들을 기대한다. 인증서는 학습을 장려하는 데 있어 정서적으로 중요한 역할을 한다. 배운 내용(대부분의 경우 배운 내용의 대부분을 잊어버리지만)과 관계없이, 학생들은 보상으로 받은 이 인증서를 좀 더 추상적인 형태의 어떤 것(ex. 자존심 또는 존중) 또는 더욱 구체적인(ex. 직업) 보상으로 교환할 수 있기를 기대한다. 지난 10년 동안, 인기 있는 컴퓨터 게임의 '성과'가 확산함에 따라 교육산업은 지식 전달 모형의 상대적 비효율성을 해결하기 위한 수단으로 게이미피케이션을 도입하기 시작했다. 일반적인 솔루션에서 학습자는 단계별 요소를 수행 완료한 이후 배지를 획득한다. 2년 이후에 자격증을 받는 대신, 학습자는 비디오를 시청하거나 토론에 참여한 결과로 즉시 보상의 형태로 가능한 배지를 받을 수 있다.

이러한 보상을 통한 강화의 효과는 오랫동안 입증되어 왔지만, 양날의 검이기도 하다. 본질적으로 학습보다는 행동을 유도하기 때문이다. 학습은 그것이 배지를 획득하는 유일한 방법일 때 발생한다. 요구 사항을 우회 할 수 있는 방법을 알게 된다면 당연히 그렇게 할 것이다. 그것이 확실하게 보상을 얻어내는 방법이기 때문이다. 바로 이런 이유로 많은 학생이 대학 강의에 순수하게 참여하지 못하게 되고 가짜 학위와 표절 에세이 산업이 급성장하고 있다. 더 쉬운 경로로 음식을 얻을 수 있다면 결국 쥐는 레버를 누르고 싶지 않게 될 것이다. 사람들도 마찬가지다. 배지를 획득하는 데 필요한 범위까지만 학습할 것이다(그리고 나중에 배운 내용은 대부분 잊어버릴 가능성이 높다). 아이러니한 점은 학생들이 교육과 학습이 완전히 다른 것임을 직관적으로 이해한다는 것이다. 교육은 시험에 합격하기 위해 정보를 암기하거나 에세이를 쓰는 게임으로 구성되며, 학습은 어릴 때 다양한 사회적 경험을 통해서 교실 밖에서 진행된다. 사람들은 사회적 복잡성 속에서 자신의 정체성을 찾기 위해 고군분투한다. 항상 그렇듯이 배움은 사람이 관심을 두는 것에 의해 주도된다. 물론, 학생들이 순수학문에 대해 깊게 관심을 가지도록 하는 것이 불가능하진 않지만 대부분 인증서를 받기 위해 학습하게 된다.

그렇다면 어떤 상황에서 게이미피케이션을 안전하게 사용할 수 있는 걸까? 학습의 게이미피케이션은 매우 구체적인 한 가지 방식, 즉 보상이 행동과 일치하는 방식에서만 잘 작동한다. 여기서 말하고자 하는 것은 학습에 대한 보상이 더 많은 학습이라면 시스템을 속이려고 할 필요가 없다는 것이다. 실질적인 예로, 학습 모듈 완료에 대한 보상이 더 많은 학습 모듈에 대한 액세스를 허용하는 보상수단이라면 학습은 끝이자 수단이다. 그렇다면 학습 모듈에 대한 액세스가 어떻게 '보상'으로 간주 될 수 있는지가 궁금해질 것이다. 학습은 사람들이 관심을 두는 것과 관련이 없는 경우 실패하게 된다. 그리고 그들이 정말로 관심이 있다면 왜 게이미피케이션을 사용하겠는가?

게이미피케이션은 학습보다는 실제 성과를 측정해야 할 때 가장 잘 작동한다.

일부 연구자들에게 반발을 살 수도 있지만, 이 모델에는 또 하나의 의미가 있다. 의미론적 기억과 에피소드적 기억의 구별은 1970년대로 거슬러 올라가 엔델 툴빙Endel Tulving시대에서 확인할 수 있다. 흡사 반지의 제왕 캐릭터 이름 같기도 한 툴빙은 '의미론적 기억Semantic memory'은 언어 사용에 필요한 지식을 제공하고, '에피소드적 기억Episodic memory'은 우리에게 일어난 일에 대한 기억이라고 주장했다. 예를 들어, 헤이스팅스 전투는 1066년에 있었고 이것은 의미론적 기억에 저장된다. 우리가 실제로 존재했다면 이 경험은 에피소드적 기억 속에 있을 것이다.

그러나 이것은 잘못되었다. 첫째, 우리는 우리의 말이 우리의 경험과 사물에 대한 반응에서 그 의미를 끌어낸다고 가정했다. 둘째, 교실에서 헤이스팅스 전투에 대해 배우는 것은 실제로 그곳에 있는 것과는 매우 다른 경험이지만 경험(에피소드)이다. 우리가 교실에서 경험한 것은 다른 경험으로 보완될 수 있다.

로프터스는 사람들이 다른 사람에게 에피소드를 전달할 수 있다는 것을 발견했는데 그러다 나중에는 실제로 그 일이 일어났다고 믿게 된다고 했다. 의미론에서 에피소드로 자연스럽게 옮겨간 것인데, 이상하게 들릴지 모르겠지만 사실 우리는 항상 이렇게 하고 있다. 서양에서는 대부분 생일 파티를 할 때 다양한 풍선을 많이 장식하고 이벤트를 한다. 그래서 사람들은 종종 자신의 생일을 젤리, 케이크 및 풍선과 관련된 것으로 회상한다. 생일 기념사진을 봤을 때 아무도 없었다고 해도 말이다. 마찬가지로, 시계에 대해 알고 있는 것(의미론적 기억)을 말해달라고 요청한다면 사람들의 대답은 시계에 대해 경험한 다양한 에피소드들로부터 만들어진 일종의 감정적 추상화와 같을 것이다. 요점은 에피소드는 그대로 저장되지 않는다는 것이다. 항상 다소 일반화된 추상화이다.

우리의 기억 속에서, 우리가 경험하는 것과 목격하는 것, 그리고 여러 비슷한 종류의 에피소드들이 우리가 기억을 떠올리기 위해 사용하는 하나의 정서적 패턴으로 합쳐질 것이다. 그렇게 하면 더 효율적이다. 자동차 사고가 종종 깨진 유리와 관련이 있다고 믿는다면 깨진 유리를 기억한다. 즉, 의미론적 기억은 에피소드들의 '융합Mashup'으로 만들어지며, 감정적 반응을 통해 조작된다.

사실 인간은 신경생리학적으로 다른 많은 생물과 그렇게 다르지 않다. 정서맥락모델의 특징 중 하나는 통합된 학습 모델을 제공한다는 것이다. 이는 인간에서 척추동물까지 확장되는 공통 학습 메커니즘을 설정하는 것이다.

이제 사람들이 작동하는 방식에 대해 새롭고 재기발랄한 모델이 생겼으니 같이 한번 살펴보겠다. 다음은 평범한 사람들의 일상적인 이야기다. 정서맥락모델을 사용하여 메리가 하루를 시작할 때 머릿속에서 일어나는 일을 어떻게 이해하는지 같이 살펴보겠다.

메리는 브랙널에서 7시 2분에 출발하는 기차가 취소되어 짜증이 났다. 7시 32분에 출발하는 기차는 기다리는 사람이 두 배나 많았다. 더 많은 사람들이 각 정류장에서 탑승하고 리치먼드에 도착할 때까지 기차는 끔찍하게 혼잡할 것이다. 문이 닫히려는 순간 라떼를 든 남자가 열차에 뛰어 들어오고 그는 기차에 탑승해 있던 다른 남자에게 일부를 흘렸다. 격렬한 싸움으로 번지면서 한 남자가 다른 남자를 세게 밀고 급기야 유모차에 탄 아이를 뒤로 넘어뜨리는 상황까지 벌어진다. 기차에 타고 있던 다른 사람들은 상황을 진정시키려고 했다.

메리는 직장에 도착하자마자 즉시 조에게 이야기를 전했다. 그녀는 조를 좋아한다. "오늘 아침에 기차에서 있었던 일은 정말 최악이었어!" 그녀가 말하기 시작했다. "7시 2분에 출발하는 기차가 취소되는 바람에 7시 32분에 출발하는 기차표를 받으면서 나는 정말 화가 났고 사람들이 너무 많아서 얼굴이 창문에 눌릴 정도였어. 게다가 기차가 트위크넘에 도착했을 때 탑승한 남자는 커피를 쏟았고 서로 고함을 지르며 옆에 유모차까지 쓰러뜨렸어."

메리는 기차 안에서 있었던 일 중 그녀의 관심에 영향을 미친 정도에 따라 사건에 대한 반응을 인코딩했다. 여행하는 동안 기차 창을 통해 몇 가지 사물을 봤지만, 그녀가 인코딩한 것은 없었다. 메리는 의미 없는 세부 사항을 버리고 예측 가능한 오류에 빠진다. 리치먼드와 트위크넘은 이름이 매우 다름에도 폐쇄된 기차역이고 차례로 연결되어 있어서 매우 비슷하게 느껴진다. 그녀는 목격자로서 경험한 충격을 반영하여 사건의 심각성을 과장하고 조에게 깊은 인상을 주고 싶어 하므로(누구도 지루한 이야기를 하는 것을 좋아하지 않음) 원하는 일부분을 선택하고 과장해서 얘기한다. 일종의 '정서적 선택' 과정이다. 기억을 바꾸는 것은 아니다. 사람들의 기억은 항상 과거의 감정적 각인과 현재의 감정적 상태의 혼합물이다.

결론적으로, 정서맥락모델이 오늘날 우리가 가지고 있는 것보다 더 나은 이론인 이유는 무엇일까? 첫째, 다양한 심리적 현상에 대한 통합적인 설명 프레임 워크를 제공한다. 또한 실험 조건에서 발견한 것과 마찬가지로 일상적인 학습과 기억을 신뢰할 수 있게 설명하며 교육을 비판하고 개선 할 수 있는 토대를 제공한다.

둘째, 인공 지능, 철학, 편견, 스토리텔링 및 음악에 관해 관심을 보이는 인간들의 성향과 관련하여 이해하기 어려웠던 특성들을 설명할 수 있다.

셋째, 테스트하기 쉽다. 예를 들어, 정서적 맥락이 강한 단어(예: '찌르다/통증')와 약한 단어(예: '포장')를 포함하는 4개의 글자 단어 목록을 혼합하여 사람들이 가장 기억할만한 단어를 확인할 수 있다.

마지막으로, 합리적이다. 대중적인 믿음과는 달리 인간의 기억은 자신이 경험하는 모든 것을 저장하지 않는다. 우리는 사건을 재구성하고 완전히 신뢰할 수 없는 방식으로 기억한다. 그에 반해 정서맥락모델은 매우 효율적이고(전체 사건은 우리의 반응에서 재구성될 수 있음) 선택적인 시스템을 제안한다.

학습과 기억에 대한 새로운 정의로 이 장을 마치려 한다.

학습: 기억의 결과로 인한 행동이나 능력의 변화

기억: 경험에 대한 정서적 반응의 인코딩으로, 그 경험을 재구성 할 수 있음

다음 장에서는 윤리적 딜레마, 인공 지능, 개인차 및 경험이 우리에게 미치는 영향에 대해 알아볼 것이다. 이것은 후에 교육과 공식적인 학습이 어떻게 제 역할을 할 수 있는지를 생각할 때 중요하게 작용할 것이다.

## 핵심 요약

- 학습은 지식의 전달이 아니다.
- 정서맥락모델은 학습에 대한 최초의 일반화 이론이다.
- 우리는 경험에 대한 정서적인 반응을 저장하고 이러한 반응의 기억을 통해서 경험을 재구성한다.
- 사람의 동기는 그들의 관심 영역의 일부분이다.
- 학습자의 관심은 그들이 무엇을 기억하고 어떻게 기억할 것인지를 결정한다.
- 이러한 과정은 상당히 무의식적이다.
- 학습은 '기억의 결과로 나타나는 행동과 능력의 변화'로 정의 내릴 수 있다.
- 기억은 '경험에 대한 정서적인 반응'을 인코딩하는 것이고 이러한 과정을 통하여 경험이 재구성될 수 있도록 도와준다.

HOW PEOPLE LEARN

# 3장

◇ ◆ ◇

# 당신의 세상을
# 재창조하라

최근 몇십 년간 '진보Progress'는 '더 많은 곳에서 더 많은 기술'을 의미하는 단어로 잘못 이해되어 왔다. 진보의 진짜 의미가 단순히 기술을 고도화하는 것이 아닌 세상을 더 잘 이해할 수 있도록 우리의 인식을 높이는 데 있음에도 말이다.

　이러한 현상은 인공 지능이나 가상 현실과 같은 혁신적인 기술들을 자랑하듯 빠르게 도입하고 있는 교육 분야에서 특히 두드러진다. 그러나 그런 접근 방식이 효과적인지, 윤리적인지 또는 기술의 진보를 통해 새로운 유형의 범죄들이 더 생겨나는 건 아닌지에 대한 우려도 있다. 기술은 우리가 가지고 있는 근본적인 가정의 오류까지 해결하지는 못한다. 그래서 우리는 먼저 기술이 잘 적용될 수 있는 분야와 오히려 걸림돌이 되는 분야에 대한 이해부터 한 뒤에 도입해야 한다. 현재까지는 오히려 학습을 방해하는 잘못된 방식으로 사용되어 왔다는 것을 부정할 수 없다. 개인의 감성적인 부분에 영향을 받는 학습에는 당연히 정서적 존재와 경험이 필요하다고 생각한다.

## 올바른 일을 하는 방법

당신의 가족 중 한 명이 질병으로 죽어 가고 있다고 상상해 보자. 그것을 치료할 방법이 분명히 있다. 하지만 당신은 그 엄청난 비용을 감당할 수 없다. 당신은 제약 회사가 약을 제조하는데 필요한 생산비용의 10배를 환자들에게 청구한다는 것을 알고 있다. 그렇다면 죽어가는 가족을 살리기 위해 약국에서 약을 훔치는 것이 옳은 일인가?

비트겐슈타인은 오랫동안 삶의 윤리적인 딜레마에 대해서 연구했다. 그는 윤리와 도덕이라는 정의를 '흐린 그림'을 묘사하는 것으로 설명했다. 더 많은 일을 경험하면 할수록 그는 점점 더 윤리에 대한 문제를 생각하기 시작했고 개념과 이론을 더 자세히 볼수록 윤리 문제는 더 어려워진다는 것을 깨닫게 됐다.

'사랑'처럼 처음에는 상당히 추상적인 개념이 있다. 그리고 '의자'처럼 처음부터 너무나 명확해 보이는 개념도 있다. 그러나 의자도 가까이서 확대해 보거나 컴퓨터에 의자를 인식시키려고 노력하다 보면 그 개념 또한 상당히 추상적이라는 것을 알게 될 것이다.

윤리는 매우 추상적으로 보이는 개념 중 하나이므로 윤리에 대해 연구를 한다면 인지에 도달하기까지의 밑바탕을 이해하는 데에 도움이 될 것이다.

마이클 샌델은 그의 윤리 강연에서 두 가지 고전적인 딜레마를 제시했다. 당신은 기차선로의 교차점에 서 있고, 폭주하는 기차가 선로를 따라 내려가고 있으며, 현재 코스를 쭉 따라 내려간다면 5명의 사람이 죽게 된다. 만약 레버를 당기게 된다면 기차의 코스가 바뀌고 1명의 사람만 죽게 된다. 당신은 어떤 선택을 해야 할까?

당연히 레버를 당겨야 할 것이다. 하지만 그로 인해 복잡해질 다음 상황으로 넘어가기 전에 이 선택이 얼마나 어려워질 수 있는지 구분해내는 것에 집중해 보시라. 그 한 사람이 넬슨 만델라이고 다른 다섯 사람이 가학적이고 폭력적인 교도관이라면 어떨까? 이 외에도 만들어질 수 있는 상황의 조합은 무한하다.

자 그렇다면 지난 상황은 차치해 두고 또 다른 윤리적인 상황을 고려해 보겠다. 이제 기차는 어느 다리 위 트랙에 서 있다. 선로에는 교차점이 없고 레일에는 5명의 사람이 묶여 있다. 기차가 어떻게든 멈추지 않으면 5명의 사람은 죽게 된다. 이번에는 레버를 당길 수도 없고 다리에 비스듬히 기대어 있는 뚱뚱한 사람이 있을 뿐이다. 이 사람을 선로로 밀면 기차는 멈추거나 탈선할 수 있다. 이 상황에서 발생하는 문제에 대해 함께 생각해보자.

5명을 구하기 위해 그 사람을 선로로 밀어서 기차를 멈추어야 할까? 대부분 사람은 그 생각에 반대할 것이다. 뭔가 틀렸다는 느낌이 든다. 그러나 한번 논의해보자. 한 사람을 선로 위로 밀어 죽이는 것과 레버를 당겨 기차를 우회시킴으로써 사람을 죽이는 것의 논리적 차이는 무엇인가?

사람들은 논리적으로 반응하기 위해 고군분투한다. 어떤 사람들은 '물리적 행위(즉, 실제로 누군가를 밀어붙여야 함)'를 결정적인 요인으로 이야기한다. 그러나 진실은 그것 또한 논리적이지 않다는 것이다. 모든 일은 일상적인 개념 뒤에 감정적 작용을 동반하고 있다.

도스토옙스키는 그의 책 '죄와 벌'에서 영리하지만 빈곤한 학생으로서 절망적인 삶을 살아가는 청년의 이야기를 들려준다. 그 청년은 논리적으로 판단했을 때 자신이 사는 건물 주인인 사악한 할머니가 죽는 것이 낫다고 생각한다. 그 할머니는 상당한 양의 현금을 보유하고 있었는데 그녀가 죽게 된다면 그 돈은 더 나은 목적으로 사용될 수 있다. 그는 그녀를 죽이는 것이 좋을 것이라고 결정하고 도끼로 그녀를 죽이게 된다.

그때 일어난 일이 내가 이야기하고자 하는 진짜 요점이다. 그 청년은 스스로 옳은 일을 했다고 확신했지만, 그녀를 죽인 것에 대한 감정은 그를 끝까지 괴롭혔고 결국 그는 경찰서에 자수하게 된다. 즉, 옳고 그름은 그가 판단하는 것이 아니라 그가 그 사건에 대해 어떻게 느꼈는지에 따라 정의된다.

이 사건은 우리에게 선로 위의 기차가 빠진 딜레마와 관련하여 무엇을 말해주는가? '올바른 일이 무엇인가?'라는 질문에 대해 '무엇이든 간에 올바른 일처럼 느껴지는 것'이라는 답을 준다는 것이다. 이보다 더 명확할 순 없다. 사람은 누구나 어떤 일을 할 때 그 일이 옳은 일인지 잘못된 일인지 느낌으로 알고 있다. 인간은 그와 관련한 천부적인 재능을 가지고 태어난다.

이 장면을 떠올려 보시라. 당신은 교차로에 서서, 레버를 잡고, 다섯

명을 죽이려는 기차를 돌려야겠다고 마음먹고 레버를 당기다가 그 선택으로 인해 곧 죽음에 이르게 될 기차 안의 사람들과 눈이 마주친다. 그들은 너무나 절망적이고 두렵고 슬픔에 젖은 눈으로 당신을 쳐다본다. 결국, 당신은 더는 어떤 것도 할 수 없을 것이다.

최근 한 연구에 따르면 이스라엘 판사들이 내린 1,000건 이상의 평결을 조사한 결과 하루가 시작될 때나 점심 식사와 같은 휴식 직후에 관대한 평결이 내려질 가능성이 훨씬 더 크다고 한다. 조너선 레빈Jonathan levav는 논문에서 다음과 같이 요약했다. '만약 여러분이 처음 세 명의 죄수 중 한 명이고 마지막 세 명의 죄수 중 한 명이라면 석방될 확률의 차이는 두 배에서 여섯 배 사이입니다.' 유리한 판결의 가능성은 간식 시간에 따라 약 65%에서 약 0%로 확연히 감소했다. 이건 엄청난 차이다! 이제 우리는 그 이유를 설명할 수 있다. 누군가가 무죄인지 아니면 유죄인지는 여러분이 어떻게 느끼느냐에 달려 있다.

비즈니스 의사 결정에서도 비슷한 일이 발생한다. 기업 내 '구조 조정 회의'를 주재하는 사람은 때때로 '우리 모두에게 어려운 결정이겠지만, 여러분의 사사로운 감정은 제쳐두고 상황을 합리적으로 고려 해주세요.'라고 요청한다. 그러나 실제로는 미묘하게라도 감정적인 영향을 받을 수밖에 없다. 의장은 우리에게 어떤 것에 대한 한 가지 감정(예: 조직의 장기적 생존 가능성)을 다른 감정(예: 죄책감, 인간적인 감정)보다 우선하여 이성적으로 결정하도록 요구한다. 그래야만 합리적으로 보일 것이고 '논리적인 결정이었다'라고 말할 수 있기 때문이다. 하지만 누구도 그렇게 하지 않는다. 우리는 실제로 느끼는 감정들을 숨기는 방법을 알고 있기 때문이다.

어떤 복잡한 질문에 대해 겉으로는 합리적으로 보이지만 실제로는 자신이 느끼는 방식을 참고해 대응하는 경향을 가리켜 대니얼 카너먼은 '대체 원리Substitution principle'라고 불렀다(속성 치환Attribute substitution이라고도 함). 그의 주장에 따르면 본질적으로 사람들은 복잡한 논리적 질문에도 자신이 느끼는 방식을 사용해 답하며, 이를 논리적인 것처럼 제시할 뿐이라는 것이다.

카너먼은 다음과 같은 예를 들어 설명했다. '멸종 위기에 처한 종을 구하기 위해 얼마나 기여할 것인가?'라는 질문은 곧 '죽어가는 돌고래를 생각할 때 얼마나 많은 감정을 느끼는가?'가 된다는 것이다.

또 다른 예로 '이 학습 과정은 얼마나 효과적이었습니까?'가 될 수도 있다. 이것은 실제로 매우 복잡한 질문이다. '이 과정을 통해 얼마나 많은 정보를 습득했습니까?', '이 과정이 내 성과에 얼마나 큰 영향을 미쳤습니까?' 또는 '이 과정이 주어진 학습 목표를 달성하는 가장 효과적인 방법이었습니까?'라는 질문에 대해 학습 참가자들은 그 답을 알지 못한다. 내 경험상 아무도 이러한 질문에 대한 답을 모른다. 그래서 참가자들은 그들이 그것에 대해 어떻게 느끼는지에 대해 빠르게 확인하고 그에 따라 점수를 부여한다. 이런 점을 고려해 교활한 강사는 다과 같은 것으로 마무리를 축하하며 강의를 마치거나 금요일 오후 일찍 수업을 마무리하며 강의 평가 시트를 배포할 수 있다. 강사는 '이 교육이 얼마나 효과적인가요?'라는 모호하고 어려운 질문을 '지금 어떻게 느끼고 있는가?'라는 간단한 질문으로 대체하려고 한 것이다.

다양한 상황에서의 인간의 의사 결정을 조사해온 카너먼과 애리얼리Ariely와 같은 행동 경제학자의 저서를 보면 늘 머리가 아프다. 그들의 작업이 '편견'의 증거로 제시되는 것이 내게는 큰 골칫거리다. 마치 우리는 원래 엄청 이성적인 생명체인데 가끔 감정적으로 작동하는 것처럼 말한다. 실제로 '편견'은 우리와 같은 감정적인 생물이 작동하는 방식 그 자체이다. 우리를 '편향적'이라고 묘사하는 것은 증기 기관차가 선로 쪽으로 달리는 것을 '편향적'이라고 말하는 것과 같다.

## 로봇이 교사를 대체할 수 있는가?

AI가 정교하고 복잡하게 발전함에 따라 일부 사람들은 할리우드 영화에서 오랫동안 묘사되어온 시나리오처럼 될까 봐 두려워하기 시작했다. 기계가 불쑥 튀어나와 별다른 경고도 없이 사람들을 몰살하는 등의 이야기 말이다. 이에 어떤 사람들은 윤리가 답이라고 주장하며 '윤리적 지침'으로 기계를 프로그래밍해야 한다고 이야기한다.

자율주행차가 여덟 살 아이를 학교에 데려다준다. 그러던 중 예기치 않게 고양이 한 마리가 달려들었고 브레이크를 밟을 시간이 없다. 이때 차는 어떻게 해야 할까? (이 딜레마는 위의 기차 트랙 사례와 약간 비슷하다.)

자동차가 갑자기 방향을 바꾸면 고양이를 치지 않을 가능성은 높아지지만 어린이의 생명에 대한 위험은 증가할 것이다. 여기서 질문! 장단점은 무엇일까? 방향을 틀어 고양이를 구할 가능성이 99%이고 어린이에게 위험이 1%만 있다면 괜찮을까? 당신 딸이라면? 아니면 고양이의 삶은 가치가 없는 것인가?

고양이의 삶에 어떤 가치가 있다고 가정해 보자. 보통은 그렇게 생각할 것이다.

8살짜리 아이의 생명을 희생할 가치가 있으려면 몇 마리의 고양이가 있어야 할까? 차에 탑승한 사람이 아이가 아니라 범죄자라면 고양이를 살리는 게 더 가치 있는 일일까? 당신은 얼마나 많은 수의 고양이와 비슷한 가치가 있는가? 어린이가 아니라 범죄자라면 문제가 될까? 과연 고양이의 가치가 더 작을 것인가?

이 모든 생각이 어리석다는 전제하에 차가 신속하게 계산을 수행한다고 가정해 보겠다. 고양이가 더 가치가 없다는 것을 알아내고, 차는 속도를 늦추거나 고민하지 않고 터미네이터처럼 질주한다. 차에 탄 아이는 약간의 충돌을 느끼고 "방금 그게 뭐였어요?"라고 묻는다. "걱정할 것 없어요."라고 차가 말한다. "단지 고양이일 뿐이에요"

당신은 이런 상황에 대해 만족하는가? 이것이 윤리적 행동이라고 생각하는가? 우리는 운전할 때 어쩔 수 없이 고양이를 치는 상황이 발생한다면 적어도 속도를 늦추거나 슬픔을 표현할 것이다.

윤리는 근본적으로 우리가 느끼는 것과 다른 사람들이 느끼는 감정에 관한 것이기 때문에 '윤리적인 로봇'을 만들기란 불가능하다. 아시모프의 '로봇의 법칙'은 우스꽝스럽기 짝이 없다.

우리가 엄청나게 멍청한 짓을 하고 위험한 기계를 만들어도 기계들은 우리에게 유감을 표하지 않을 것이다. 진공청소기가 먼지를 빨아들일 때처럼 말이다. 참고로 이것은 '지능'과는 아무런 관련이 없다. 컴퓨터 프로그램은 위에서 설명한 이유로 인간의 지능이 갖는 방식처럼 생각할 수 없다. 그러나 천연두와 같은 바이러스가 특별히 지능적이지 않으면서도 수백만 명의 사람들을 죽게 만드는 엄청난 능력을 갖추고 있는 것을 떠올려 보자. 인류는 수많은 다른 생명체들을 완전히 제거할 수 있다. 결론적으로 말하자면, 그것은 당신이 다른 것에 대해 어떻게 느끼는지에 관한 것이다.

AI와 학습에 관한 한, 이것은 몇 가지 심오한 난제를 야기한다. 첫째, 만약 학습이 내가 관심을 가지는 것들에 의해 주도된다면, 인공지능 시스템은 내게 정말 중요한 것이 무엇인지 얼마나 정확하게 판단할 수 있을까? AI 학습을 위해 학습 프로세스에 연결되어야 한다면 학습을 지도하는 사람이나 시스템에 대한 우려까지 공유되어야 하는데 학생들이 알고리즘에 얼마나 자신 있게 '연결'될 수 있을까? 학교에서의 경험이 시사하듯이, 만약 교수자의 열정이 학습자에게 전염된다면, 이것에 대한 진정한 시뮬레이션 같은 것을 할 수 있을까? 마지막으로, 많은 학습은 한 관심사를 다른 관심사로부터 추론하는 것을 포함한다. 예를 들어, 가족을 생각한다면, 안전에 신경을 써야 한다.

우리가 컴퓨터 알고리즘의 정교함과 기계 학습을 통해 상당한 발전을 이루었다는 것은 의심의 여지가 없다. 그러나 우리는 아직 지능적인 기계 분야로는 한 걸음도 내딛지 못했다. 이는 인간의 이해가 우리의 반응(개와 의자 등에 대한 우리의 반응 등)에 기반을 두고 있고 기계는 인간의 접근 방식(반응하는 방식)처럼 반응할 수 없기 때문이다.

따라서 컴퓨터는 객관식 응답을 채점하는 데에는 유용할 수 있지만 에세이를 채점할 수는 없다. 단어 수를 세는 것으로 사람들의 숨은 의도를 파악할 수는 없기 때문이다. 알고리즘은 당신과 비슷한 프로필을 가진 사람들의 선택을 복사해서 학습 추천을 할 순 있지만, 당신에게 뭐가 중요한지 이해할 수 없다.

우리는 컴퓨터가 학습에 도움이 될 것이라고 맹신한다. 왜냐하면 학습의 전체 과정이 한 곳에서 다른 곳(학습자의 뇌)으로 정보를 전달하는 것으로 생각했기 때문이다. 이러한 관점에서 생각해보면 컴퓨터는 우리가 무엇을, 언제, 어떻게 알아야 하는지 파악하고 적절한 순간에 그 정보를 보낼 수 있는 것처럼 보인다. 물론 간단한 상황에서 축적된 데이터를 사용하여 가장 유용할 것 같은 리소스를 사용할 수 있도록 한다거나 최선의 조치를 제안하는 시스템(예: 자동차의 GPS)을 만드는 과정에서는 확실히 진전이 있을 수 있다. 또한 가상 환경(경험의 감정적 특징을 재현하는 정도까지)이 학습을 가속화 할 수 있다는 것도 사실이다. 그러나 이 두 가지 접근 방식은 한 사람이 다른 사람의 관심사를 이해하는 프로세스에 따라 효과가 달라진다.

## 신경 다양성 및 관리

정서맥락모델이 유용하다고 증명될 수 있는 또 다른 영역은 개인의 차이점, 요즘 용어로 '신경 다양성neurodiversity'을 설명하는 데 있다. 교육 및 학습 경험을 설계하려면 개인의 차이를 이해하는 것이 절대적으로 중요하다. 교육 시스템의 가장 큰 오류가 '지식 전달' 패러다임이었다면, 두 번째로 큰 오류는 같은 방식으로(예: 강의, 비디오 또는 온라인 과정) 많은 사람에게 동일한 정보를 분배하는 메커니즘일 것이다. 그렇다면 사람들은 어떻게 다르고 우리는 그것에 대해 무엇을 할 수 있을까?

사회생활로 인해 특별히 스트레스받아본 적도, 심각하게 고민해 본 적도 없는 사람으로서, 나는 왜 사람들이 사회생활에 그렇게 많은 시간을 할애하는지 이해하려고 애쓰고 있다. 이 말인즉슨, 내 기준에서는 파티, 사교모임 등에서 참을 수 없을 정도로 피상적인 잡담이 너무 많다는 것이다. 그런 상황들은 사람에 따라 유용할 수도 있겠지만 개인적으로는 그러한 상호작용을 최소한으로 유지하여 좀 더 중요한 문제에 집중하고자 한다. 예를 들어, 학습, 학습 연구, 신경 과학, 학습의 미래 등이다. 나의 연구 결과들은 관련된 사람들에게 꽤 잘 먹혔다. 그러나 그들은 나를 파티에 초대하지는 않는다.

모든 사람이 다양한 종류의 경험에 쓸 수 있는, 예를 들면 '사람'이나 '일상', '숫자'와 '이론' 그리고 '시각적 경험' 및 '음악' 등과 같은 정서적인 맥락에 소요할 수 있는 토큰을 각각 가지고 있다고 상상해보자. 그래서 당신이 '사람' 카테고리에 모든 정서적 맥락 토큰을 쓴다면, 당신은 엄청나게 사회적인 사람이 되어 매일 파티를 하고 사교 모임에 참석하며 끊임없이 사회적 상호 작용을 갈망하고 주변 사람들의 분위기에 민감해질 테지만 데이터를 다루는 PC 프로그램이나 학습 이론에 대해서는 완전 쓸모없는 사람이 될 것이다.

우리는 정서적인 맥락의 풀, 토큰과 같은 것을 가지고 있다는 것을 증명하는 어떤 연구에 대해서도 알지 못하지만, 나는 그것이 사실임을 의심하지 않는다. 내가 연구를 통해 확인하고 싶은 것은 뇌가 특정 기능에 대해 전문화하는 많은 영역을 가지고 있다는 것이다. 예를 들어, 사회적 상호작용에 집중하는 것이 두뇌의 넓은 영역을 갖는다면 그것은 여러분이 어떤 다른 영역에는 그다지 능숙하지 않다는 것을 의미할 수도 있다.

결과적으로, 정서적 중요성을 보다 확장하고 다양하게 활용하기 위해 사회적 자극이나 시각적 자극 등 다양한 자극을 정서적 중요성의 측면에서 처리되는 것으로 여긴다면 당신은 내가 제안한 '포인트' 시스템과 같은 것에 도달하게 된다. 만약 당신이 역할 기반 게임을 해본 적이 있다면 (예를 들어 '던전 앤 드래곤'과 같은 주사위 기반 게임이든 컴퓨터 기반 게임이든) 당신은 강인함, 민첩함, 카리스마, 운과 같은 특징에 할당할 수 있는 20개의 포인트를 가지고 있다는 것을 인식했을 것이다. 하지만 둘 중 더 많은 것은 다른 것들보다 더 적은 것을 의미한다..

이 모든 것의 요점은 이런 방식으로 정서적 중요성에 대해 생각하는 것이 우리가 신경 다양성을 이해하는 데 도움이 될 수 있다는 것이다. 만약 누군가가 우리의 모든 정서적 맥락 포인트를 '일상'에 넣는다면 어떤 일이 일어날까? 일상을 다루는 데 특화된 뇌의 부분이 있다고 가정해보자. 그러면 우리는 일상적이고 작은 변화들에 엄청나게 민감하고, 일상의 혼란에 매우 화가 나며, 사람들과 사회적 상호작용을 거의 눈치채지 못하게 될 것이다. 이런 사람들을 알고 있지 않은가? 바로 자폐 아동의 특성이다. 마찬가지로, 우리는 사회적 기술에 '정서적인 맥락'을 쓰는 사람들을 알고 있다. 그들은 사회적 교류를 통해 번성하고 사회적 상호작용을 세계를 항해하는 수단으로 삼는 것에 매우 만족하는 사람들이다. 그리고 초능력이 있다. 게임 상황에서, '스텔스'나 '강도'와 같은 한 가지 특성에 모든 포인트를 쏟아부어 결국 수많은 상황에서 쓰레기가 되지만 특정 영역에서는 거의 초인적으로 보이는 캐릭터를 만들어 내는 능력 말이다.

마찬가지로 '나는 숫자나 음악에 나의 모든 정서적 맥락의 포인트를 쓰겠다!'고 말한 사람들을 상상해 보시라. 그러면 무슨 일이 일어날까? 정서맥락모델은 사람들에게 적당히 중요한 자극에 과도한 정서적 중요성을 부여함으로써 그들이 비범한 능력을 보여줄 것이라고 기대한다. 예를 들어, 평균적인 사람들이 '비범한 기억력Photographic memory'또는 '음악적 천재'로 보이거나 '인간 계산기'가 되는 능력을 갖춘 사람 즉 자폐증 환자들의 경우처럼 말이다. 이 사람들은 당신과 내가 느끼지 못하는 차이를 문자 그대로 느끼기 때문에 이러한 능력을 갖추게 된다. 당신에게 3,765,342와 3,864,521의 숫자는 크게 다르지 않을 것이다. 그러나 숫자에 모든 감정적 맥락을 쓴 사람에게는 완전히 다른 느낌일 것이다. 이것은 그들이 놀라운 방식으로 숫자를 저장하고 처리 할 수 있게 한다.

부모가 강압적으로 숫자나 음악과 같은 것에 대한 정서적 중요성을 자극하면 그 분야에서만큼은 비정상적인 수준으로 능력을 개발할 수 있다는 것도 사실일 것이다. 내 경우에는 사람들에 대해 너무 신경 쓰지 않는 것이 오히려 이론과 철학을 배우는 데 집중할 수 있도록 했을 것이다.

요약하면, 사람들 간의 개인차는 신경 쓰는 분야가 무엇이냐에 따라 크게 좌우된다. 나는 이것을 일상적 의미로 말하는 것이 아니라(자연을 통해서든 양육을 통해서든) 우리 뇌가 감정적 맥락 포인트를 부여하는 자극의 종류에 따라 우리가 어떤 부류의 사람이 되는지가 결정되는 보다 구체적이고 기술적인 차원의 이야기를 하고자 한다.

철학자 마르틴 하이데거Martin Heidegger는 인간 존재의 본질은 '관심사'에 따라 달라진다는 결론에 도달했다. 당신과 나를 다르게 만드는 것은 우리의 관심의 차이일 수도 있다. 당신은 말 그대로 당신이 관심을 두는 것들에 의해 정의된다.

우리는 인간이 이성적으로 생각할 수 있다는 점에서 다른 생물들과 다르다고 여긴다. 하지만 나는 이것이 전혀 사실이 아니라고 생각한다. 오히려 우리가 우리의 감정을 다른 방식으로 위장하는 유일한 생명체라고 말하는 것이 더 정확할 것이다. 당신은 종종 학문적인 논쟁에서 이 위선을 엿볼 수 있을 것이다. 사람들은 자기 자신감과 자존심을 놓치지 않기 위해 정교한 주장을 만들어 낸다. 토론하는 동안, 패배에 대한 감정 소모, 비용 소모가 너무 크기 때문에 그들은 '합리적이고 객관적인' 자세를 취하면서 상대방의 견해를 공격적으로 방어할 것이다. 사람들은 지금까지 지켜온 개인적인 지위를 유지하고자 하는 욕구가 있고 그로 인해 관습에서 탈피하는 것을 매우 어려워한다. 이런 상황에서 새로운 배움의 개념을 터득하기란 쉽지 않다. 평생을 자신이 신의 창조물이라고 믿어 온 사람들 앞에 서서 그들의 조상이 유인원이라는 것을 암시한 찰스 다윈은 죽을 때까지 실체를 밝혀내지 못했다.

여기서 간과한 것이 '놀이'적인 요소이다. 우리가 무엇인가를 즐기는 것을 멈출 때, 우리는 사물들에 엄청난 개인적 의미를 부여하기 시작하고 그렇게 되면 우리의 의견을 바꾸는 것이 훨씬 더 힘들어진다. 교육은 우리에게 장난기를 빼앗는 것과 동시에 발전하는 것과 배우는 능력을 빼앗는다. 무엇인가를 잘못하기에는 감정적으로 너무 비용이 많이 들기 때문에 자신의 견해에 대한 도전만으로도 기분이 상하고 위협을 느끼는 사람이 된다.

## 초석 경험Cornerstone experiences

정서맥락모델을 삶에 적용해보면 사람마다 소중하게 느끼는 것들이 있다는 것을 확실히 깨닫게 된다. 며칠 전, 나는 아홉 살 된 딸을 데리고 근처 숲으로 산책을 하러 가기로 했다. "정말 멋질 거고, 딸이 자연에서 보내는 시간은 정말 중요해"라고 생각했다.

그래서 나는 딸을 설득해서 들고 있던 아이패드를 내려놓게 하고 함께 걸었다. 20분 후, 아이는 체력적으로 지쳤고 거의 쓰러질 것 같다고 불평하기 시작했다. 얼마 지나지 않아 우리는 들판에서 길을 잃었고 다시는 집으로 돌아가는 길을 찾지 못할 것이라고 걱정하기 시작했다. 딸을 안심시키기 위해 '우리는 솔방울, 열매, 다람쥐 같은 것들을 채집해서 먹고살 수 있을 거야'라고 얘기했지만, 딸에겐 먹히지 않았고 결국 우린 그 산책을 포기했다. 딸은 그 산책을 나중에 '인생 최악의 경험'이라고 묘사했다.

돌아오는 여정 동안 스스로 반성하는 시간을 가졌다. 왜 딸을 산책시키는 것이 중요하다고 생각했는지 여러 가지 이유를 떠올려보았다. '맑은 공기가 도움이 될 것이다', '운동은 유익하다', '모든 사람은 자연을 감상하는 법을 배워야 한다' 등등 말이다. 하지만 사실 이 모든 것들은 나 자신을 합리화하는 것이었다. 나는 그냥 함께 산책하는 것이 마음 속으로 옳은 일이라고 느꼈기 때문에 딸을 설득해서 데리고 간 것이다. 그렇다면 왜 나는 그것이 옳은 일이라고 느꼈을까?

많은 사람이 아이들을 데리고 축구 시합을 보러 간다. 왜 그렇게 하는지 나는 이해가 안 된다. 내 말은 극한의 교통지옥을 헤치고, 주차할 곳을 찾기 위해 애쓰면서 소 떼처럼 몰려드는 사람들 틈에서 어렵게 번 돈으로 티켓값을 지불하는 것이 이해가 안 된다는 것이다. 소파에서 편하게 TV로 보면 안 되는가? 물론 나만 그렇게 생각할 수도 있다.

우리의 삶을 되돌아보면, 어떤 경험들, 즉 내가 초석이라고 부르는 것이 저마다 깊고 절대적인 의미가 있다는 것을 깨닫게 될 것이다. 그것은 객관적으로 중요한 의미가 있는 것(왜 그것들이 중요한지 나름의 확실한 이유를 생각해 낼 수 있는 것)으로 다른 사람들과 공유하거나 자녀들에게 물려줘야 한다고 느끼는 종류의 경험들이다. 그것은 낚시가 될 수도 있고 가족 전통, 스포츠 행사, 종교적인 의식일 수도 있다.

꼭 그런 것은 아니지만, 이러한 초석 경험은 대부분 어린 시절에 행해진다. 그 경험들이 정서적으로 자기 유지적이고 번식을 하기 위해 작용한다는 것 외에는 정확히 어떤 특징을 가졌는지 말하기가 어렵다. 내가 말하고자 하는 바는 그러한 경험들은 우리가 겪은 대로 후대에 물려

주도록 강하게 이끌린다는 것이다. 나의 부모님은 나를 숲으로 산책 시켜 주셨고, 이제 나는 그것이 내 딸과 함께해야 할 일이라고 생각했지만 주목해야 할 점은 이것이 '습관'에 의한 것은 아니라는 것이다. 숲으로 산책하러 가는 것은 나의 습관도 아니고 이성적인 행동도 아니다. 물론 나는 숲속을 산책하는 것이 왜 좋은지 그 이유를 생각해낼 수는 있지만, 만약 이것이 진정한 동기냐고 묻는다면 아니라고 할 것이다.

이 감정적인 메커니즘은 때때로 관계를 형성하고 유지하는 것이 어려운 주요 원인이 되기도 한다. 젊은 커플이 만나고, 데이트하고, 결혼해 얼마간의 시간이 지나고 나면 균열이 생기기 시작한다. 제인은 데이브에게 부엌에서 쓸 보조 선반을 만들어 달라고 여러 차례 부탁했지만, 그는 그럴 여유가 없어서 하지 못했고 데이브가 하지 않은 모든 일이 제인을 실망스럽게 만들기 시작한다. 예를 들어, 그는 종종 쓰레기 버리는 것을 잊어버린다. 그래서 제인은 그에게 잔소리한다. 데이브는 제인이 잔소리만 한다고 느끼기 시작한다. 그는 쓰레기 버리는 일이 그렇게 중요한 일이라면 왜 제인이 직접 버리지 않는지 이해할 수 없다. 그리고 비록 그가 선반을 만들겠다고 말하긴 했지만, 그는 직접 만들어 본 적도 없다. 이런 모든 것에 대한 불만이 그를 억누르고 있다. 그 외에도, 제인이 그를 괴롭히기 시작한 몇 가지 것들이 있다. 그녀의 요리는 많이 부족하다. 그가 마지막으로 이 말을 했을 때 제인은 '그럼 직접 요리하든가'라고 말하며 대화를 끝냈다.

어느 날, 둘 다 스트레스를 받은 상황에서 그들은 큰 말다툼을 하게 됐고 이 모든 갈등이 드러났다. 그들 논쟁의 핵심이 되는 것은 아마도 일련의 초석 경험 때문일 것이다. 예를 들면, 제인의 아버지는 항상 본인이 집 주변을 정리하고 쓰레기를 버렸다. 데이브의 엄마는 요리를 잘하고 항상 자신이 있었다. 이런 경험들로 인해 자기도 모르는 사이에 파트너가 어떻게 해야 하는지에 대한 기대감이 조성되었고 이런 감정들이 서로에게 좌절감을 야기한 것이다.

제인과 데이브는 그들이 가지고 있는 이러한 기대감에 대해 의식하지 못하고 있었다. 아마도 그들은 서로의 단점에 대해 털어놓지 않을 것이고 이것은 서로에게 감정적 불협화음인 짜증과 불만을 야기할 것이다. 나중에야 그들은 부부 심리 치료를 시작할 수도 있고, 치료사는 이 모든 갈등을 표면화할 수 있는 감각이 있을 수도 있다. 하지만 중요한 것은 판사들의 평결처럼, 모든 역학은 감정적이라는 것이다. 갈등 해결의 진전을 이루려면 두 사람은 감정을 통해 대화하고 과거에 관해 이야기함으로써 일종의 '감동을 만들어내는' 연습을 해야 한다. 가능하다면 결혼 전에 그렇게 하는 것이 분명 더 좋을 것이다. 하지만 나는 더 체계적이고, 더 과학적인 방법이 있을 거로 생각한다.

이러한 초석 경험은 첫 등교일이나 팀을 이끌었던 첫 경험 등 한 개인의 개발단계에서 포인트가 되는 지점에 적용할 수 있다. 학습을 설계할 때, 우리는 때때로 다른 사람이 행동하도록 가르치는 방법의 기반을 마련할 수 있다. 이것은 특히 그들이 처음으로 학교에 입학하고, 처음으로 직업 세계에 들어가고, 처음으로 리더가 되는 어떤 일을 할 때 더 그럴지도 모른다. 이러한 불확실한 상황에서는 더욱더 유동적 상태에 있을 수 있으며, 상당히 불안해할 수 있다. 사람들을 이러한 유동적인 상태로 만드는 것, 또는 그들이 그 상태에 있는 때를 발견하는 것은 나중에 알게 되겠지만 학습 경험을 설계하는 데 중요한 고려 사항이 된다. 이것이 내가 실리콘 밸리의 교육 시스템이 '화려한 앱으로 교체될 것'이라고 비관적 전망을 하는 이유이기도 하다. 내가 관찰한 바로는 그렇게 하려고 시도하다 보면 그들은 실수로 자신들의 교육 경험을 복제할 것이다. 예를 들어, '비디오 강의 은행'을 만들거나, '책을 온라인 모듈로 자동 변환'하거나, '개인화된 학습 여정'을 사용하는 것이다. 이 모든 것들은 본질적으로 교육 콘텐츠를 헐값에 대량으로 만들어 내고 판매하는 것과 다름없다.

초석 경험이 우리의 정신적인 영역에서 눈에 띄는 개념이라면 더 세부적이고 일시적인 현상을 표현하는 용어들도 많다.

작가 리처드 도킨스는 유전자와 비슷한 방식으로 생존하고 번식하는 아이디어를 묘사하기 위해 '밈meme'이라는 용어를 만들었다. 인간의 마음이 컴퓨터처럼 작동한다는 생각이 그 예일 수 있다. 요점은 '밈'은 숙주와 독립적인 존재를 가지고 있다는 것이다. 유전자와 같이, 밈은 한 사람으로부터 다른 사람에게로 전달됨으로써 살아남는다. 하지만 우리의 아이디어가 감정적인 반응으로부터 만들어진 것이 사실이라면, '밈'의 진짜 성격은 아이디어를 훨씬 뛰어넘게 된다. 사실, 어떤 감정적인 반응이든 각 개인 간에 성공적으로 이동해서 살아남을 수 있는 것은 밈이 될 수 있다.

이상하게 들릴지 모르지만, '밈'이라는 표현이 최근 인기 있는 용법에 적용되고 있고 유머러스하게 캡처된 사진에 적용된다는 것을 잠시 생각해 보자. 이것들은 소셜 미디어 그룹에서 돌고 돌며 성공을 거두는데, 더 인기 있는 것들은 페이스북이나 인스타그램과 같은 플랫폼을 통해 빠르게 퍼진다.

요점은 이것들은 일관된 생각의 '밈'이 아니라는 것이다. 일반적으로 그것들은 우리를 웃게 하거나, 충격을 주거나, 놀라고 느끼게 하기 위해 합쳐진 것이다. 좋은 밈은 '납득할 만한' 것으로, 사람들이 효과적으로 인식하는 느낌이나 상황을 정확하게 포착한다는 것을 의미한다. 간단히 말해서, 그들은 우리가 생각하고 느끼는 모든 것과 아무런 관련이 없다. 최근 폭발적인 인기를 누리고 있는 이모티콘도 마찬가지다. 이모티콘은 사람들의 흔한 감정을 잘 반영하여 유머 있게 표현한다. 정서맥락 모델은 우리에게 무슨 일이 일어나고 있는지 이해하는 데 도움을 줄 수 있다. 우리의 욕망이 자녀들에게 어린 시절 우리에게 중요했던 것과 같은 경험을 하게 하고, 기차에서의 싸움에 대한 이야기를 들려주고 싶은 것인지, 아니면 소셜 미디어를 통해 받은 재미있는 사진을 공유하는 것인지 말이다. 밈은 생각이 아니고 감정을 표현한다. 이야기, 노래 가사 또는 그림으로 전해질 수 있을 만큼 충분히 강한 반응이다. 우스꽝스러운 표정으로 사진을 찍고, 만화적인 효과를 더하고, 반응을 계속 주고받는 스냅챗이 왜 그렇게 인기인지 이제 설명이 가능해진다. 우리의 얼굴은 감정을 전달하는 가장 좋은 방법의 하나이다. 단순하게 표현된 느낌은 말이나 노래보다 낫다.

인지 측면에서 이러한 정서적인 특징은 교육 경험을 이해하는 데 도움이 될 수 있다. 강사의 열정이 왜 중요한지를 설명하면서 그 열정을 표현하는 방식을 제안한다. 유머 감각을 갖추어야 하고 유머러스한 이 야기도 필수다. 이는 학습자들이 정보를 인코딩하는 방식에 큰 도움이 된다. 시각적인 자료를 사용할 때 가장 중요한 포인트는 자료의 크기, 유형 또는 텍스트 크기가 아니라 보는 사람의 반응을 끌어낼 수 있는지 등의 감정적 반응을 고려하는 것이다. 모든 것이 재미있을 필요는 없 다. 하지만 여러분만의 특징적인 것이 무엇인지 정확하게 인식하고 그 것을 잘 활용하며 지속시켜야 한다.

베트남 불교 승려인 틱꽝득Thich Quang Duc이 1963년 사이공의 번잡한 도로 교차로에 앉아 자신의 몸에 불을 붙였을 때 그 행위에 대한 사진과 설명이 전 세계를 떠돌아다녔다. 존 F. 케네디 대통령은 동생과 전화 통화를 하면서 이 사실을 알게 되었는데, 'Jesus Christ!'를 외치느라 대화를 중단시켰고 나중에는 '역사상 그 어떤 뉴스와 그림도 그 사진만큼 전 세계적인 반향을 불러일으키지 못했다'라고 말한 것으로 전해졌다. 당연히 정부의 승려 박해에 대한 세계적인 인식을 높이는 것이 틱꽝득의 궁극적인 목표였다. 그러나 이 목적은 감정적으로 더 힘을 받았고, 정치적인 의도는 거의 잊힌 채 여전히 많은 사람의 뇌리에 남아있다.

마케팅을 예로 들어 보면 감정에 대한 중요성이 더 극대화된다. 마케팅에는 두 가지 종류가 있다. 첫 번째는 TV나 광고판에서 보던 일종의 '와우'광고이다. 이것은 대중 시장에 뿌려지는 종류의 광고이며 가장 많은 사람에게 최대로 많은 영향을 미치는 형태이다. 이러한 이유로 그 광고들은 성적인 각성, 충격, 지위 등 자극적인 내용을 포함하여 우리의 정서 기반을 이루는 감정적인 영역을 건드린다. 이것은 마케팅의 전통적인 룰이다. 하지만 문제가 있다. 이러한 마케팅이 실제로는 그렇게 효과적이지 않다는 것이다. 소수의 사람만이 마케팅의 결과로 행동을 바꾼다. 이것이 직관적이지 않은 것처럼 들린다면, 마케팅이 대기업의 매출에 0.5%만 영향을 주어도 많은 수입을 거둘 수 있다는 점을 기억하시라. 이것이 마케팅이 작동하는 방식이다. 하지만 소셜 미디어와 빅 데이터의 세계에서는 매우 다른 방식으로 마케팅을 운영 할 수 있다. 당신은 나에게 매우 지루하고 값싼 광고를 만들어 보낼 수 있는데 그것이 내 행동을 바꿀 가능성이 훨씬 더 높다. 왜냐면 바로 그것이 지금 내가 처한 상황에서 내가 어떤 사람인지에 대해 보여주는 것이기 때문이다.

이런 상상을 해보자. 나는 런던 워털루 기차역에 도착했고 회의가 시작하기 전에 약간의 시간이 있다. 온라인 데이터는 내가 아침에 커피 마시는 것을 좋아하고, 워털루역에 커피숍이 있고, 그 시간대에 내가 가장 좋아하는 음료가 캐러멜 라떼라는 것을 반영한다. 또한 내가 현재 워털루역(위치 정보를 통해)에 있고 다음 회의(구글 캘린더를 사용하기 때문에) 전에 약간의 시간이 있다는 것도 알고 있다. 그래서 워털루에 도착하면 캐러멜 라떼 20% 할인에 대한 알림이 휴대폰에 표시된다. '뭐 안 마실 이유 없지'라고 생각하고 몇 걸음 떨어진 커피숍으로 향한다.

잠시 후 알게 되겠지만, 이 부분은 학습 맥락에서 소개할 '경험' 대 '리소스' 구분과 매우 유사하다. 경험은 큰 정서적 영향을 미치도록 설계된 것이다. 당면한 과제를 해결하는 데 도움이 되는 매우 간단한 것이기도 하다. 성공한다면 경험이 당신의 행동 방식을 바꿀 수 있지만, 그보다 더 좋은 방법은 당신이 이미 관심을 두고 있는 것을 이해하고 필요할 때 그를 위한 자원을 제공하는 것이다. 조직의 성과를 극적으로 바꾸고 싶다면 경험이 아닌 리소스를 사용해야 한다. GPS에 대해 생각해보자. GPS 경로 찾기 알고리즘을 해킹 할 수 있다면 한 번의 키 입력으로 수백만 명의 운전 습관을 바꿀 수 있다. 이것은 사람들이 '새로운 직장으로 가는 길을 찾도록' 설득하는 값 비싼 TV 광고보다 훨씬 효과적일 것이다.

물론 조직에는 많은 표준 운영 절차가 있지만, 여기에 문제가 있다. 아무도 따르지 않는다! 사람들의 행동은 주변 사람들이 주어진 상황에서 어떻게 반응할지에 따라 크게 영향을 받는다. 시간을 내서 조직 내 구성원들과 이야기하다 보면 그들의 행동을 진정으로 좌우하는 것이 문화라는 것을 알게 될 것이다. 그렇다면 문화는 무엇으로 구성되어 있는가? 이야기와 감정 - 정상적인 것, 나쁜 것, 좋은 것 - 모두가 주어진 상황에서 자신에게 기대되는 것을 행하려는 사람들의 욕구를 실현한다. 사회생활에서의 GPS는 주변 사람들의 얼굴과 반응이다.

이러한 이유로 조직단위, 팀 단위로 교육하는 것이 더 효과적이라는 것을 알게 될 것이다. 즉, 조직 전체에서 이질적인 그룹을 모아 함께 학습하도록 하는 것보다 더 효과적이라는 말이다. 그 이유는 당신도 알 수 있을 것이다. 직장에서의 사람들은 동료의 반응을 통해 새로운 행동을 계속하거나 중단한다. 그러므로 우리는 사람들을 그룹으로 훈련함으로써 사회적 변수를 어느 정도 제어 할 수 있다.

많은 교육자가 직관적으로 이것을 이해하고 있다. 홀로 코스트 박물관 방문과 같은 굵직한 경험들이 많은 학생들에게 큰 영향을 미칠 수 있겠지만 한편으로는 특정 시기에 사소한 피드백 하나로도 인상 깊은 경험을 제공하고 성장에 도움을 줄 수 있다. 이 이론은 당신의 삶을 되돌아보고 반성하도록 하는 또 하나의 의미가 있다. 술, 마약, 비만, 담배 등 삶을 단축할 수 있는 많은 요인이 있다. 그러나 가장 큰 피해를 주는 것은 보통 일상적인 것이다. 여러분의 일상이 당신의 몸을 망칠 것이라는 의미는 아니다. 당신의 삶이 매우 비슷한 일상으로 반복되어 하루하루가 거의 똑같았다고 상상해보시라. 결과적으로, 당신의 인생이 끝날 때 당신은 단 하루만 기억날 것이다.

왜냐하면 체코 작가인 밀란 쿤데라가 썼듯이, '기억은 100만분의 1, 짧게는 1억 분의 1 정도의 아주 극히 적은 양의 삶만을 간직하고 있다.' 우리는 우리가 살아온 삶의 일부인 하이라이트만을 간직한다는 의미이다. 우리는 우리 느낌의 범위에서만 살고, 우리가 이야기한 만큼만 산다.

## 성공적인 삶

사람들이 작은 칸막이에 앉아 일상적인 일을 하는 다양한 조직의 사무실을 돌아본 적이 있다. 때때로 그 칸막이벽에는 카드들이 꽂혀 있다. 그것들은 보통 손으로 직접 쓰여 있고 그 카드는 그 사람에게 감사를 표하고자 했던 사람들에게서 왔다. 그런 카드를 써 본 적이 있는가? 이 작은 카드들은 누군가의 공간에 10년 동안이나 고정되어 있을 수도 있다. 그것들은 특별하다. 우리는 교육하는 사람으로서 특별한 경험을 위한 기회를 만들고, 특별한 것을 기념해 왔는가?

이 질문은 우리에게 중요한 문제이다. 우리 일의 중요한 부분은 바로 이것이다. 이 특별한 것을 만드는 것이다. 우리는 사람들을 일상에서 벗어나게 하고, 그들이 누구인지 알게 하고, 그들이 들려줄 이야기, 어쩌면 그들이 다른 사람들에게 물려줄 행동이나 걱정거리가 될 수도 있는 경험을 설계하기 위해 노력해야 한다.

우리가 이 주제에 관해 이야기하는 동안, 당신은 감사 카드와 가족 사진 옆에 고정된 멀리 떨어진 해변의 사진 등을 발견할 것이다. 당신은 누군가가 그들의 휴일 사진을 보여주면서 활기차게 설명할 때 당신도 흥미를 느끼는 척해야 한다고 생각한 적이 있는가? 그들은 강렬한 느낌을 표현하기 위해 사진을 찍었을 것이고 그 사진들은 다른 사람들에게는 아무런 도움도 되지 않고 꽤 지루하지만, 그들에겐 흥분되는 경험이다.

우리의 삶은 그렇게 채워진다. 이야기, 노래, 이미지를 통해 우리가 느끼는 것을 공유하려고 노력한다. 두 사람이 같은 것에 관심을 가질 때 연결된다. 학습과 교육에 대한 응용 프로그램은 셀 수 없이 많다. 예를 들어, 비즈니스 또는 대학교육에서 사람들은 코치와 멘토를 갈망한다. 즉, 시간을 내어 자신의 관심과 걱정거리들을 이해해주고 도움을 줄 수 있는 사람을 원한다. 학습자들은 강사보다 동료의 조언을 더 주의 깊게 듣는 경우가 많은데 동료가 자신의 감정을 더 잘 이해할 수 있기 때문이다. 학교든 회사 내에서든 새로운 문화로 전환되는 과정에 있을 때, 그들의 경험에 가장 큰 변화와 영향을 주는 것은 도움을 줄 수 있는 사람의 존재 여부이다.

만약 우리가 정말로 누군가의 행동을 바꾸기를 원한다면, 우리는 그들의 행동 방식을 지배하는 고민과 관심사항을 이해하는 것부터 해야 한다. 교육과정 개발의 출발점 역시 학습자나 청중에게 중요한 것이어야 한다. 사람들은 관심 없는 콘텐츠를 거들떠보지도 않을 것이다.

잠시 후에 우리가 탐구할 학습 프로그램의 설계에는 관심사를 체계적으로 잡아갈 방법이 있다. 하지만 가장 간단하고 기초적인 수준에서, 이것은 교실에서의 경험이 대화로부터 시작되어야 한다는 것을 의미한다. 즉, 선생님은 학생들에게 무엇이 중요한지를 대화를 통해 알아내려고 노력해야 한다. 다음 몇 챕터에서는 이 새로운 모델의 실제적 시사점에 대해 살펴보겠다. 리소스와 경험의 창출에 관해 설명할 텐데, 이것은 학습 지원을 위한 두 가지 주요 활동이다. 우리는 이미 학습과 교육에서 경험 설계가 차지하는 중요성을 이해하는 데 있어 뒤쳐져 있다. 그러니 주의해서 살펴보지 않는다면 점점 더 경쟁이 치열해지는 상황에서 학습 설계에 어려움을 겪을 수도 있다. 정서적으로 자극적인 것을 추구하면서, 사회 전반적으로 삶에 대한 감각을 잃어가고 있다는 사실이 나를 괴롭게 한다. 요즘, 감정의 폭격이 갈수록 심해지고 있다. 기업들이 우리의 관심을 끌기 위해 경쟁하면서 말이다. 영화는 더 자극적인 액션으로 가득 차 있고, 정치인들은 더 충격적이고, 더 우스꽝스럽게 느껴진다.

이번 장을 마치며, 내가 여기서 보여주고자 했던 것은 인간의 마음이었다는 걸 알아주시기 바란다. 우리가 말하는 것들은 복잡한 정서적 반응으로 이루어진, 대부분 보이지 않는 세계의 표현일 뿐이다. 이에 대한 과학적인 증거는 많지만, 마이클 가자니Michael Gazzaniga의 분할된 뇌를 가진 환자에 대한 연구가 가장 흥미로울 것이다.

분할된 뇌 환자들은 뇌의 두 쪽을 연결하는 섬유소인 뇌량the corpus callosum이 절단된 사람들이다. 소름 끼치게도 이것은 심각한 간질과 같은 특정한 종류의 만성 질환에 효과적인 치료법이 되기도 한다. 하지만, 그것은 뇌의 양면이 독립적으로 작동한다는 부작용을 가지고 있다. 이는 뇌가 연결된 방식으로 인해 각각의 반구가 다른 손을 제어하기 때문으로 이것은 흥미로운 결과를 끌어낸다. 한 실험에서, 뇌의 한쪽(언어 능력이 없는 쪽)은 사진과 어울릴 만한 것을 고르라는 질문을 받았다. 그것은 눈사태 그림이었다. 그 손은 삽을 선택했다. 뇌의 반대쪽은 닭의 사진만 보았다. 여러분이 뇌의 언어라고 상상해보시라. 한쪽으로는 닭을 보고 있는데 다른 한쪽으로는 삽을 든다면 '왜 내가 삽을 줍지?'라고 생각할 것이다. 참가자들에게 왜 삽을 선택했는지 물었다. (언어 능력이 있는 뇌의 부분은 닭만 볼 수 있다는 것을 고려한다면) 왜 그들은 삽을 선택했을까? 음, 그 답은 '닭장을 치우기 위해 삽이 필요하다'였다.

이것은 우리가 우리의 행동에 대한 합리적인 설명을 얼마나 쉽게 생각해 낼 수 있는지, 그리고 우리의 마음이 어떻게 우리의 내적 작용을 숨기는지를 보여주는 좋은 예다. 우리는 재판장에서 마주친 판사가 피고인의 '유죄' 혹은 '무죄' 판결에 대해 치밀한 정당성을 제시할 것이라고 굳게 믿었다. 하지만 당신과 나는 이것이 점심을 먹었는지 여부에 많은 것이 관계되어 있다는 것을 이제 알고 있다.

그런 부분과 관련하여 학습을 설계하는 방법에 대해 정리해보겠다.

## 핵심 요약

- 의사 결정의 대부분은 주어진 상황에서 우리가 어떻게 느끼는가에 대한 결과물이다.
- 개인적인 차이는 주로 관심사의 차이에 의해 결정되며, 그중 일부는 선천적이다.
- 특히 중요한 경험은 우리가 세상을 인식하고 행동하는 방식에 지속적인 영향을 미친다.
- 우리는 거의 모든 사람에게 영향을 미칠 만큼 강력한 경험이나, 개인의 특성에 부합되는 구체적인 경험을 통해서 다른 사람들에게 영향을 미칠 수 있다.

다음 장에서는 학습에 대한 정확한 이해를 바탕으로 두 가지 학습 방법이 각기 다른 학습환경에서 어떠한 효과가 있는지 구체적으로 살펴보겠다.

HOW PEOPLE LEARN

# 4장

◆

# 학습 설계:
# 푸시<sup>push</sup>와 풀<sup>pull</sup> 방식

나는 심리학 교수직을 내려놓았다. 내가 학생들에게 지속해서 떠들어 대는 심리학 이론들에 싫증이 났고 또한 실제로 이러한 이론들이 사람이나 세상을 바꿀 수 있을지 의문이 들었기 때문이다. 세상에 나와서 직접 경험해 보고 싶었다. 몇 년 후 나는 교육 관련 컨설팅 회사를 만들었다. 20년 전 우리는 오늘날에도 여전히 미래 지향적으로 보이는 디지털 교육을 만들고 있었다. 'AI' 캐릭터는 가상 공간에서 역동적으로 학습자와 상호작용 하였다. 우리는 우리 스스로에 대해서 자랑스러워했고 일에 대한 흥미도 여전했다. 우리는 제롬 브루너의 '표상의 단계Stages of representaation', 즉 사람들은 정보를 작동적enactive, 영상적iconic 및 상징적 symbolic 이 세 가지 형식으로 인코딩한다는 이론을 기반으로 '보기-듣기-행동하기See-Hear-Do'모델이라고 하는 교육적 접근 방식을 개발하였다. 학습자가 세 가지 인코딩 양식을 모두 사용하게 함으로써 학습 콘텐츠의 효과를 크게 높일 수 있다고 생각했다.

나는 우리의 새로운 교육 접근 방식이 얼마나 효과적인지 보여주는 실질적인 연구가 필요했는데 운이 좋게도 네덜란드의 한 교육 기간의 지원을 받아서 효과성을 검증할 기회를 가지게 되었다.

우리는 동일한 정보(태양계 이론)를 가지고 다섯 가지 교육 형식을 개발해 실험을 진행하였다. 가장 기본적인 형식인 단순 텍스트에서 시작하여 오디오, 비디오 등을 단계별로 추가하고 마지막 형식에서는 통합된 버전으로 고도화 및 차별화하였다.

그리고 나서 대학생 실험자들을 5개 그룹으로 나누고 각기 다른 5단계의 교육형식을 제공한 후 동일한 과제를 제시하였다: 자료를 30분 동안 학습하고, 그들이 얼마나 기억하는지 알아보기 위해 테스트를 시행하였다. 우리는 더 풍부한 인코딩 형식을 제공한 그룹이 더 우수한 테스트 성적을 받을 것으로 기대하였다.

결과는 실망이었다. 다양한 교육 형식은 테스트 점수에서 유의미한 차이를 나타내지 않았다. 오히려 텍스트 전용 형식을 공부한 학생들이 평균적으로 약간 더 좋은 성적을 거두었다. 온라인 콘텐츠 생산을 기반으로 하는 전체 산업이 이제는 텍스트 문서로 대체 되어야 한다는 슬픈 결과였다.

이러한 충격적인 연구 결과가 있고 난 후 대학생들을 관찰함으로써 이 연구 결과가 잘못된 것이 아니라는 사실을 다시 한번 느꼈다. 이러한 현상들은 한동안 나를 무척이나 괴롭혔다. 당시 인터넷이 붐을 일으켰고 대학생들은 학습 도구로서 인터넷을 빠르게 활용하였다. 그러나 인터넷에서 제공되고 있는 정보는 대부분 단순한 텍스트였다. 그리고 사람들은 그 사실에 대해 별로 신경을 쓰지 않았다.

교육 업계가 교육 설계 인증을 무분별하게 나누어주고 있지만, 교육 설계로 실제 학습이 크게 향상되지 못했다는 것이 분명해졌다. 사람들은 교육 설계를 고도화하고 통합한 형식(예: 이러닝 과정)을 적극적으로 회피하고, 단순한 형식(예: 구글 서칭, 유튜브에서 제공하는 동영상)을 선호한다. 내가 깨달은 사실은 교육 설계는 복잡하기만 한 허튼소리들mumbo-jumbo이라는 것이다.

물론 교육 설계를 지지하는 많은 연구가 있다. 그러나 우리의 오랜 친구 에빙하우스의 망각곡선처럼 이 연구들도 오해의 소지가 있을 수 있다.

많은 사람이 과학적 연구가 정확하면서도 한편으로는 오해의 소지가 있다는 생각을 받아들이기 힘들어하지만 일반적으로 사실이다. 과학의 역사는 한 이론이 결국 더 나은 이론으로 대체된다는 것을 보여준다. 오래되고 잘못된 이론은 후속 연구에 의해 더 많은 지원을 받지만, 처음에 등장한 새로운 이론은 거의 또는 전혀 후속 연구의 지원을 받을 수 없다. 그래서 그 아이디어가 잘못되었다는 것을 뒷받침할 증거를 찾는 게 어렵지 않다. 그렇다면 새로운 이론이 어떻게 기존의 이론을 대체하게 되는 걸까? 이것은 설명력explanatory power을 통해서 가능하다. 기존의 이론이 전혀 설명하지 못하는 영역들은 항상 있다. 새로운 이론이 이 부분을 설명하게 된다. 이론이라는 것은 항상 반증 가능성을 열어 두고 있는 것이며, 모든 것을 설명할 수 있다고 한다면 이것은 더는 이론이 아니라 진리이다. 이런 의미에서 이론이라는 것은 항상 반증을 통해서 더 정교한 방향으로 나아가는 것이다.

학습자가 일반적으로 단순한 형식의 학습 방법을 선호한다는 것은 교육 설계에 대한 정당한 도전이다. 교육 설계 연구들은 종종 에빙하우스의 실수를 반복한다. 최고의 학습 방법을 결정하면서 현실에서 우리에게 중요한 것들을 간과하고 마는 것이다. 실험 상황에서 실제 현상은 고려하지 않고 단순히 실험 결과를 인지 과정의 변화에 반영함으로써 실제로 중요한 것들을 완전히 놓치게 된다. 간단히 말해서 연구자들은 증명하고 싶은 것에 대한 증거를 찾는 경향이 있기 때문에 궁극적으로 더 큰 그림을 놓칠 수 있다. 연구자들은 종종 횃불로 어두운 방구석을 연구하는 사람들과 같다. 그들은 천정의 구조에 대해서 많은 것을 말 할 수 있지만, 아직 방 한가운데 큰 테이블과 의자가 있다는 것을 눈치채지 못한다.

우리 실험에 참여한 학생들은 5가지 교육 형식을 통해 똑같이 학습하였다. 테스트를 받으리라는 것을 알았기 때문에 형식이 무엇이든 주어진 정보를 소비하도록 동기를 부여받았다. 이 변수가(그들의 관심사, 즉 테스트가 있다는 사실) 콘텐츠 형식의 변형 등 우리가 테스트 한 다른 모든 것의 중요성보다 훨씬 더 컸다. 이것이 우리가 학습자에게 관심을 가져야 할 명확한 이유가 되었다.

이제 주제를 좀 바꿔서 학습 설계 모델을 사용하여 학습 설계의 기초를 다지는 것을 알아보자. 학습 설계를 위한 많은 모델이 있지만, 정서 맥락모델에서 설명한 대로 학습의 현실을 반영하는 모델은 '푸시-풀 스펙트럼<sup>push-pull spectrum</sup>'이다.

앞에서 이야기했듯이 정서맥락모델에서는 기억이 '지식'을 인코딩하는 것은 아니라고 했다. 대신 우리가 경험한 감정적 반응의 패턴을 인코딩하고 이를 경험의 재구성에 사용한다. 그러나 학습 관점에서 중요한 것은 사람들이 백지상태<sup>blank slates</sup>가 아니라는 것이다. 그들이 반응하는 것은 부분적으로는 선천적이며 대부분 학습된 것이다. 어떤 사람들은 다른 사람들이 느끼지 못하는 건축에 대해서 놀라기도 하고 어떤 사람은 클래식 음악에 감동하고 또 어떤 사람은 컨트리 음악이나 팝송에 매료되곤 한다. 어떤 사람들은 피카소의 그림에 눈물을 흘리기도 하지만 그 존재 자체를 인식하지 못하는 사람들도 많다.

따라서 학습 설계는 이 개념적 토대에 충실해야 한다. 우리의 학습은 우리의 관심사에 의해 지배되며, 이는 우리에게 어떤 것이 정서적 중요성을 갖는지 아닌지를 결정한다. 상황에 따라 우리는 사람들이 이미 가지고 있는 관심에 응답(풀, Pull)하기도 하고 혹은 새로운 관심사를 만들기(푸시, Push)도 한다. 이것은 우리가 수행할 수 있는 학습 설계에 두 가지 큰 축이 있다는 것을 의미한다.

1. 풀. 사람들이 무언가에 관심을 가질 때 우리는 정서적 의미를 제공할 필요가 없다. 필요한 리소스만 제공하면 된다. 이것이 구글이나 유튜브를 사용하는 사람들이 일반 텍스트나 단순한 비디오를 선호하는 이유이다. 왜냐하면, 그들은 동기, 즉 관심 영역이 명확하기 때문이다. 학습 대부분은 우리가 시도하려는 일과 우리가 관심을 두는 일에 의해 이루어진다. 이 두 가지를 이해

하는 것이 '풀' 방식의 조건이다.

2 푸시. 사람들이 어떤 것에 관심이 없다면 우리는 정서적 의미를 적극적으로 제공해야 한다. 단순히 정보를 제공하는 것만으로 학습이 이뤄지기를 기대해서는 안 된다. 직원들이 안전에 관심이 없는 경우 절차적 지침이나 규범 등을 제공하는 것은 행동을 바꾸는 데 거의 도움이 되지 않는다. 또한 어떤 학생이 곧 치르게 될 역사 시험의 결과에 관심이 없다면 더 많은 학습 자원을 제공하더라도 별로 소용이 없다. 지금의 상황에 정서적 의미를 더할 도전이나 경험 또는 이야기 같은 것들을 제공해야 한다. 이것이 '푸시' 조건이다.

이 두 가지 접근 방식이 현장에서 함께 사용되어야 한다. 그러나 실제 교육 현장에서는 풀과 푸시 방식의 정확한 개념 이해도 없이 단순히 푸시 방식은 나쁜 방식이므로 모든 교육이 풀 방식으로 바뀌어야 한다고 이야기한다. 물론 거기까지는 그다지 나쁘지는 않다. 그러나 교육 업계에 종사하는 사람들이 제공하는 풀 방식의 교육들은 단순히 기존의 오프라인 교육에 디지털을 접목하는 수준으로 전혀 풀 방식의 교육이라고 할 수 없는 콘텐츠들이 무분별하게 만들어지고 있다.

한 대학생이 컴퓨터 게임에 크게 관심이 있다면, 특별한 동기부여 없이도 게임 전략에 대한 두꺼운 매뉴얼을 시간 가는 줄 모르고 읽어볼 것이다. 자신의 외모에 대해 신경 쓰는 청소년들은 원하는 외모를 가꾸기 위해서 몇 시간 동안의 머리와 메이크업 강좌를 지겨워하지 않고 들을 수 있다. 사람들이 무언가 또는 다른 것에 관심을 두도록 할 수 있다면 그들은 우리가 제공한 리소스를 사용할 것이다. 따라서 학습의 근본은 우리가 사람들에게 억지로 학습하게 만드는 것이 아니다. 우리가 해야 할 일은 단지 학습자들이 관심 있는 것에 대하여 리소스를 지원하거나 관심이 생길 수 있는 조건을 만드는 것이다. 이것이 진정한 의미에서의 '학습자'가 없는 이유이다. 사람들은 일반적으로 관심을 가지는 무언가를 수행하려 하고 학습은 이를 수행하는 방법이 된다. 사람들을 '학습자'로 묘사하는 것은 사람들을 '숨 쉬는 사람'으로 묘사하는 것과 비슷하다. 학습은 우리가 관심을 두는 것을 추구하는 과정에서 생기는 부산물에 불과하다. 살아갈 이유가 없으면 숨을 쉬지 않는 것이고 관심이 없다면 학습하지 않는 것이다.

일반적인 삶에서 다른 사람들과의 상호 작용은 대부분 '풀'과 '푸시' 사이의 어딘가에 위치에 있다. 대부분 사람은 처음 대화를 할 때 라포(좋은 관계) 형성을 위해 약간의 시간을 할애한다. 이것은 무엇을 의미하는가? 사람들이 다른 사람의 특별한 관심사가 무엇인지 이해하고 공통점을 찾으려고 노력을 한다는 의미이다. 예를 들어, 두 사람은 먼저 날씨에 대해 언급한 후에 음식과 현지 레스토랑에 대한 공통된 관심사를 발견할 수 있을 것이다. 서로는 상대방의 추천을 '끌어당기기' 시작한다. 어떤 시점에서 한 사람은 현지 식당의 생선이 아주 맛있다고 이야기하지만 다른 사람은 생선을 별로 좋아하지 않는다고 말한다. 대화는 이제 '푸시'모드로 전환된다. '아, 하지만 아귀는 꼭 먹어야 합니다. 지금까지 먹어 보지 않았다면 가장 놀라운 맛 중 하나를 놓치고 있는 것입니다!'

이제 한 사람이 다른 사람에게 이전에 하지 않았던 것에 관해 관심을 두게 하려고 노력하고 있다는 것이 분명해졌다. 상대방이 새로운 것을 시도하도록 하고 느끼는 방식을 바꾸려는 것이다. 만약 그들이 충분한 관계를 확립했다면 - 만약 상대방이 지금 그들이 생각하는 것에 관심이 있다면 -이 푸시 시도는 성공할 수 있다. 이런 대화의 진행 방식은 향후 교육이 추구해야 하는 방향과 다소간 일치한다. 대화는 우리가 가진 가장 오래된 학습 방법의 하나이기 때문에 학습에 대한 좋은 비유가 되기도 한다. 대화는 무엇보다도 이야기를 위한 수단이다. 한 사람이 하는 이야기가 상대방이 관심을 가질 만한 것이 아니라면 좋은 대화가 이루어질 수 없다. 어떤 사람이 상대방을 이해하는 데 시간을 투자하지 않고 단순히 자신의 관심사를 '푸시'하고자 한다면 상대방과의 대화는 지루해지고 말 그대로 강의처럼 느껴질 것이다. 마지막으로 우리는 우리 자신과 똑같은 사람과 진정으로 멋진 대화를 즐길 수 없다. 처음에는 편안해 보이지만 결국에는 다른 관점을 갈망하게 된다.

이러한 측면에서 우리는 코칭의 지속적인 매력을 이해할 수 있으며, 자기계발을 원하는 사람들의 위시리스트에 왜 항상 코칭이 포함되는지 알 수 있을 것이다. 코칭(또는 더 정확하게는 '멘토링')의 형식은 경험과 리소스 어떤 것이든 될 수 있다. 상황에 따라 푸시와 풀 모두 가능하다는 뜻이다. 때로는 우리가 코치에게 도움을 요청하고 반대로 코치들이 우리에게 도전을 제시하기도 할 것이다. 그들이 우리의 관심사를 이해하고 우리가 관심을 두는 것들을 해결하려면 시간이 걸린다.

다만 이러한 두 가지 유형의 학습 설계, 즉 풀 또는 푸시 중 어느 것도 기존의 '학습'은 아니다. 내가 이야기하고자 하는 것은 이 두 가지 방법 모두 지식을 머리에 저장해야 한다는 목표가 없다는 것이다. 사실 풀 방식은 대부분 '학습 제거'에 해당한다. 리소스를 제공함으로써 발생하는 학습량을 적극적으로 줄일 수 있다. 5장에서 이 주제로 돌아가겠지만 먼저 각 카테고리에 해당하는 학습 활동의 몇 가지 예를 살펴보겠다.

### '푸시push' 방식의 학습

먼저 비용적인 제약은 고려하지 않은 상태에서, 누군가가 현재 관심이 없는 문제에 대해서 진심으로 관심을 두도록 하는 방법은 무엇일까? 이미 여러분은 답을 알고 있다. 내가 당신에게 저개발국가의 빈곤에 대한 이슈에 진심으로 관심을 가지게 하려면 당신을 한 달 동안 저개발 국가로 보내서 영양실조로 굶주린 아이를 돌보고 있는 가정에 머무르게 하는 것이 가장 효과적일 것이다. 아마도 이것은 당신이 사물을 다르게 볼 수 있게 만드는 가장 강력한 방법일지도 모른다.

다른 사람이 이런 종류의 '관심'을 강요한다는 생각에 본능적으로 저항 할 수도 있지만, 삶은 우리의 관심을 전환하는 고유한 방식을 가지고 있다. 질병에 대해 평소에 많이 생각하지 않는 사람들일지라도 가까운 친척이나 가족이 암에 걸렸다면 급하게 암에 대해 알아야 할 모든 것을 검색하고 엄청난 속도로 학습하게 된다. 우리는 암과의 싸움에서 살아남은 사람들의 이야기에 귀를 기울이고 삶에 대해 완전히 변해버린 그들의 견해를 경험한다.

## 설계된 경험들

따라서 누군가가 아직 필요를 느끼지 못하는 부분에 대해서 배우도록 하는 가장 효과적인 방법은 경험을 제공하는 것이다. 그렇다면 어떤 경험을 제공해야 할까? 우리는 실수에서 가장 많이 배운다고 한다. 그러나 이것은 엄밀히 말하면 사실이 아니다. 사람들은 매일매일 실수를 반복하지만, 쉽게 변하지 않는다. 어떤 사람은 목석처럼 다른 사람의 감정을 전혀 인식하지 못하는 일생을 보낼 수 있다. 사실 사람들은 자신들이 겪는 고통스러운 실수로부터 배운다. 굴욕감은 가슴 깊이 새겨진다. 거절은 너무나 고통스럽고 많은 돈을 잃는다는 것은 너무 힘든 일이다. 누군가가 귀중한 교훈을 배울 수 있도록 실패 경험을 설계하고 싶다면, 그들이 진정으로 관심을 두는 것을 이해하는 것부터 시작해야 한다.

극심한 빈곤에 대한 직접적이고 힘든 경험을 군이 실수를 통해서 배울 필요는 없다. 중요한 것은 그것이 우리에게 감정적으로 큰 영향을 미친다는 것이다. 그렇지 않으면 경험 후에 바뀌는 부분이 없을 것이다. 하지만 무엇이 누구에게 영향을 미치거나 혹은 미치지 않을지 어떻게 알 수 있을까?

당신이 생각하는 방식을 진정으로 변화시킬 경험을 어떻게 설계할 수 있을까? 이에 대해서는 두 가지 해답이 있다. 인간이기 때문에 겪어야 하는 삶의 고통을 통해서 완전히 변화시킬 수 있는 경험을 디자인할 수 있다. 예를 들어 생사 결정을 내리는 것은 대부분 사람에게 매우 큰 영향을 미친다. 또는 좀 더 건설적으로 여러분에게 중요한 것이 무엇인지 알아내고 이를 기반으로 경험을 디자인 할 수 있다.

후자의 핵심 개념이 주요 주제가 될 것이고 앞으로 몇 번이고 다시 나올 이야기이다. 경험에 참여하게 될 사람들을 이해하지 않고는 효과적인 학습 경험을 디자인할 수 없다. 너무 당연한 얘기처럼 들릴지 모르겠지만 오늘날 학습 설계를 세우는 데 있어 가장 큰 실수가 일어나는 영역이기도 하다. 우리는 청중의 관심과 상황적인 맥락을 분석하기보다는 사람들이 기억하기를 원하는 콘텐츠 및 주제, 또 이를 전달하는 데 사용할 메커니즘을 정의하는 데 중점을 둔다. 우리는 지식이 양동이 속으로 물이 부어지듯이 쉽게 옮겨질 수 있다고 가정한다. 하지만 지식은 개인의 관심사로 만들어진 직물과 같아서 콘텐츠 중심에서 맥락 중심으로 옮겨야 한다. 나는 이러한 현상을 '콘텐츠 덤핑' 학습에 대한 전통적인 접근 방식이라고 부른다.

콘텐츠 덤핑은 학교 교실에서 행해지는, 혹은 기업에서 운영되는 교육 프로그램의 대부분을 차지하고 있다. 우리는 그들이 알고 싶어 할 것이라고 생각되는 주제들을 가져와서 참석자들이 이러한 지식을 잘 받아들이기를 희망하며 지식을 밀어 넣고 있다. 우리의 희망과는 달리 행동이나 역량의 변화는 전혀 일어나지 않지만, 학습은 지식의 전달이라는 사고방식에 사로잡혀서 잘못을 반복하는 것이다. 내가 자신 있게 예측할 수 있는 것은 '콘텐츠 덤핑'에 몰입되어 있을 때 누군가가 관심을 두는 것과 관련된 정보가 제공되는 경우는 극히 드물다는 것이다. 학교에서든 직장에서든 교육에 대한 그러한 접근 방식은 비효율적일 수밖에 없다.

학습 수단으로서의 경험의 효과로 일부 사람들은 학습 설계에 대한 확실한 접근 방식으로 '행동을 통한 학습'을 옹호한다. 직접 경험은 실제로 학습에서 강력한 방법이지만 그 힘은 학습의 진정한 핵심인 '느낌으로 배우기' 때문에 가능한 것이다.

스토리텔링과 관찰이 효과적인 학습 방법이라는 사실을 깨닫기 전까지는 나의 이야기가 이상하게 들릴 수도 있다. 친구가 물에 빠지는 것을 본 아이는 부모의 비명과 당황한 반응으로 물에 빠지는 것은 나쁜 일이라고 판단 할 수 있다. 마찬가지로, 우리는 물에 빠진다는 것이 얼마나 고통스러운지 이야기만 듣고도 그렇게 하지 않는 법을 스스로 배울 수 있다.

## 스토리텔링과 관찰

관찰과 스토리텔링은 행동과는 많은 관계가 없지만, 정서적인 요소를 반영한다는 확실한 공통점을 가지고 있다. 우리가 무엇인가를 행할 때 정서적인 영향은 직접적이고 개인적인 것이기 때문에 행동을 통한 학습은 상당히 설득력이 있다. 그러나 우리가 어떻게 느끼고 있는지에 대한 변화 형식들 역시 학습으로 연결될 수 있다.

실제로 우리는 사람들에게 항상 모든 것을 직접 경험하게 할 수는 없다. 왜냐하면 그런 경험의 과정은 너무 비싸거나 위험해서 설계하기가 너무 어렵기 때문이다. 예를 들어 '사나운 개의 공격을 받는 경험'에서 '자동차 사고'까지 이러한 예들은 너무나 다양하다. 바로 이런 경우 중요한 교훈을 전달하기 위해 스토리텔링을 사용할 수 있다. 인간은 스토리텔러이다. 이는 시간과 문화에 걸친 스토리의 지속적인 매력과 일상 생활에서 스토리텔링이 수행하는 중요한 역할을 모두 의미하는 것이다. 우리는 이야기를 보고 듣기 위해 영화관에 몰려들 뿐만 아니라 대화 시간 대부분을 이야기를 나누면서 보낸다. 우리는 이것을 '가십'이라고 부른다.

스토리는 우리가 자연스럽게 기억을 공유하고 인코딩하는 방식을 반영하기 때문에 매우 중요하다. 우리에게 어떤 일이 생기면 반응이 일어난다. 이러한 정서적 반응은 기억에 깊이 저장된다. 사건이 충분히 중요하다면 다른 사람들과 공유하기도 한다. 좋은 이야기를 나누는데 상당한 사회적 가치가 부여된다. 우리는 단어를 사용하여 이러한 활동을 하며, 결론은 우리가 경험한 감정을 요약하는 방법으로 단어를 사용한다는 것이다. 그러나 이야기는 정서적 차원이 반드시 수반되어야 한다. 예를 들어 주말 내내 엄청나게 세탁기를 돌렸다는 이야기는 완전히 지루해 전혀 이야기로 여겨지지 않는다. 사실 누군가가 당신에게 많은 양의 세탁을 하는 것에 관해 이야기하기 시작했다면, 당신은 예상치 못한 또는 놀라운 일(아마도 고양이가 세탁기에 있다는 것을 발견했어!와 같은 일)이 있을 것이라고 즉시 상상할 것이다. 누군가가 두시간에 걸쳐서 세탁이 끝났다고 이야기를 마무리 짓는 것은 상상할 수 없는 일이다. 그래서 누군가가 실제로 이런 이야기를 했다면 그것은 너무 기괴한 덕에 그 자체로 이야기가 될 것이다. 우리의 말은 중요한 목적이 있다. 우리는 공유된 문화에서 성장했기 때문에 우리의 말은 듣는 사람에게 비슷한 감정을 만들어낸다. 이야기를 들은 사람은 이제 이야기를 '기억'하고 스스로 다른 사람에게 전달 할 수 있다. 바틀릿이 발견한 것처럼 이야기를 재현할 때 자신의 관심을 반영하기 위해 미묘하게 변경할 가능성이 있다.

그래서 우리는 이야기를 듣는 것을 좋아한다. 교육에 참여한 사람들은 저녁에 식당에서 이야기를 주고받는다. 저녁 식사 후 이야기가 아주 흥미로웠다면 강사는 이야기를 통해 생계를 유지할 수 있다. 사람들은 병과 싸우고 전쟁에 나가고 대서양을 혼자서 항해한 경험에 대한 이야기를 들려줄 것이다. 사람은 누구나 좋은 이야기꾼이 될 수 있다. 좋은 이야기꾼이란 어떤 사람인가? 이야기를 통해서 감정을 자극하는 방법을 아는 사람이다. 평범한 이야기를 유머, 애정, 열정으로 생생하게 표현할 수 있는 사람이다. 반대로 나쁜 이야기꾼은 재미있는 이야기도 지루하게 만들어 버린다.

그러나 교육 환경에서 이야기는 학습이 곧 지식 전달이라는 부패한 생각으로 인해 끔찍한 고통을 겪고 있다. 실제로 이것은 소위 '주제 전문가'가 '학습 내용'을 당신의 머릿속으로 옮겨야 할 필요가 있다고 오해했기 때문으로 그들이 그것을 어떻게 배웠는지보다는 배운 것을 말하려고 할 것을 의미한다. 카메라를 안전 전문가에게 비추고 그들에게 안전에 관해 이야기하도록 요청하면 그들은 '안전은 매우 중요하다' '항상 그렇게 해야 한다'와 같은 말을 하는 경향이 있다. 그들이 당신에게 말하지 않는 것은 왜 안전이 중요한지 또는 왜 항상 그렇게 해야 하는가이다. 이것은 두뇌가 정보를 저장한다는 생각에 집착했기 때문이며 정보 전달이 학습의 전부라고 믿고 있기 때문이다.

이야기라는 것은 도대체 무엇인가? 정답: 사람들에게 중요한 이야기이다. 그렇다면 사람들에게 중요하다는 것은 어떻게 알 수 있을까? 정답: 그들이 무엇에 관심을 가지는지 찾는 것이다. 역경에 대한 영웅의 승리와 같이 거의 모든 사람에게 중요한 몇 가지 이야기가 있다. 이 이야기는 수천 년 동안 전해져 내려온다. 이것이 할리우드가 하는 일이다. 할리우드는 모두가 보고 싶어 하는 이야기를 찾는다. 하지만 만약 각 개인에 대해 그리고 그들에게 중요한 것에 대해 배울 수 있다면, 틈새 관객들에게 맞춘 이야기를 만들 수 있다. 이것이 넷플릭스가 하는 일이며 디지털 마케팅이 하는 일이다.

빅터 프랭클은 그의 저서 '삶의 의미를 찾아서'에서 아우슈비츠 수용소에서 겪었던 경험을 이야기한다. 그는 충격적인 일련의 경험을 '감각화'하기 위해서가 아니라 인간의 정신에 대해 알게 된 사실들을 설명하기 위해서 큰 고통을 감수했다. 결론은 인간을 이해하는 것의 핵심은 프로이트가 이야기하는 섹스가 아니라 바로 '삶의 의미'라는 것이다. 이것은 언뜻 이상하게 보일지도 모른다. 결국, 성은 진화적 차원에서의 아주 오래된 추진력이고, '의미'는 상당히 분명하게 인간적인 것으로 들린다. 고통이나 즐거움, 끌림이나 혐오감 등이 생물들이 그들처럼 행동하도록 만드는 것이다. 예를 들어 프랭클은 '공정성'의 중요성을 언급하며 굶주림에 시달리는 수감자들조차도 공정성을 유지한다고 지적한다. 그리고 흡혈박쥐나 영장류와 같은 다양한 생물에서도 공정함이 나타난다는 사실은 그리 놀랄 것이 아니다. 이것은 사회적이고 측정 가능한 생리적 변화(세로토닌 수준과 같은)와 관련된 모든 생물의 기능에 필수적이다. 의미는 관심의 표현이며 관심은 우리의 생리와 연결되어 있다. 단지 인간이 좀 더 복잡한 관심을 두고 있을 뿐이다. 자기 일에 깊은 관심을 가진 학자는 논문이 거부되거나 결과에 의문이 제기되면 깊은 우울증에 빠질 수 있다.

사람들이 하는 이야기를 듣다 보면 흥미로운 주제를 발견하게 될 것이다. 예를 들어, 사람들은 종종 유명한 사람들을 만난 것에 관해 이야기할 것이다. 그리고 종종 유명한 사람이 말한 것이 개인에게 큰 영향을 미칠 것이다. '한때 무하마드 알리를 만났어요. 그는 내 손을 흔들었고 나는 그의 비밀이 무엇인지 물었는데 그러자 그는 "주먹을 얼마나 빨리 움직이는지가 아니라 발을 얼마나 빨리 움직이는가"라고 말했어요. 그 조언은 제가 오늘 제 사업을 운영하는 방법입니다.' 이런 말을 들으면 이러한 만남이 왜 그렇게 기억에 남는지 궁금해지기도 한다.

비슷한 이야기가 이미 TV에서 자주 언급되었지만 별로 유명하지 않은 사람이 했기 때문에 우리는 그 이야기를 전혀 기억하지 못한다. 우리의 '지식 이전' 모델은 이를 설명 할 수 없다. 정보는 출처와 관계없이 동일하다. 컴퓨터는 입력하는 사람이 유명인인지 여부에 따라 정보를 다르게 저장하지 않는다.


## 지위 효과

넬슨 만델라의 강연에 참석하는 것과 넬슨 만델라의 삶에 대해 배우고 있는 사람의 강연 중에서 선택할 수 있다고 상상해보자. 어느 쪽을 더 선호하겠는가? 이러한 상황을 이해하기 위해서는 인간이 사회적이고 계층적인 존재라는 것을 알아야 한다. 유명인 및 기타 중요한 인물

(예: 최고 경영자)은 높은 순위에 있다. 이런 이유로 그들과 만남을 '상태 밀집' 상황이라고 부른다. 그들의 지위 때문에 그들과의 상호 작용은 사회적 의미에서 높은 이해관계가 있다. 이는 절벽을 확장하는 것과 같다. 상호 작용이 제대로 이루어지지 않으면 무시당하고 공개적인 수치심을 느끼게 될 위험이 있다. 잘되면 자존감과 명성이 갑자기 높아진다. 이는 매우 감정적인 상황이기 때문에 오랫동안 우리의 기억에 남게 되고 반복해서 이야기하며 성장한다.

콘퍼런스 연설을 시작할 때 연사는 종종 자신의 경험, 업적, 자격, 출판물에 관해 이야기함으로써 정당성을 확립하는 데 상당한 시간을 할애한다. 그 이유가 무엇일까? 왜 중요할까? 사회적 지위는 정보 인코딩 방식에 영향을 미치기 때문이다. 때때로 우리는 유명인이나 스포츠맨을 초대해 교육, 정치, 리더십 등 그들이 전혀 모르는 것에 관해 이야기하도록 한다. 그 이유는 단순히 그들의 지위가 그들이 말해야 하는 것을 기억에 남게 만들기 때문이다. 더욱 정당성을 가지려면 학습자의 존중을 유지하기 위해서 트레이너가 직무에 대한 상당한 경험이 있거나 훈련에서 실제 역할로 전환하는 것이 도움이 된다. 리더가 된 적이 없는 리더십 트레이너라면 그를 진지하게 받아들이기 어려울 것이다.

## 시뮬레이션

1968년 4월 4일 저녁, 미국의 한 시골 학교 교사인 제인 엘리엇은 TV를 통해 마틴 루터 킹이 암살당했다는 사실을 알게 되었다. 그녀는 북미 인디언에 대한 수업 때 입을 옷을 다림질하고 있었는데 차별을 직접 경험하지 않는 한 아이들이 그것에 대해 진정으로 이해하지 못할 것이라는 생각에 고민 중이었다.

다음날 그녀는 뭔가 다른 방식으로 수업해 보기로 했다. 그녀는 마틴 루터 킹의 암살에 대해 초등학생들과 이야기를 나누고 학생들에게 차별이 어떤 것인지 느끼고 싶은지 물었다. 아이들은 동의했다.

일단 그녀는 학생들의 눈 색깔에 따라 조를 나누었다. 그리곤 학생들에게 파란 눈을 가진 아이들이 우월하다고 말했다. 그들은 앞쪽에 앉았고, 갈색 눈동자 아이들의 목에 천 옷깃을 둘러 쉽게 구별 할 수 있도록 했다. 파란 눈을 가진 아이들은 점심시간에 특별 도움을 받았고, 새로운 정글 체육관에 입장 할 수 있는 기회와 더 많은 놀이 시간을 가질 수 있는 추가 특권을 받았으며, 갈색 눈을 가진 아이들과 함께 놀지 못하도록 교육받았다. 파란 눈을 가진 아이들은 우월한 분위기를 재빨리 받아들였고, 갈색 눈을 가진 아이들은 소심하게 물러서서 쉬는 시간에조차 고립되는 것을 관찰할 수 있었다. 하루의 시간 동안 푸른 눈을 가진 그룹의 학생들의 학업 성적은 향상되었고 갈색 눈을 가진 아이들의 시험 성적은 곤두박질쳤다. 다음날 그녀는 실험을 뒤집었다. 이 실험은 아이들에게 큰 영향을 미쳤지만 제인은 지역 사회에서 그리 큰 환영을 받지는 못했다. 그런데도 그녀는 계속해서 실험을 반복했고 학생들은 몇 년 후에도 그때 배운 교훈을 기억할 것이다.

이러한 종류의 '푸시' 접근 방식은 시뮬레이션이다. 시뮬레이션은 실제처럼 느끼고 경험할 수 있는 환경을 만들어 사람들을 학습시킨다. 시뮬레이션 환경은 역할극처럼 간단하거나 비행 시뮬레이터처럼 복잡할 수 있다. 사람들은 때때로 시뮬레이터가 실제와 비슷하게 보이거나 작동한다고 생각하는 실수를 한다. 그러나 중요한 것은 그것이 정서적으로 유사하다는 것이다.

나는 한때 해양 시추 시설로 여행하려는 사람들을 위한 교육 과정을 이수했다. 여기에는 일반적으로 헬리콥터 타기와 바다에 추락하는 상황에 대비한 헬리콥터 탈출 훈련이 포함되어 있다. 나는 많은 양의 장비를 착용하고 HR 책임자 옆에 앉았다. 물론 오늘날에는 VR(가상 현실) - 매우 높은 정확도를 제공하는 최신 게임 기술을 사용하여 -이 훈련을 더 쉽게 설계할 수 있다. 하지만 이것이 실제와는 다른 느낌이 들 것이라고 확신한다. 방향 감각을 상실하고 안전벨트를 잡을 때 발생하는 공포감, 숨을 참으며 장갑을 낀 손으로 메커니즘에 맞서 싸워야 할 것이다. 이러한 상황에서도 상당한 정서적 작용이 발생하기 때문에 시뮬레이션에서 이것을 간과하면 그 경험은 거의 쓸모 없어질 수도 있다.

이것은 우리가 컴퓨터에서 합법적으로 시뮬레이션 할 수 있는 것들에 대한 공정한 아이디어를 제공한다. 실제 활동과 시뮬레이션 활동은 매우 비슷하다. 그러나 당신이 이끄는 팀이 완전히 가상인 경우가 아니라면 컴퓨터 시뮬레이션을 맹신해서는 안 된다. 마지막으로, 이것이 바로 VR이 유망한 학습 기술인 이유다. VR의 힘은 정확히 마치 당신이 있는 것처럼 느끼게 하는 것이다. 그리고 현실에서 사물이 어떻게 느껴질지 시뮬레이션하는 능력을 크게 키워준다.

지금까지 나는 '푸시' 학습과 사람들의 경험을 의미 있게 만들어 나중에 (어느 정도) 재구성 할 수 있는 모든 방법에 관해 이야기했다. 물론 이러한 모든 접근 방식의 공통점은 정서적 중요성이다. 우리는 우리가 신경 쓰는 것을 기억한다.

## 불안 학습

그러나 당신이 사람들이 전혀 신경 쓰지 않을, 정말 지루한 정보를 가지고 있고 이것을 어떻게든 사람들의 머릿속에 주입하고 싶다고 가정해보자. 어떻게 해야 하겠는가? 한 가지 분명한 접근 방식은 머리에 총을 대거나 그들이 아끼는 사람을 다치게 하겠다고 위협하는 것이다. 과연 이것이 도움이 될까? 글쎄다. 이런 종류의 위협은 개인에게 불안감을 유발할 것이고, 이러한 불안은 정보에 대한 정서적 중요성을 제공할 것이다. 회상해 보면 나는 붉게 상기된 얼굴을 한 라틴어 유치원 선생님을 기억한다. 전쟁을 의미하는 라틴어 단어의 기본적인 의미를 모른다고 목에 핏대를 세워가며 나에게 고함치는 모습이 어제 일처럼 기억난다. 정확하게 낭송할 수 있을 때까지 서 있도록 만들어진 참나무 패널 방의 한구석이 지금까지도 생생하다. 학교에 간다면 나는 내가 서 있던 곳까지 정확하게 당신을 데리고 갈 수 있다. 이러한 학습 방법을 나는 불안-기반 학습이라고 부르겠다. 슬프게도 교육 시스템에 널리 퍼져 있고 실제로 교육이 사용하는 지배적인 메커니즘이기도 하다. 오늘날 많은 국가가 학교에서의 체벌을 허용하지 않는 대신 테스트에 의존하고 있다. 테스트는 다른 중요하지 않은 정보에 대한 정서적 맥락 역할을 하는 일종의 인공적 불안을 통해 작동된다. 테스트는 일종의 위협이다.

결과적으로 현대 교육은 주로 일련의 불안 기반 테스트로 구성되며, 이를 위해 가능한 한 많은 정보를 머릿속에 밀어 넣으려고 한다. 불안은 우리의 미래 성공이 이러한 테스트의 성과에 달려 있다는 신화에서 비롯된다. 사회와 부모가 이 신화를 유지하기 위해 공조하면서 다양한 테스트를 통과하지 못하면 결국 생산 라인에서 일하고 생선 머리를 자르는 일을 하도록 만든다. 대학에서 배운 거의 모든 것을 잊었음에도 불구하고 평판이 좋은 대학에서 학위를 받았다는 사실만으로 고용주가 HR 직업을 제공하는 일종의 '증명을 위한 현금'경제가 있었다. 오늘날 구글과 같은 일부 회사에서는 이 모든 것이 얼마나 우스꽝스러운 일인지 명시적으로 인식하기 시작했다. 불안 기반 학습에 대한 과잉 의존은 교육을 위기로 몰고 가고 있다.

콘텐츠를 푸시 하는 불안 기반 방법은 치명적인 부작용이 있다. 그중 가장 해로운 것은 학습과 불안 사이에 깊은 연관성을 만들어 낸다는 것이다. 개인의 학습 경험이 일반적으로 시험에 합격하기 위해 정보를 외워야 하는 도전으로 구성되어 있고, 시험은 경쟁적이어서 자존감, 평판에 심각한 잠재적 위험이 있는 경우, 많은 사람이 학습을 부정적인 것으로 인식할 것이다.


## 행동 수정

또 다른 학습 과제가 있다. 개가 막대기를 가져오도록 훈련하고 싶다면 어떻게 해야 할까? 학교에서 테스트를 주도하는 사람들은 아마도 전기 충격 요법을 제안할지도 모른다. 하지만 대부분의 사람은 '간식'이나 좋은 개로 길들이기 위한 보다 경제적인 무언가를 제안할 것이다. 어떤 원칙이 적용되었는지 정확히 알지 못하더라도 1970년대에 행동을 수정하는 방법을 조사한 심리학자들이 자신의 접근 방식을 '조작적 조건 형성'이라고 불렀던 사실은 흥미롭다. '조작적 조건 형성의 아버지'로 가장 인정받는 사람은 하버드 교수였던 스키너이다.

어린 시절 스키너는 각종 도구와 기계적인 모든 것에 끌렸다. 종교와 자유 의지의 개념을 모두 거부한 그는 처음에는 작가가 되기를 열망했지만 성공을 거두지 못했고, 이에 실망해 심리학으로 전환하여 기계적인 것에 대한 그의 애정에 행동 연구를 결합했다. 이후 그는 '스키너 상자'의 발명으로 매우 유명해졌다. 스키너 상자는 커다란 판지 상자 정도의 크기로 실험자가 제어하려는 항목을 제외한 모든 방해 요소를 제거할 수 있다. 스키너 상자에 넣은 것이 쥐 또는 비둘기라면 레버와 조명을 찾게 할 수 있다. 레버를 누르면 사료가 배출되거나 바닥에 전기가 통하도록 하는 것이다. 이러한 방식으로 조사 대상을 제외한 모든 자극과 행동을 배제한 상황에서 특정 요인이 다른 사람에게 어떤 영향을 미치는지 확인할 수 있었다.

스키너는 또한 '자동 학습기'라는 것을 발명했다. 자동 학습기는 학습자가 배워야 하는 정보만 보고 올바른 응답을 제공해야 한다는 점에서 스키너 상자와 비슷하게 작동했다. 그들이 올바른 대답을 했다면 보상을 받을 것이고, 그렇지 않다면 옳은 답을 할 때까지 행위를 반복해야 한다. 예를 들어, 재현할 리듬(레버 누름)이 주어지고 올바르게 재현하면 다음 행위로 넘어갈 수 있는 것처럼 말이다.

행동을 강조했기 때문에 스키너와 같은 심리학자들은 '행동주의자'라고 불렸다. 이런 움직임은 정신 분석에 대한 일종의 반사적 반응이기도 했다. 융과 프로이트가 개척한 접근 방식은 마음의 내부 작용, 특히 무의식에 큰 중요성을 두었다. 심리학은 비교적 새로우면서도 과학적인 수용력을 얻을 만한 연구에 대해 계속해서 고심하고 있었고 행동주의자와 같은 일부 사람들은 측정할 수 없는 모든 정신적 문제를 진심으로 걱정했다. "행동에만 집중하자"고 그들은 말했다. "우리는 그것을 측정할 수 있습니다. 그것은 매우 과학적일 것입니다."라면서 말이다. 그들은 사람들이 개나 쥐 또는 비둘기와 같은 지능적인 동물을 데려다가 조건화를 통해 원하는 거의 모든 것을 할 수 있다는 것을 발견했다. 이런 조건화의 종류는 위에서 언급했듯이 '조작적 조건화'라고 한다.

조건화는 다음과 같은 방식으로 작동한다. 생물체는 무언가를 수행하고(보통 시행착오를 통해) 그 결과 세 가지 중 하나가 발생한다. 나쁜 일, 좋은 일, 또는 아무 변화도 발생하지 않는 일. 예를 들어, 쥐가 실수로 레버를 누를 때 맛있는 사료가 나온다. 개는 방의 한쪽으로 건너갈 때마다 전기 충격을 받는다는 것을 알게 된다. 이를 통해 쥐는 레버를 누르는 법을 배우고 개는 방의 한쪽으로 넘어가지 않는 법을 배운다.

조작적 조건화는 인간이 다른 동물과 크게 다르지 않고 비슷한 방식으로 반응한다는 점에서 모든 현상을 이해하는 방법이 된다. 예를 들어, 중독을 설명하는 데 도움이 될 수 있다. 가장 강력한 보상 '일정'은 예측할 수 없다. 다음에 레버를 누른다고 해서 사료를 얻을 수 있을지 확신할 수 없는 것이다. 이를 통해 사람들이 도박에 중독되거나 가학적인 관계를 유지하는 이유를 이해할 수 있다. 또한 교육 및 소비자 행동 분야에서도 분명하게 적용된다. 동물은 보상뿐만 아니라 칭찬 스티커나 포인트와 같은 것으로도 기분이 좋아질 수 있다. 부모가 자녀에게 시험에서 'A'를 받을 때마다 용돈을 주겠다고 제안하는 것은 자녀의 행동을 수정하기 위한 조작 조건이다. 돈은 엄밀히 말하면 보상이 아니지만 우리는 누구나 그것을 보상으로 교환할 수 있음을 알고 있다. 마찬가지로 학교에서 주는 좋은 행동에 대한 '칭찬 스티커', 구매에 대한 '포인트', 직장에서의 성취에 대한 '배지'는 모두 우리의 행동을 원하는 방향으로 추진하는 데 사용될 수 있다. 조직 구성원들은 주로 인증서를 받기 위해 MBA와 같은 교육 프로그램을 완료한다. 인증서는 벽에 고정하거나 온라인 프로필에 추가하여 존경이나 자부심으로 교환할 수 있다. 이것이 조직 학습 프로그램에서 인증서 제공이 언제나 중요한 이유다. 행동 수정에 대한 이러한 접근 방식은 최근 몇 년 동안 '게이미피케이션'이라고 불리기도 했는데, 이는 게임 플레이와 혼란스러울 만큼 닮았기 때문이었다. 많은 현대 게임이 플레이어가 돈을 쓰도록 유도하기 위해 조작 조건을 통합한다.

행동주의자들은 동물에게 보여줄 수 있는 동일한 행동 조절 메커니즘이 인간에게도 적용될 수 있음을 보여주었다. 그러나 많은 행동주의자들은 내부 정신 상태를 고려하지 않음으로써(직접 측정할 수 없기 때문에) 그들의 주장에 빈틈을 만들었다. 이러한 구멍 중 하나는 관찰 학습이었다.

## 관찰 학습

자녀가 있는 경우 TV나 온라인 비디오를 통해 배우는 내용에 대해 때로는 걱정이 되기도 할 것이다. 1960년대에 앨버트 반두라<sup>Albert Bandura</sup>는 관찰 학습과 관련하여 지금까지도 유명한 실험을 수행했다. 그는 어린아이들(3세에서 6세 사이의 소녀와 소년)에게 커다란 풍선 장난감을 차고 주먹질하는 성인 비디오를 보여 주었고 그들이 본 것을 모방할 가능성이 있음을 발견했다. 하지만 흥미롭게도 그는 행동의 모방 여부는 일부분 영상 속 사람에게 일어난 일에 달려 있다는 것을 발견했다. 어쩌면 놀라운 일이 아닐 수도 있다. 친구가 개를 쓰다듬고 개가 그를 물면 같은 운명을 겪지 않고도 교훈을 배울 수 있다.

한편으로는 우리가 다른 사람들을 관찰함으로써 배울 수 있음을 아는 것은 이 과정이 어떻게 작동하는지에 대한 의문을 남긴다. 정서맥락 모델은 우리가 감정적으로 연결되어 있다고 느끼는 것들의 감정 상태를 자동으로 반영한다고 주장한다. 예를 들어, 영웅(우리가 식별하는)이 잔인하게 구타를 당하는 영화를 보러 가면 불안감과 스트레스를 경험하게 된다. 이러한 동일화는 외형적인 기반에 제한받지 않는다. 영웅이 개(그리고 우리는 개를 좋아함)인 경우에도 잘 작동한다. 또 더 미묘한 감정 상태를 반영하기도 하는데, 우리는 거리를 지나는 사람들을 보며 그들의 걸음걸이와 표정을 파악하고 자동으로 그들이 어떤 느낌일지 상상한다.

어떤 절차에 대해 교육을 할 때는 절차를 지키지 않았을 때의 결과를 증명하는 것이 무엇보다 중요하다. 빨간 불에서 멈추는 방법을 보여줄 수도 있지만, 사람들이 제대로 배우기를 원한다면 빨간 불에서 멈추지 않았을 때 일어나는 결과를 보여 주거나 설명해야 한다. 이것은 안전 및 데이터 보안 교육에 엄청난 영향을 미친다. 스토리텔링이 사용하는 프로세스(예: 실수한 직원에게 일어난 끔찍한 일에 대한 이야기)를 반영하면 훨씬 더 큰 영향을 미칠 수 있다. 이와 관련된 내용은 8장에서 다시 언급하겠다. 인간의 이러한 학습 특성의 또 다른 결과는 열정이 전염될 수 있다는 것이다. 대부분의 사람이 자신의 강의 주제에 유독 열정이 넘쳤던 교사를 기억할 것이다. 이러한 열정 중 일부는 우리에게 전달될 수 있으며 동일한 주제에 대해 우리가 느끼는 방식을 전달할 수 있다. 정서적 맥락 모델이 없었다면 사람들은 열정적이고 영감을 주는 교사가 자신의 삶에 큰 영향을 미쳤다고 생각하면서도 교사에게 열정이 왜 그렇게 중요한지 설명하기 어려웠을 것이다. 그러나 시험 결과가 곧 실제 학습의 척도는 아니기 때문에 열정적인 수학 교사가 반드시 최고의 시험 결과를 낼 것이라 기대할 수는 없다. 내 말은 열정적인 수학 교사는 수학에 대해 좋은 인상을 받아 그 분야에서 일하는 학생들을 배출할 수 있다는 것이다. 하지만 나중에는 시험을 전염병처럼 두려워하는 학생들이 최고 점수를 받는다는 것이 밝혀질 수도 있다.

대표자로서 회의에 가본 적이 있다면, 주제에 대해 열정적으로 말하는 사람이 제공하는 강의에 참석하는 것이 훨씬 더 뇌리에 남는다는 것을 알게 될 것이다. 물론 여기에는 예외가 있다. 매우 지루한 강사가 당신의 작업 라인과 매우 관련이 있는 것에 관해 이야기 할 수도 있다. 이것은 나에게 주기적으로 발생하는 일이다.

그렇다면 이쯤에서 의문이 생길 것이다. 학습 프로그램의 성공을 어떻게 측정할 수 있을까? 그것은 사람들이 하는 일과 그것에 대해 어떻게 느끼는지를 측정함으로써 가능하다. 이때 측정 대상에게는 정보를 암기하지 말라는 것만 일러두면 된다. 달리 말하자면, 사람들에게 자신을 비참하게 만드는 일을 하도록 강요하는 것은 성공으로 간주하지 않는다.

학습 테스트가 사람들이 실제 생활에서 하고자 하는 것과 전혀 무관할 수는 없다. 누군가가 유능한 외과 의사가 되길 바란다면 외과적 시술에 대해 테스트를 받아야 한다. 다만, 그것이 사물의 이름을 암기하는 것과 같은 것이라면 상관없지만 우리가 기대하는 것이 그게 전부가 아닌 이상 단순히 정보를 암기하는 능력 자체를 테스트해서는 안 된다.

따라서 조직 차원에서 직원이 새로운 안전 절차를 따르도록 하는 완전한 프로그램을 설계하기란 쉽지 않다. 결국, 절차가 실용적이거나 바람직하거나 적용하기에 충분하게 느껴지지 않는다면 행동 변화로 이어지지 않는다.

인간과 동물 모두 비슷한 방식으로 학습할 수 있다는 사실을 알고 나면 과연 인간 학습에 특별한 것이 있는지 궁금해질 수 있다. 나는 이것이 좋은 징조라고 주장하는 바이다. 많은 학습 이론은 인간 학습에 근본적으로 다른 것이 있다고 가정하는데 이것은 합리성을 기반으로 학습 모델을 구축하는 것을 더욱더 어렵게 하기 때문이다.

## 예측 학습

인간의 학습이 질적으로 다른 것은 없지만, 아마도 감정을 공유하고 어떻게 느낄지 상상하는 두 가지 중요한 영역에서 차이를 보일 것이다. 우리가 진화론적 친척보다 더 잘할 수 있는 것이 있다면 그것은 미래를, 그리고 우리가 미래에 어떻게 느낄 것인지를 그려내는 것이다. 이것은 인간만이 할 수 있는 상대적으로 특별한 종류의 학습이 있음을 의미한다. 그게 바로 '예측 학습'이다. 만약 로미오와 줄리엣의 공연을 제작하면서 누군가에게 3개월 안에 로미오 역할을 소화하라고 한다면 그들은 공황 상태에 빠지고 가능한 한 빨리 대사를 배우기 시작할 것이다. 무대에 서서 무슨 말을 해야 할지 잊지 않으려 할 것이다. 나는 실제로 그것을 시도해보지는 않았지만 분명 닭은 이렇게 하지 않을 것이라고 확신한다.

흥미롭게도 미래 상태를 투영하는 능력은 상당히 늦게 완성된다. 아마도 청소년의 발달과 관련된 보다 정교한 인지 기능 중 하나이기 때문일 것이다. 이것은 아직 성인이 되지 않은 학습자들이 자신의 미래에 대해 진정으로 관심을 두기 위해 고군분투하고 있음을 의미하기도 한다. 그들은 30대를 생선 머리를 자르는 데 보내는 결과를 생생하게 상상할 수 없어서 지금 당장은 공부에 대한 동기 부여가 잘 안 될 것이다. 마찬가지로 3개월 후 시험 준비가 완벽하지 않았을 때의 느낌이 어떨지 확실하게 와 닿지 않는다면 마지막 순간까지 시험공부를 게을리할 것이다. 이 말인즉슨, 만약 당신이 누군가에게 무언가를 암기하도록 압박하려 하고, 그 누군가가 청소년이라면 학년말이 아닌 2주마다 시험을 치러야 한다는 뜻이다. 나는 실제로 이것을 옹호하지는 않는다. 단지 당신이 누군가를 괴롭히려고 한다면, 그 일을 하는 보다 효과적인 방법이 있음을 지적한 것뿐이다.

하지만 반대로 성인의 경우 도전 의지는 매우 잘 작동 할 수 있다. 특히 위에서 제시한 것처럼 도전의 취지가 높은 차원에 있는 경우(예: 존경받는 개인 패널 앞에서 발표해야 하는 경우) 더욱더 그렇다. 또한, 시뮬레이션, VR 또는 설득력 있게 이야기를 전할 수 있는 사람을 활용해 기대를 실제 결과로 만들 수 있다면 앞에서의 우려를 덜 수 있을 것이다.

한편으로는 예측 도전(예: 테스트)에서 잘하는 경향이 개인의 '신경증' 또는 '친절한' 성격과 긍정적인 상관관계가 있을 수 있다는 가설을 세울 수 있다. 즉, 당신이 본질적으로 약간의 걱정(또는 부모님에 대한 걱정)이 있고 위협을 심각하게 받아들이는 경향이 있다면, 당신은 시험과 학교에서 더 잘할 가능성이 있다는 것이다. 이것이 사실이라면, 교육과 일을 상당히 비참한 상황으로 몰고 간다. 오늘날 교육으로 인정받는 인재들은 보통 사람들보다 미래에 대한 걱정이 훨씬 많은 사람일 수 있다는 말이 된다. 걱정이 많다는 것은 사실 자기 조절 능력이 떨어진다는 것을 의미할 수 있고, 결국 오늘날 사회에서 인정받는 지위를 차지하는 많은 사람이 자기조절 지수가 낮다는 결론을 끌어낼 수 있다.

우리가 여타 생물들과 다른 부분은 바로 감정을 공유하는 능력이 있다는 것이다. 우리는 감정을 공유하는 데 정말 능숙하다. 다른 동물들이 소리, 시각, 촉각, 후각을 통해 자신의 감정(경보 또는 행복)을 공유하는 방법을 개발했지만, 언어를 통해 만들어 낸 우리의 노래와 이야기 등이

가지는 정교함과는 비교가 안 된다. 그러나 안타깝게도 대단한 데카르트의 유산 탓에 다양한 상황(예:학업 또는 비즈니스 맥락)에서 감정을 공유하는 것이 폄하됐다.

## 시행 착오, 그리고 놀이

토론할 가치가 있는 다른 두 가지 '푸시' 접근 방식은 '시행착오'와 '놀이'다. '놀이'는 자연스러움 속에서 학습을 떠올릴 수 있는 가장 좋은 방법일 것이다. 또한 조기 교육을 위한 훌륭한 출발점이기도 하다. 많은 동물이 놀이를 한다. 놀이와 학습의 밀접한 연관성을 추측하는 것은 어렵지 않다.

정서적 관점에서 놀이는 결과에 관한 것이다. 비행 시뮬레이션에서는 '놀이'하는 것(비행기 비행에 대해 배우는 좋은 방법)처럼 상상할 수 있다. 하지만 조종사가 실제 대서양 횡단 비행에서 '놀고 있는 것'이라고 생각한다면 사람들은 불쾌해할 것이다. 마찬가지로, 자녀가 있는 경우 생각보다 훨씬 더 심각한 상황을 초래했음에도 '단지 장난이었어요!'라는 아이들의 핑계에 익숙해질 것이다.

놀이는 어른이 되면 훨씬 덜 하는 경향이 있다. 안타깝게도 이것은 좋은 학습 방법을 잃어 가는 것이다. 나는 이런 현상이 여러 가지 이유로 발생한다고 생각한다. 성인으로서 우리는 나쁜 잠재적 결과를 더 많이 상상하고 예측하게 되며 또한 사회는 우리가 가능한 한 적게 '놀기'를 바라는 것은 물론 무언가를 꼭 알아야 하는 것처럼 엄격한 잣대를 들이민다. 이런 상황에서 사람들은 한심한 존재가 될 수 있다. 아이러니하게도 게임에서조차 노는 것은 나쁜 취급을 당할 수 있다.

놀이는 다양한 종(예: 쥐)에서 매우 자연스럽게 발생하는데 동물 역시 성장하면서 감소하는 경향이 있다. 이것은 인간 특유의 사회적 현상이 아니라 모든 생명체의 성장에서 자연스러운 부분임을 시사한다. 그것은 또한 어린 동물(인간 포함)이 놀이에 많은 시간을 소비하기 때문에 학습에 중심적인 역할을 하고 있으며, 이 엄청난 에너지 소비가 유용한 목적을 달성하지 못한다면 매우 이상할 것임을 시사한다. 성인으로 성장하는 동안 발생하는 생물학적 변화와 스스로 환경에 충분히 적응했음을 감지한다는 가정하에 자연스럽게 놀이가 감소 할 수 있다. 미국에서는 60세 이상 노인의 약 43%가 매일 컴퓨터 게임을 하며, 이는 성인이 된다고 해서 놀이에 대한 욕구가 단순히 사라지는 것이 아니라는 점을 시사한다.

놀이는 심각한 결과를 초래하지 않으면서도 우리의 욕망을 표현할 수 있는 좋은 장치다. 간단한 예로 '간지럼 게임'을 들 수 있다. 한 사람이 다른 사람을 간지럽힐 때, 이것은 신체적 접촉을 원하거나 다른 사람에게 영향을 미치고자 하는 욕구의 표현일 수 있으며 누군가 '그만해! 이제 그만해요!'라는 진지한 목소리로 게임의 끝을 알릴 것이다. 새끼 사자는 부모가 이제 놀기에 지쳤다는 것을 어떻게 알 수 있을까? 그 대답은 정서적 결과의 변화에 있을 것이다. 장난스럽기만 하던 것이 심각한 고통이 되는 순간이 바로 그 지점이다.

놀이에서 사람은 자신의 정서적 충동을 표현한 결과와 세상이 '밀어 내는' 시점에 대해 배운다. 결과에 대한 반응은 개인마다 다를 수 있다.

심지어 놀이 환경에서도 마찬가지다. 어떤 사람들은 비행 시뮬레이터에서 성공적으로 이륙한 성취감이 추락했을 때의 실망감보다 더 크다는 것을 알게 된다. 또 다른 누군가는 게임 환경에서도 부정적인 결과에 매우 민감하므로 개인의 허용 오차에 맞춰 플레이를 신중하게 조정할 것이다. 이렇게 다시 한번 각 개인의 관심사 차이가 놀이를 통해 드러난다.

학습 목적으로 '놀이' 상황을 설정하는 경우, 놀이 환경의 결과가 실제 환경의 결과와 비슷한지, 또 그 결과가 너무 위험하지는 않은지 확인해야 한다. 만약 그렇다면 플레이는 중단되어야 한다. 예를 들어, 무모한 행동을 하면 게임에서 죽고 가상 소유물이나 지위의 일부를 잃을 수도 있지만 큰 재정적 불이익을 당하지는 않는 온라인 게임을 만드는 것이다. 사람들은 저마다 역할극에 매우 다르게 반응 할 수 있다. 그들 중 일부에게는 동료 앞에서 실수할 위험이 실생활에서 같은 실수할 위험만큼(또는 그 이상) 커 보일 수 있습니다. 물론 또 다른 일부는 걱정하지 않을 수도 있지만 말이다.

놀이를 통한 학습 접근 방식을 전통적인 접근 방식과 비교해보면 꽤 흥미롭다. 인기 게임인 마인크래프트를 살펴보자. 이것은 복잡한 시뮬레이션 환경이다. 게임에서 다양한 작업을 수행하는 방법에 대한 백과사전이 제작될 정도이다. 전통적인 접근 방식에서는 사람들이 실제로 게임 세계에 발을 들이기 전에 2년 동안 이 콘텐츠를 암기하면서 교실에 앉아있게 할 것이다. 하지만 잘 알고 있듯이, 실제로 일이 작동하는 방식은 암기한 지침과 다르거나 이미 암기한 것조차 그다지 유용하지 않은 경우가 많다. 반대로, 마인크래프트와 같은 게임을 하는 아이들을 보면 '바로 들어가서' 무언가를 시도하는 경향이 있다. 그들은 하다가 막히면 가이드북을 참고한다. 교실에서 배운 정보의 20%만 기억할 수 있지만 실제로 중요한 것은 바로 이 20%이다.

이 접근 방식이 어떻게 다른 학습 환경으로 확장될 수 있을지 상상해 보자. 예를 들어 파일럿 교육에서 기존의 강의실 교육과 항공기 시뮬레이터를 비교할 수 있다. 또는 드릴링 장비 사용 방법을 배울 수도 있다. 처음에는 단순화된 플레이 환경에서 시작하는 것이 좋을 것이다. 예를 들어, 737의 압도적인 복잡성보다는 1인승 항공기의 조종석에서부터 차례로 마스터하도록 하는 것이다. 강의실 교육에 비해 놀이의 장점은 다음과 같다. 먼저 강의실에서 우리는 정보에 정서적 중요성을 부여하기 위해 고군분투한다. 그러나 놀이에서 정서적 의미는 결과와 함께 자연스럽게 나타나므로 우리는 더 효율적으로 학습할 수 있다. 다음으로 강의실 교육은 우리가 행동에 적용할 수 있는 정보를 저장하는 데 초점을 맞춘다. 그러나 위에서 설명했듯이 저장되는 정보는 거의 없다. 그 정보를 재구성하는 데 사용할 수 있는 반응만 있을 뿐이다. 따라서 행동의 정서적 결과를 저장하는 것과는 대조적으로 전체 프로세스가 매우 비효율적이다. 이것이 바로 '행함으로 배우는 것'이 훨씬 더 좋은 이유이다. 감정이 동떨어져 있지 않기 때문이다.

물론 '놀면서' 배우는 사람들에 대해 걱정하는 상황이 있을 수 있다. 예를 들어 수술 또는 사이버 공격 같은 것 말이다. 따라서 여기서는 두 가지 과제에 당면하게 된다. 첫 번째는 결과가 현실 세계와 충분히 유사한 플레이 환경을 만드는 것이다. 두 번째는 '위험 제거'이다. 학습자가 편안하게 시도할 수 있는 환경을 제공해야 한다. 나는 개인적으로 모노폴리 게임을 정말로 싫어한다. 왜냐하면 많은 사람이 이 게임에서 지면 화를 내는 경향이 있기 때문이다. 물론 나는 그렇지 않다.

시행착오는 플레이의 변형이지만 실제 목표를 염두에 두고 있다. 이해를 돕기 위해 새로 산 DVD 플레이어의 사용 설명서가 누락된 상황을 가정해 보겠다. 당신은 상점으로 돌아가거나 온라인에서 검색하는 대신 리모컨의 버튼을 눌러 무슨 일이 일어나는지 확인하기 시작할 것이다. 아주 나이가 많은 사람은 'TV 폭파'에 대한 두려움 때문에 이 작업을 꺼릴 수도 있지만, 그리 심각한 일도 없을 것이며 'TV를 돌려서 해결할 수 없음'을 알고 있는 세대이다. 그냥 껐다 켜시라.

이때 당신의 가족이 '새 DVD 시스템으로 플레이하고 있습니까?'라고 묻는다면 간결하게 답할 것이다. '아니요 - 작동하도록 하는 중입니다.' 여기서 차이점은 동일한 학습 메커니즘이지만 특정한 실제 목표를 염두에 두고 있기 때문에 그렇지 않았을 경우 경험할 수 없는 일종의 좌절감을 경험하게 된다.


## 피드백

이번에는 내가 다루고자 했던 마지막 '푸시' 접근 방식인 피드백이다. '피드백'은 누군가가 당신의 행동에 대해 당신도 알지 못했던 결과를 설명하도록 하는 것을 의미한다. 한번 상상해 보시라. 조종사 훈련을 위해 비행 시뮬레이터를 설정한다. 한 젊은 조종사는 737에서 배럴 롤을 성공적으로 실행할 수 있음을 자신한다. 첫 번째 실제 대서양 횡단 비행에서 그는 런던과 뉴욕 사이에서 배럴 롤을 수행하여 자축한다. 객실 문을 두드리는 소리가 들린다. 어쩐 일인지 조금 흐트러진 모습의 기내 승무원 한 명이 말한다. "음, 약간의 피드백이 있습니다. 일부 승객이 방금 약간 불안해했습니다." "감사합니다. 유용한 피드백입니다."

종종 우리는 우리 행동의 결과를 부분적으로만 인식하면서 살아간다. 우리 행동의 정서적 결과가 이후 행동을 형성하기 때문에, 이를 인식하지 못하면 발달이 중단될 수도 있다. 자신이 무감각하고 거친 사람으로 인식된다는 사실을 깨닫지 못하는 리더는 더 높은 직위로 승진하지 못할 수 있다. 우리는 모두 우리 행동의 결과를 감지하는 능력에 한계가 있다. 이러한 이유로 평생 계속 발전하고 배우고자 마음먹었다면 가능한 많은 피드백 소스를 갖는 것이 중요하다. 그렇지 않으면 단순히 자기 인식의 한계에 도달하여 거기에 머무를 것이다.

특히 어린 자녀가 있는 경우 부모들은 자신에게 의미 있는 방식으로 피드백을 제공하기 위해 고군분투한다. 두 살배기 바비는 고무망치로 여동생 사라를 때린다. 그녀는 울기 시작한다. 엄마는 그를 옆으로 데려가서 "세라가 망치로 너를 때리면 기분이 어떻겠니?"라고 말하고 바비는 그 기분을 실제로 상상할 수 없기 때문에 해맑은 표정을 지을 뿐 실제 정서적 결과는 그와 이야기하는 부모이다. 부모가 "다시 한번 더 이런 일을 하면 과자를 뺏어 갈 거야."와 같은 말을 하는 것도 이 때문이다. 비슷한 현상은 대기업에서도 일어난다. 경영위원회는 복잡한 시장 환경에 회사의 앞날을 걱정하면서 '우리는 더 혁신할 수 있도록 배워야 합니다'라고 이야기한다. 그러나 무표정한 직원들의 얼굴이 그것에 대해서 강하게 공감하지 못했음을 증명한다. 당신이 당신의 조직에서 진정한 변혁을 이루어 내고 싶다면 그 출발점은 당신의 직원들이 현재 걱정하고 있는 것과 관심이 있는 것을 정확히 파악하거나 다른 관심이 있는 사람을 채용하는 것이 되어야 한다.

부모와 자녀 관계뿐만 아니라 기업환경에서 이러한 '정서적 불일치'는 여러 문제를 일으킬 수 있다. 경영진이 걱정하는 것은 일선 직원이 걱정하는 것과 매우 다르다. 그들은 '타운 홀' 미팅이 원하는 영향을 미치지 못하거나 조직변화 프로그램이 실패하는 이유를 궁금해한다. 지금 보시다시피, 그것은 대부분 정서적 단절과 관련이 있다. 자녀가 학교에서 집으로 제시간에 돌아오는 것을 걱정하고 있는 사람들에게 모두가 혁신적이어야 한다는 CEO의 연설은 영감을 주지 못한다. 이러한 연결을 만들기 위해 우리는 여기에 설명된 것과 같은 기술을 사용해야 한다. 즉, 청중이 관심 있는 것이 무엇인지 이해하는 데 시간을 할애하고, 강력한 스토리를 전달하고, 강력한 경험을 구축하거나, 적절한 인센티브가 제대로 지급되고 있는지 확인하는 것이다.

피드백의 주제에 대해 수용하는 능력은 사람마다 매우 다르게 나타난다. 예를 들어 일부는 피드백에 부정적 기미가 보이면 즉시 방어적으로 된다. 사람들의 민감도는 개인의 관심에 따라 달라지는 경향이 있다. 누군가가 특정 부분에 관심이 더 많을수록 피드백을 더 민감하게 처리해야 한다. 예를 들어, 누군가가 대인 관계의 민감성을 중요시하고 자신이 민감하다고 믿는다면, 그들은 무감각하게 행동했다는 피드백에 강하게 반응할 수 있다.

피드백은 '푸시' 접근 방식에 대한 마지막 단어 즉, 학습에 더 '참여'하도록 독려하는 의미로 해석되기도 하는데, 그러나 참여 자체가 반드시 딥 러닝으로 이어지지는 않는다는 비판이 제기되곤 한다. 예를 들어, 극적 긴장감으로 가득 찬 등산 재난 영화를 보러 갈 수는 있지만, 세부 사항은 별로 기억하지 못할 수 있다. 그러므로 첫째, 우리는 정서적 중요성을 '참여'와 동일시해서는 안 된다. 참여는 일반적으로 관심을 끄는 콘텐츠를 가리키는 용어이다. 이는 전통적인 마케팅의 일종이다. 즉, 단순히 공감대에 호소함으로써 최대한 많은 사람에게 큰 영향을 미치도록 설계된 시스템이다. 그러나 내가 지적했듯이 이것은 특정 맥락에서는 각 개인이 관심을 두는 사항을 직접적으로 다루지 않기 때문에 매우 비효율적인 접근 방식이 된다. 따라서 엄청난 높이에서 극적으로 추락하는 장면은 등산 영화에서 더 기억에 남고 매력적인 장면 중 하나일 뿐 정작 중요한 것은 내가 산에 오르고자 하는지 여부이다. 결국 무엇이 저장되는지를 결정하는 것은 개인의 정서적 맥락이다. 우리가 경험의 개인적인 중요성을 무시하고 단순히 '매력적인' 콘텐츠를 제작하기 위해 노력하는 한, 우리는 달성 할 수 있는 학습의 극히 일부만 달성하게 될 것이다.

## '풀pull' 방식의 학습

지금까지는 '푸시' 접근 방식에 관해 이야기했다. 즉, 사람들에게 정서적 중요성을 전달함으로써 그들이 무언가에 관심을 두도록 하고 학습을 유도하는 방법이다. 그렇다면 과연 무엇으로부터 배울 것인가?

## 리소스

누군가가 무언가에 관심을 가지면 사용 가능한 자원을 기꺼이 끌어당긴다. 그들은 리소스에 손을 내밀 것이다. '푸시'와 '풀' 상황은 혼용하여 사용되는 경우가 많이 있는데, 정확히 내가 그랬던 때에 관해 이야기를 하겠다.

약 20년 전 나는 책상 위에 있는 탁상전화기 제품을 판매하는 글로벌 통신 회사에서 일했다. 그것은 엄청나게 기능적이고 골치 아플 만큼 사용하기가 복잡했다. 그래서 우리는 전화기를 제대로 활용하고자 하는 고객을 위해 이러닝을 교육자료로 만들어 제공했다. 가상 캐릭터가 전화를 걸어 다양한 작업을 수행하도록 요청하는, 컴퓨터 기반의 전화 시뮬레이션 프로그램이었다. 캐릭터는 인공 지능의 요소를 가졌고, 만족도에 따라 표정과 어조가 바뀌었으며, 스토리 라인은 무작위로 나누어져 있었다. 마치 복잡한 게임과도 같았다.

생각해보면 어리석은 짓이었다. 전화 회의를 설정하는 방법을 배우는 데 40분 동안이나 시뮬레이션 게임을 할 필요는 없을 것이다. 전화 옆에 '전화 회의를 설정하려면 X, Y, Z를 누르세요.'라는 한 페이지짜리 가이드가 필요할 뿐이다. 우리는 과정에 집중했지만 정작 필요한 것은 리소스를 구축하는 것이었다.

사람들이 어디에 관심이 있는지를 알면 리소스를 구축하는 것이 훨씬 수월해진다. 그렇다면 리소스란 무엇일까?

리소스는 일반적으로 당면한 작업을 처리하는 데 효과적인 모든 것이기 때문에 '성과 지원'이라고도 한다. 예를 들어 나중에 잊어버리리라 생각되는 중요한 정보를 휴대 전화에서 볼 수 있도록 사진을 찍은 적이 있는가? 그렇다면 이미 당신은 리소스를 만들었다. 당신은 '아마 이것을 기억하지 못할 것이므로 나중에 다시 참조 할 수 있도록 사진을 찍을 것입니다.'라고 생각했을 것이다. 그 대상은 사람, 지도, 체크리스트 또는 무엇이든 될 수 있다. 이 장의 끝에 있는 그림 4.1에 몇 가지 제안이 더 있다. 요즘 사람들은 종종 구글을 리소스로 사용한다. 문제가 발생하면 구글에서 답을 찾는다. 내가 가장 좋아하는 리소스의 예는 런던 지하철의 지도이다. 몇 년 전, 나는 휴대용 종이 노선도를 가지고 다녔다. 요즘에는 앱으로 가지고 있다. 어느 쪽이든, 매일 런던의 한 장소에서 다른 장소로 가는 데 도움이 된다는 것은 의심의 여지가 없다. 이 정의에 대해 정말 중요한 것이 있다. 누군가가 '리소스'라고 부른다고 할지라도 그것을 실제로 사용할 수 없는 경우 그것은 더는 리소스가 아니다. 그것은 그저 '콘텐츠'에 불과하다.

그렇다면 다른 리소스를 소개하기 전에 무엇이 리소스를 차별화시키는지 대해서 설명해보겠다.

첫째, 학습 콘텐츠를 지나치게 세분화하는 것은 리소스가 아니다. 리소스는 '마이크로 러닝'이 아니다. 많은 사람이 같은 실수를 한다. 이는 여전히 사람들의 머릿속에 콘텐츠를 전달하는 학습 모델이 존재하기 때문에 발생하는 일이다. 2시간짜리 강의에 '콘텐츠 덤핑'을 시도하는 식인데 물론 사람들은 긴 시간 동안 집중하기를 힘들어한다. 그래서 그들은 동일한 콘텐츠를 더 짧은 20분짜리 '이러닝 모듈'로 나누었지만, 사람들은 그것을 더 싫어했고 아무것도 나아지지 않았다. 이제 그들은 그것을 5분짜리 동영상으로 나누고 이를 '리소스'라고 부른다. 하지만 기본 접근 방식은 여전히 동일하다. 여전히 콘텐츠 덤핑이다.

리소스는 주제 중심이 아니라 일 중심이다. 리소스를 볼 때 도움이 될 일을 생각할 수 있어야 한다. 지하철 지도를 보면 런던을 돌아 다니는데 도움이 될 것을 즉시 알 수 있다. 반면에 누군가가 '리더십 스타일'에 대해 주장을 펼치는 5분 분량의 비디오를 본다면 어떤 도움이 될지 모르겠다. 아마도 리더십 스타일에 대하여 거들먹거리는 걸 빼고는 말이다.

이것은 곧 당신이 리소스를 어떻게 만들어야 할지 그 방법에 대해 시사하기도 한다. 사람들과 이야기하고 그들과 관련된 일과 그들이 하려는 일을 이해함으로써 효과적인 리소스를 만들 수 있다. 하지만 반대로 사람들에게 도움이 될 것으로 생각되는 것들을 모두 모아서 코스에 밀어 넣는다면 그것은 아마도 콘텐츠 덤핑이 될 것이다.

이 구분은 연습을 통해 더 쉽게 익힐 수 있다. 리소스로 제공되는 '학습 콘텐츠'를 살펴보라는 요청을 받으면 '이것이 누구에게, 어떤 도움이 될까요?'라고 자문해 보시라. 실제로 적용할 분야가 떠오르지 않는다면 거의 확실한 콘텐츠 덤핑이다.

다음으로 주목해야 할 점은 사람들이 우리가 만든 리소스를 사용하는지 여부이다. 요리하는 방법과 같이 질문에 대한 답이 필요할 경우,

당신은 텍스트 페이지와 동영상 중 어떤 것을 선택할 것인가? 텍스트 페이지를 선택한 경험이 있지 않은가? 왜 그랬을까? 사람들은 왜 비디오를 선호하지 않는 것일까?

경험상, 사람들은 주어진 상황에서 가장 쉬운 것을 사용하기 때문에 당신의 리소스가 최소한의 경로가 아니라면 사람들은 대안을 선택할 것이다. 이것이 아마도 비디오 대신 텍스트를 더 많이 선택하는 이유일 것이다. 비디오는 더 풍부한 형식이지만 리소스에서는 단순성이 가장 중요하다. 비디오를 보고 듣는 것보다 지침 페이지를 스캔하는 것이 더 빠르다. 동영상을 보면서 일시 중지 및 다시 재생, 성가신 인트로 건너뛰기 등을 하지 않아도 된다.

이 문제는 조직이 사람들을 위해 정말 유용한 리소스를 만들어 놓고도 찾을 수 없을 만큼 끔찍한 IT 시스템에 묻어 두는 경우에 발생한다. 리소스를 추적하는 대신 사람들은 옆에 있는 '친구에게 물어보기'만 하면 된다. 그게 훨씬 더 쉽다.

이러한 사항들은 성능을 최적화하기 위한 엔지니어링 환경에서 매우 중요하게 고려되어야 한다. 올바른 리소스를 설계해야 할 뿐만 아니라 사람들이 필요할 때 정확하게 액세스 할 수 있어야 한다. 가장 쉬운 예로 옷 세탁 지침을 들 수 있다. 옷에는 설명서가 함께 제공되지 않는다. 하지만 세탁기에 옷을 집어넣으려고 할 때 당신은 세탁기에 붙어 있는 지침서를 발견할 수 있을 것이다.

마지막으로 철학적인 관점에서 깊이 있게 살펴보겠다. 좋은 리소스는 종종 학습을 제거한다. 인간으로서 우리는 인지적 구두쇠이다. 이 말은 정보 저장을 피하기가 더 쉽다면 우리는 기꺼이 그렇게 할 것임을 의미한다. 요즘 우리는 정보를 암기하기보다는 인터넷 검색을 통해서 문제를 해결하려고 한다. 물론 그렇게 하지 않을 이유가 없다. 학습은 인지 비용이 많이 들기 때문에 가능할 때마다 찾아서 보는 것이 좋다.

여러분 중 일부는 나의 지하철 노선도가 엄격히 말해서 학습 도구가 아니라는 것을 눈치챘을 것이다. 하지만 사실은 정반대이다. 나는 수년 동안 매일 같은 지도를 사용해 왔는데, 이는 그것이 내 학습을 적극적으로 억제했음을 시사한다. 내 말은 지도 없이 런던을 돌아다녀야만 했다면 몇 주 만에 대부분 노선을 빠르게 학습했을지도 모른다.

이것이 우리가 리소스를 '마이크로 러닝'과 동일시할 수 없는 또 다른 이유이다. 물론 여러분 중 일부는 이 말에 동의하지 않을 것이다. 그렇다. 우리는 무언가를 구글링하거나 유튜브를 찾아보는 과정에서 배울 때가 있다. 우리는 머릿속에 정보를 저장한다. 예를 들어, 팬케이크 요리법을 검색해 짧은 비디오를 보고 나면, 다음에는 영상을 보지 않고도 요리법을 알 수 있다. 그렇다면 리소스에서 학습이 발생하는 때와 그렇지 않은 때는 언제일까?

한번 생각해보자. 지하철 노선도를 외우는데 시간이 얼마나 걸리는가? 그리고 팬케이크를 요리하는 방법은 얼마나 오래 기억하는가? 리소스가 학습에 도움이 되는지 아니면 억제 요인이 되는지를 이해하는 열쇠는 상대적인 비용이다. 지하철 노선도는 참조하는 게 쉽고 암기하는데는 몇 달이 걸린다. 반면에 팬케이크는 몇 번만 만들어 보더라도 성가신 TV 요리사의 말을 다시 듣는 것보다 몇 단계를 기억하는 편이 더 쉽다.

리소스의 이러한 측면에 대해 일부 교육자들은 매우 불편해한다. 교육자들은 학습 목표와 사람들이 '기억해야 할' 정보를 생각하는 데 익숙하다. 하지만 새로운 학습 모델은 통제 주체를 학습자에게 이동시킨다. 그들의 임무는 효과적인 리소스를 만드는 것에 그칠 뿐 리소스를 배우거나 사용하기로 선택하는 것은 전적으로 개인에게 달려 있다. 학습 측정에 대한 의미도 중요하다. 누군가가 이미 기억해냈던 지식을 측정하는 것은 무의미하다. 대신 우리는 누군가가 할 수 있는 것에 초점을 맞추고 무엇을 배우고 배우지 않을지에 대한 결정을 그들에게 맡겨야 한다. 교육의 관점에서는 평가 조건이 작동 조건과 유사한 것이 중요하다. 예를 들어 운영 환경에서 랩톱 컴퓨터에 액세스할 수 없을 것 같으면 평가 중에도 액세스할 수 없어야 한다. 이는 학습의 미래 관점에서 특히 중요하기 때문에 다음 장에서 이 주제와 관련된 '학습 제거'에 대한 이야기를 다시 하도록 하고, 일단 지금은 몇 가지 가능한 리소스 유형부터 살펴보겠다.

## 비디오

교육자들이 비디오를 손에 넣으면 나쁜 일이 일어난다. 그들은 여전히 한물간 학습 개념을 지식 전달로 인식하고 있으며, 새로운 기술과 미디어를 그저 이전의 방식을 좀 더 효율적으로 수행하는 방법으로만 보고 있다. 예를 들어 당신이 강의하는 곳이 교직원은 많고 학비만 낸 채 수업에는 잘 참여하지 않는 학생들이 다니는 대학이라고 상상해보자.

비용을 줄이고 '현대화' 해야 한다는 압박을 받고 있지만, 온라인에서 무언가를 해야 한다는 점을 제외하고는 그것이 무엇을 의미하는지 실제로 알지 못하는 상황이다.

이때 당신이 할 수 있는 가장 끔찍한 일은 그 강의를 촬영하고, 문서, 채팅 상자와 함께 온라인에 넣은 다음 MOOC (대규모 온라인 코스)라고 부르며 적은 금액으로 어디서나 수업을 듣도록 하는 것이다. 그런데 이게 왜 나쁜 생각이라는 걸까?

첫째, 학생들이 강의가 아니라 수료증을 받기 위해 수업에 참여하기 때문이다. 그들은 그 결과를 달성하는 가장 효율적인 방법을 알아낼 것이고 결국에는 강의에 참석하지 않을 것이다. 강의에 참석하더라도 학습하기보다 단순히 메모하는데 그칠 것이다. 말한 내용을 기억할 필요 없이 다시 참조 할 수 있도록 메모를 작성하고, 그런 다음 시험이 임박했을 때, 때로는 전날 밤 그 메모를 보고 시험을 준비할 것이다. 이것이 충분히 가능한 방식이라는 것을 알기 때문에 요령이 생긴 학생들은 강의에 가지 않고 교과서를 사용하거나 성실한 학생의 메모를 빌릴 것이다.

'사람들이 배우기 위해 강의에 참석하지 않는다'라는 말은 논란의 소지가 있어 보인다. 이론적으로는 강의를 통해 배울 수 있다고 알려져 있기 때문이다. 물론 강의가 주로 대화, 이야기 및 실제 활동을 기반으로 한 경우에는 그렇지만, 안타깝게도 대부분의 강의는 일반적인 내용이다. 또 한편으로는 대학이 돈을 절약하기 위해 학생/교사 비율을 높이는 것도 원인이 된다. 교사들 대부분은 사람들의 머릿속에 정보를 넣는 것이 자신의 임무이며 그 정보의 양이 엄청나게 많다고 생각한다.

그 때문에 오히려 학습할 시간이 없어진다.

'푸시' 맥락에서 동영상은 이야기를 전하거나 감정을 전달하는 데 유용할 수 있다. 우리는 이것을 잘 알고 있기 때문에 영화를 보러 간다. 하지만 좋은 이야기는 감정이 풍부해야 하므로 만약 강연자가 말주변이 없고 지루한 사람이라면 카메라 앞에 세우지 말길 당부한다. 그들은 미사 기도를 올릴 때 더욱 적합한 인물이다. 또한 스크립트를 만들어서 비디오를 제작하지 말아야 한다. 그 이유는 첫째, 전문가가 아니라면 그저 대본을 읽고 있다는 사실이 들통날 수 있다. 이는 영상의 집중도를 떨어뜨릴 수 있다. 둘째, 제작자조차 만들고 싶은 포인트가 기억나지 않는다면 시청하는 사람이 직접 실행할 가능성은 과연 얼마나 되겠는가?

'푸시' 맥락에서 동영상은 말로 설명하기 어려운 작업을 사람들에게 보여주는 데 유용하다. 춤을 배우려고 한다면 단어로 설명을 듣는 것보다 누군가가 춤을 추는 것을 직접 보는 게 훨씬 쉽다. 더 좋은 예로는 비디오 게임의 한 지점에 막힌 사람들이 다른 사람이 어떻게 도전을 마스터했는지 지켜보는 '게임 둘러보기'가 있다.

하지만 대부분의 경우 인터넷 검색 등으로 리소스를 찾을 때는 비디오 대신 텍스트 형식의 링크를 클릭한다. 이는 비디오가 콘텐츠 덤핑에 자주 사용된다는 것을 직관적으로 알고 있기 때문이다. 문서를 사용하면 필요한 포인트를 빠르게 스캔하고 찾을 수 있으므로 이를 선택한다. 다양한 리소스 형식이 있다. 인포 그래픽, 가이드, 팁, 순서도 등. 중요한 것은 형식 자체가 아니라 개인의 관심을 직접적으로 다루는 정도이다. 예를 들어, 대부분의 사람은 자신이 멍청해 보이기를 바라지 않기 때문에 '상위 10개 실수'는 일반적으로 모든 분야에서 인기 있는 리소스이다. 하지만 교육은 일반적으로 상황 중심이 아닌 내용 중심이기 때문에 교육 프로그램에서 '상위 10가지 실수'와 같은 리소스를 보는 경우는 매우 드물다.

## 효과적인 리소스를 만들기 위한 팁

리소스를 만들 때는 '사람들이 알아야만 하는 모든 것'을 제공하고자 하는 유혹을 떨쳐버리고 가능한 한 단순하게 만드는 것이 중요하다. 아래에 제시되는 팁들을 활용한다면 효과적인 리소스를 만드는 데 도움을 받을 수 있을 것이다.

- 실용성: 중요한 것은 내용 자체가 아니라 상황을 이해하는 것이다. 효과적인 리소스를 설계하려면 개인이 가지고 있는 관심과 과제를 먼저 이해해야 한다는 것은 더 말할 필요도 없다. 주제가 아닌 과제별로 리소스를 정리해야 한다. 부엌에 선반을 만들려고 한다면 '1장: 주택 관리의 역사'로 시작하는 것이 아니라 '선반을 세우는 구체적인 방법'만 있으면 된다
- 간결함: 만약에 우리가 제공하는 리소스들이 쉽게 접근해서 사용할 수 없다면 사람들은 다른 리소스를 찾을 것이다. 모든 리소스의 내용은 한 페이지면 충분하다. 만약 한 페이지 이상이라면 세부 내용으로 나누는 것이 효과적이다.
- 시각적: 가능한 긴 문장의 글보다는 이해하기 쉬운 다이어그램이나 그래픽

을 사용하는 것이 훨씬 더 효과적이다.

- 편리성: 좋은 디자인은 보기 좋게 만드는 것이 아니라 필요한 상황에 꼭 맞게 만드는 것이다. 예를 들어 지하철 기관사를 위한 안내 화면을 디자인하는 경우 터널을 통과할 때 흰색 화면에 검은색 글자들이 보인다면 운전자가 집중하기 힘들게 된다.

- 친구처럼 말하기: 학교에서 교사는 학생들에게 지도하거나 지시하는 형식이 아닌 편한 친구에게 스토리를 이야기하듯이 리소스를 만들어야 한다.

- 큐레이션Curation: 당신이 새로 만들고자 하는 리소스들은 이미 시중에 존재할 수 있다. 그렇다고 가능한 한 새롭게 만들려고 하기보다는 외부에서 가용한 리소스들을 적극적으로 탐색하여 사용하는 것이 효과적이다. 이제는 리소스들의 위치를 잘 파악하고 적시에 잘 사용할 수 있는 것이 교육 담당자의 중요한 역량이 되고 있기도 하다.

- 접근성: 필요할 때 쉽게 찾을 수 없다면 아무리 좋은 리소스라도 쓸모가 없게 된다. 교육은 아직도 과거의 권위주의를 벗어나지 못하고 학습자가 알아서 기존의 시스템(학습관리시스템)에 들어와 콘텐츠들을 찾기를 기대한다. 사람들은 인지적인 구두쇠이다. 그들은 귀찮은 단계를 거치는 것을 너무나 싫어한다. 리소스 활용의 가장 중요한 부분은 개인들이 접근하는 단계를 최소한으로 하는 것이다. 교육 담당자들은 가끔 학습자들이 사용하지 않는 콘텐츠들에 대해서 내용상의 문제를 지적하지만 실제로는 접근이 어렵기 때문에 사용하지 않는 경우가 훨씬 더 많다. 리소스에 접근할 수 있는 단계의 복잡성과 반비례해서 리소스의 활용도가 결정된다는 것을 명심해야 한다.

요약하자면 효과적인 리소스가 되기 위해서는 세 가지 핵심 요소가 필요하다.

1. 유용성: 단순히 유용해 보이는 게 아니라 실질적으로 유용해야 한다.
2. 접근성: 사람들이 리소스의 필요성을 느낄 때 손쉽게 접근하고 사용할 수 있도록 지원해야 한다. 그렇지 않으면 사람들은 다른 것들을 사용할 것이다.
3. 인식: 사람들이 리소스가 어디에 있는지 알도록 해야 한다. 따라서 적극적인 마케팅이나 인식 제고를 위한 홍보 활동도 염두에 두어야 한다.

푸시-풀 스펙트럼을 따라 내가 소개한 학습 활동의 두 가지 클래스의 의미를 잘 이해하기를 바란다. 경험은 우리의 관심사에 추가되고 리소스는 이에 답을 줄 것이다. 사실 지금까지의 내용은 극히 일부분에 불과하다. 여기에 그림 4.1을 더해 경험이나 수행 지원을 디자인할 때 고려할 수 있는 다른 몇 가지 사항에 대한 더 나은 이해를 제공하겠다. 아마 더 많이 생각할 기회가 될 것이다. 위에 나열된 것 중 일부는 때때로 다이어그램의 한쪽 또는 양쪽에 있을 수 있다. 예를 들어 '멘토링'과 '코칭' 모두 일반적으로 예정된 세션이므로 경험으로 나열했다. 이 경우 그들의 역할은 리소스의 역할과 더 비슷하다. 서로 다른 시간에 다른 역할을 할 수 있다.

이러한 두 가지 유형의 창의적 활동(리소스 생성 및 경험 생성)을 지원하기 위해 학습 전문가는 인간 중심 디자인과 관련된 핵심 기술이 함께 필요하다. 이러한 기술 중 상당수는 이미 존재하며 제품 개발과 같은 다른 디자인 영역에서 사용되고 있다. 학습 전문가는 이 도구 집합을 확장해야 하며, 아직 대부분 미개척 영역인 경험 디자인 영역에서 넓혀가야 한다. 이러한 기술과 연계하여 학습 전문가는 각각 가장 유용하거나 영향력 있는 종류의 리소스 또는 경험을 생성하기 위해 광범위한 창의적 능력을 갖추어야 한다.

그림 4.1 학습 전문가의 필요 역량

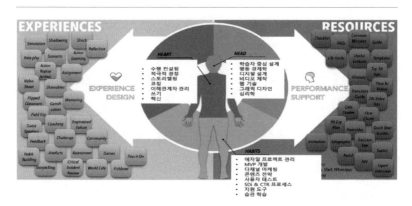

---

### 핵심 요약

- 어떤 학습 맥락에서든 우리는 개인이 이미 가지고 있는 관심 사항에 대하여 응답하거나 새로운 관심을 생성하려고 한다. 즉 두 가지 유형의 학습 방법인 '풀과 푸시'를 의미한다.
- 풀: 교육 프로그램이 아닌 리소스를 구축하길. 궁극적으로 우리는 학습을 줄임으로써 성과를 향상할 수 있다.
- 푸시: 능력을 개발하고자 한다면 경험을 디자인하라. 경험은 정서적으로 영향을 미친다는 특징을 가지고 있다.

학습자를 정확하게 이해하지 않고서는 효과적인 리소스나 경험을 설계할 수 없다. 학습 설계는 개인들이 관심을 두는 것에 대한 분석에서 시작해야 한다.

HOW PEOPLE LEARN

# 5장

◆

# 학습 제거

내가 학습 제거 곡선이라고 이름 붙인 5-1 그림을 한번 보자.

전제는 간단하다. 정보의 필요성이 떨어지면 떨어질수록 사람들에게
정보를 전달하는데 더 많은 돈과 시간을 투자해야 한다. 아마 당신도

그림 5.1 학습 제거 곡선

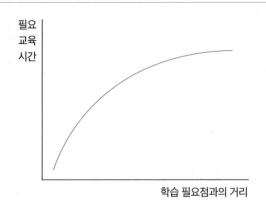

당신의 일상에서 이러한 경험을 했을 것이다. 예를 들면 당신은 무언가를 기억하는 대신 유튜브나 구글을 검색한 적이 있을 것이다. 우리는 필요한 것들에 대해서 누군가에게 구체적으로 하나씩 배워나가는 것보다 필요한 자원을 그때그때 찾아서 해결하는 경우가 대부분이다.

아마 당신은 이 그래프가 어디에서 나왔는지 궁금해할지도 모른다. 이것은 에빙하우스의 망각 곡선을 거꾸로 뒤집은 것이다. 이를 지지해 줄 근거는 '체크리스트 매니페스토Checklist Manifesto'라는 책에서 살펴볼 수 있다. 아툴 가완디Atul Gawande는 그가 일하고 있는 병원에서 환자들의 생과 삶의 문제를 다루는 의사들의 성과를 어떻게 높일 수 있을지를 고민하고 있었다. 그는 다른 산업군, 특히 고위험 사업군에서 어떻게 성공적으로 위기를 관리하는지에 관심을 가지게 되었고 보잉사와 많은 연구를 하게 되었다. 그러다 이러한 위험을 예방할 수 있는 한 가지 특별한 리소스를 찾게 되었는데 그것이 바로 체크리스트이다.

그는 지속해서 그가 일하는 외과 의사팀에 체크리스트를 적용해 보았고 그 효과를 통해 사망률을 절반으로 줄이고 의료사고 발생률도 36%나 낮출 수 있었다. 기존에 의사, 간호사를 주기적으로 오랜 시간 동안 교육했던 활동과 비교하면 정말로 대단한 성과의 개선이었다고 할 수 있다. 결론적으로 그는 요구가 있는 시점에서 성과를 지원하는 자원을 투입하는 것이 전통적인 방법의 교육보다 인간의 행동을 변화시키는데 효과적이라는 것을 입증하였다.

흥미로운 점은 몇몇 사람들도 이러한 가완디의 연구 결과에 감흥을 받아서 각자의 분야에서 적용하려고 노력했지만 이와 같은 드라마틱한 성과를 입증할 수 없었다는 것이다. 그들이 사용한 체크리스트는 결과의 차이를 만드는 데 도움이 되지 못했다. 굳이 원인을 찾자면 그들이 충분히 관심을 가지지 않은 채 체크리스트를 사용했을 가능성이 높다. 이것이 바로 정서맥락모델이 예측하는 것이다. 리소스는 무언가에 관심이 있는 사람들에게는 효과적인 접근 방식이지만, 그렇지 않은 사람들에게는 방해 요인에 불과하다. 리소스가 어떤 상황에서는 매우 잘 작동하지만 다른 상황에서는 전혀 작동하지 않는다는 것은 청중의 관심사를 이해하는 것이 얼마나 중요한지를 상기시킨다. 그들의 행동을 주도하는 것이 무엇인지 모르면 어떤 접근 방식(리소스 또는 경험)도 자신 있게 예측할 수 없다.

앞에서 살펴본 것처럼, 리소스는 대개 학습의 필요성을 줄이는 것이기 때문에 다른 종류의 학습이라고는 할 수 없다. 나의 런던 지하철 노선도를 다시 생각해 보자. 나는 매일 이 지도를 사용하여 런던 주변의 한 장소에서 다른 장소로 이동할 수 있었지만, 결코 지도를 기억하려고 노력하지 않았다. 사실 몇 년 동안 같은 지도를 사용해 왔음에도 이동하기 위해선 여전히 지도를 참조해야만 했다. 사실 그것은 배움의 대체물이다. 만약 누군가가 내 지도를 빼앗았다면 나는 훨씬 빨리 길을 배웠을 것이다. 당신은 차에서 GPS를 사용할 때 같은 경험을 했을지도 모른다. 특정 경로를 자주 운전하면서도 어느 날 GPS가 작동하지 않았을 때 당신은 스스로 길을 찾을 수 없다는 것을 깨닫게 된다.

이것은 수업 시간 필기의 필요성을 부정하는 소식이다. 왜 학생들이 수업 시간에 필기한다고 생각하는가? 자료를 더 잘 기억할 수 있도록?

아니다! 오히려 그들은 그 자료를 기억할 필요가 없어진다! 덕분에 그들은 수업 시간에 하는 학습을 줄이는 대신 벼락치기에 유용한 자원을 만들 수 있다. 참으로 애석한 일이다. 그렇지 않은가?

여러분은 아마도 회의에서 현대적인 변화를 목격했을 것이다. 화면에 무언가 유용한 것이 뜨면 사람들은 휴대폰으로 사진을 찍어 둔다. 이러한 작업은 리소스를 메모리에 저장할 필요가 없도록 리소스를 생성하기 위해 수행된다. 나는 때때로 공공장소에서 와이파이 코드를 기억하기 위하여 사진을 찍는다. 그러지 않았다면 코드가 인쇄된 곳에서 내가 앉아 있는 곳까지 가기도 전에 벌써 코드를 완전히 잊어버렸을 것이다.

나쁜 소식은 우리가 배움에 대한 필요가 체계적으로 사라지는 시대를 살고 있다는 것이고 좋은 소식은 여러분이 학습 전문가라면, 이제 이러한 것들을 여러분들이 해야 한다는 것이다.

학습이 제거되는 이유를 이해하기 위해, 당신이 1980년대에 런던 택시 회사를 운영하고 있다고 가정해보자. 택시 기사들에게는 '길에 대한 지식'이 필요하다. 택시 기사 자격증은 60,000개 이상의 도로와 100,000개 이상의 교차로에 대해 잘 알고 있다는 것을 증명해 준다.

하지만 GPS 발명 후 단숨에 모든 것이 변했다. 이제 누구나 택시 운전사가 될 수 있다. 이들은 심지어 실시간 교통 데이터를 통해 경험이 풍부한 런던 택시기사들보다도 뛰어난 능력을 발휘할 수 있다. 전체 비즈니스 모델이 변경되면 새로운 비즈니스 모델도 탄생했다. 바로 '우버 Uber'이다.

이제 모든 직업에서의 GPS를 떠올려보자. 모든 직업에 대한 GPS는 거의 혹은 전혀 능력이 없는 사람들이 매우 빠르게 속도를 낼 수 있도록 해주는 자원과 안내를 의미한다. 그리고 다년간의 경험을 가진 직원들을 능가한다. 동시에, 우리의 기술은 매뉴얼 없이 출하되는 방식으로 설계되고 있다. 더는 배울 게 없다.

이 모든 것은 우리에게 1894년의 '말똥의 대위기great horse manure crisis'를 상기시켜 줄 것이다. 그 무렵 런던 거리에는 11,000대가 넘는 말이 끄는 택시가 있었다. 또한, 수천 대의 말이 끄는 버스와 약 50,000마리의 말이 더 있었다. 이 말들은 각각 하루에 최대 16kg의 분뇨와 약 2L의 소변을 배출했다. 1894년 타임스는 '50년 후에는 런던의 모든 거리가 9피트의 분뇨 아래에 묻히게 되는 재앙이 올 것'이라고 자신 있게 예측했다. 그러나 이 악몽 같은 시나리오는 실현되지 않았다. 대신 우리에게 자동차가 나타나게 되었다.

'말똥의 대위기'에 해당하는 오늘날의 현상은 '미래 기술 위기'이다. 2015년에 영국 고용 및 기술위원회는 만성적인 숙련 노동자 부족이 큰 문제를 불러일으킬 것이라 예상했다. 한 보고서에서는 2024년이 되면 수요 대비 무려 4백만 명의 숙련된 노동자가 부족해지리 예측했다.

이 학습 제거 과정을 주된 현상이 아니라 단순히 기술의 부작용으로 보는 것은 큰 실수이다. 인간은 체계적으로 지식을 외재화하여 배움의 필요성을 줄인다. 이 활동은 상황에 맞는 지침 제공, 사용자 경험 설계의 개선 및 궁극적으로는 자동화와 같은 다양한 형태를 취한다. 우리는 항상성 때문에 이러한 것들을 할 수 있다. 서두에서 설명한 것처럼 항상성은 최적의 생활 조건을 만들기 위한 유기체의 노력을 나타낸다. 예를 들어, 단순한 다세포 유기체는 너무 추운 환경에서 더 따뜻한 환경으로 이동해 버린다. 하지만 보다 복잡하게 진화된 유기체는 주변에서 일어나는 일과 무관하게 내부 환경을 어느 정도 개선할 수 있다. 학습은 복잡한 방식으로 환경에 적응하려는 우리의 노력, 즉 정교한 항상성 메커니즘을 의미한다. 기술을 통해 우리는 항상성을 외부화 할 수 있는 전례 없는 가능성에 도전한다. 우리의 모든 욕망에 응답하는 환경, 즉 학습이 필요 없는 환경을 만드는 것이다. 예를 들어, 내가 어렸을 때는 컴퓨터를 잘 다루기 위해 복잡한 명령과 프로그래밍 언어를 배워야 했다. 그래서 우리는 컴퓨터가 대세가 될 세상을 대비하여 프로그래밍 기술을 배웠다. 하지만 사람들은 아주 단순한 터치스크린 장치를 발명하여 세 살짜리 아이도 사용할 수 있도록 했다. 이제 복잡한 명령을 배울 필요가 없다.

이러한 형태의 적응은 더 익숙한 것과 유사하다. 분명히 인간은 외부 환경이 너무 춥거나 뜨거울 때 체온을 높이거나 낮추는 메커니즘을 가지고 있다. 하지만 온도가 조절되는 생활 환경을 만들고 문제를 외부화 할 수 있다면 그런 식으로 에너지를 소비할 필요가 없지 않은가?

인간과 컴퓨터의 상호 작용 측면에서 다음 영역은 음성Voice이다. 인간의 유아기 언어와 동일한 언어를 사용하여 기계와 대화할 수 있는 능력이다. 이제 미래를 상상할 때 직장에서 아마존의 에코와 같은 정교한 음성 제어 장치를 쓰는 모습을 쉽게 떠올릴 수 있으며 이와 관련해 전문가는 단계별 조언을 제공할 것이다. 그러나 실제 지침과 리소스는 훨씬 더 간단 할 수 있다. 자동화로 가는 첫 번째 단계는 주어진 역할에서 좋은 성과를 내는 요소를 체계화하는 것이다. 예를 들어 간단한 팁, 체크리스트 또는 따라 하기 쉬운 지침 같은 것 말이다. 즉, 체크리스트와 같이 간단하고 사용하기 쉬운 리소스를 구축하여 미래의 기술 위기에서 벗어날 수 있다.

이미 말했듯이, 좋은 소식은 적어도 가까운 미래에는 학습 전문가가 이러한 학습 제거 작업을 수행할 수 있는 좋은 위치에 있게 된다는 것이다. 우리는 다양한 역할에서 성능을 가속화하는 리소스와 지침을 설계하고 생성할 수 있는 능력을 보유하고 있으며, 유동적인 인력과 낮은 수준의 기능으로 성능은 더 높고 운영 비용은 낮은 비즈니스 모델을 만들어 갈 수 있다. 당신이 기업가이고 아직 이 일을 하고 있지 않다면 곧 경쟁자가 될 것이다.

우리는 사람들의 업무 수행에 도움이 되는 리소스를 만들 때 주어진 역할이 생각보다 복잡하지 않다는 것을 종종 발견하곤 한다. 일례로 효과적인 리더십은 대부분 단순한 일상적인 행동으로 구성된다. 효과적인 자원을 제공할 때, 낮은 수준의 능력을 갖춘 개인이 높은 수준의 능력을 갖춘 사람들의 표준에 따라 수행할 수 있게 되고 학습 곡선은 크게 줄어든다. 이는 조직의 리소스 전략을 점차 변화시킨다. 위에서는 런던 택시 기사의 예를 사용했지만, 법학 또는 의학 전문가 집단에 대해서도 비슷한 상황을 쉽게 상상할 수 있다.

이는 비즈니스 리더의 주요 관심사인 성과, 역량 확보 시간, 생산성 및 직원 경험을 획기적으로 개선하는 접근 방식이다. 요컨대, 학습에 대한 정서적 애착을 가진 사람들이 학습 제거로 전환하는 것은 어렵다. 우리의 일은 사람들의 머릿속에 있는 잘못된 고정관념 '교육은 지식을 전달하는 것'이라는 생각을 버리는 것일 뿐이다. 개인 역량 구축에서 조직 역량 구축으로 전환하는 것은 어렵다. 하지만 그런데도 우리가 이러한 전환을 실천한다면 조직에 필요한 미래의 설계자가 될 수 있으며 성과와 직원 경험에 진정으로 긍정적인 영향을 미칠 수 있다. 그렇지 않으면 '성능 안내 시스템'을 제공하는 회사가 성과 향상을 위한 학습 및 개발의 역할을 빠르게 대체할 가능성이 있다.

## 사례연구: 학습자 중심 과정 개발의 중요성

나는 전 세계에 약 8만 명의 직원과 비슷한 수의 계약 직원이 있는 조직에 합류했다. 신규 입사자 프로그램에는 8시간의 이러닝 모듈이 포함되어 있었으며 이는 '필수'로 분류돼 있었다. 이 모듈이 이제 내 책임이 되었기 때문에 사용 데이터를 살펴보았다. 과정이 시작된 4년 동안 300명 만이 성공적으로 모듈을 완성했다. 매년 약 6,000명의 사람이 합류했었는데 말이다. 우리는 이 문제를 해결하는 것이 가장 시급하다고 판단했다. 왜냐하면 이대로라면 입사 후에 다시 학습의 필요성이 발생할 가능성이 높고 일에 심각한 지장을 줄 수도 있기 때문이다. 직업을 바꾸는 것은 일종의 전환(이사, 자녀 출산, 결혼 및 다른 나라로의 이주와 함께)이며, 전환이라는 단어는 상호 관련된 문제의 모음을 설명하기 때문에 흥미롭다. 전환은 일반적으로 사람의 삶에서 매우 감정적인 단계이다.

위에서 설명한 바와 같이 도전은 학습을 주도하므로 리소스를 최대한 활용하려면 사람들이 이러한 전환을 수행할 때 적절한 지원을 해야한다. 거의 모든 종류의 학습 프로그램을 설계하는 방법은 일반적으로 다음과 같다. 조직을 돌아다니며 핵심 인물이나 전문가에게 사람들이 알아야 할 사항들을 목록으로 요청하는 것이다. 이것은 대학이나 기업 교육에서 사용되는 방법이다. 이것은 합리적인 접근 방식처럼 들릴지 모르지만 실제로 학습은 학습하는 사람들의 관심사에 의해 주도되기 때문에 그 결과는 끔찍하다. 사람들의 관심 사항은 전문가 및 상급자와는 다를 수 있다. 그렇다고 그들의 의견을 무시해도 된다는 말은 아니다. 단지 그들의 관심사는 학습자의 관심사 맥락 안에서만 유용하다는 것이다. 정부는 더 많은 공학 졸업생을 원할 수 있지만, 관련 교육을 받는 학생들과의 대화를 통해 그들이 어떤 연구에 관심을 가지는지 이해하지 않고서는 이러한 결과를 얻을 수 없다.

마찬가지로 조직은 사람들이 더 포용적이기를 원할 수 있지만 '포용성Inclusivity'과 관련된 콘텐츠를 교육 프로그램에 억지로 집어넣는 것만으로는 그 결과를 얻지 못한다. 이에 우리는 신규 입사자들과 대화를 나누었다. 그리고 그들의 관심과 일들이 스펙트럼에 따라 다양하다는 것을 발견했다.

이러한 영역에 대해서 새로 입사한 사람들과 논의한 결과 사소해 보이는 리소스가 자신감, 참여 및 성과에 큰 영향을 미칠 수 있음이 분명해졌다. 우리가 제작한 가장 인기 있는 리소스 중 하나는 처음 며칠, 몇 주, 몇 달 동안의 단계별 지침이 포함된 간단한 체크리스트였다. 이것은 별것 아닌 항목처럼 보일 수 있지만, 사람들은 정서적 스트레스가 최고조인 상황에 직면하게 되면 오히려 자신이 하는 일에 대한 불확실성과 혼란으로 빠르게 악화된다. 실제로 신입사원들의 업무 몰입을 위한 방법을 고민하는 회사라면 신규 입사자들이 회사에서 경험하는 부정적인 정서 경험을 분류하는 것에서부터 시작할 수 있다.

전반적으로, 우리는 상호 관련된 관심과 일의 복잡한 매트릭스를 발견했다. 우리는 그것을 항목별로 분류했고, 과정을 디자인하는 동안 다양한 사람들을 참여 시켜 어떤 종류의 리소스나 경험을 유추할 수 있을지 알아보았다. 몇몇 것들은 분명히 비디오 자료가 적합했다. 예를 들어, 우리는 대본 없이 비공식적인 환경에서 사람들을 인터뷰함으로써 직원들이 조직 문화를 이해하도록 도왔다. 우리는 여기에 경영진을 포함시켰다. 그들이 대본 없이 촬영한 것은 이번이 처음이었다. 어느 순간 CEO는 '넥타이 끈을 매느냐, 푸느냐'고 물었고, 돌이켜 보니 그 질문에 대한 대답이 아마도 조직의 문화를 바꿔 놓았을 것이다. 우리는 간단한 체크리스트와 가이드를 만들었다.

우리가 하는 일에 대해 걱정하는 사람은 거의 없었다. 우리는 그저 누구도 사용하지 않을 법한 정돈되지 않은 이러닝 콘텐츠를 만들 뿐이었기 때문에 큰 영향을 미칠 위험은 없었다.

하지만 우리가 만든 것은 이러닝 모듈이 아니다. 우리는 학습 콘텐츠를 제작하는 회사와의 협력을 피하고 대신 게임, 마케팅 또는 앱 제작에 더 익숙한 대행사와 협력했다. 우리는 '사용자 경험'에 대해 고민했다. 사람들이 모바일 장치에서 쉽게 액세스 할 수 있고 질문에 대한 답을 찾을 수 있도록 다양한 비디오, 애니메이션, 가이드 등을 만들었다.

결과는 말 그대로 전례가 없었다. 사이트가 운영된 4년 동안 백만 번 이상 접속이 이루어졌다. 조직원 대부분이 사이트를 여러 번 사용했다. 모든 활동은 선택에 따라 이루어졌으며 회사 내 어디에서나 가장 인기 있는 콘텐츠 사이트였다. 흥미롭게도 이 사이트는 실제로 사용하기 쉬운 형식으로 정보를 제공하고 있었기 때문에 '학습' 사이트로 인식되지 않았다. 조직의 여러 부분에서 그 비결을 묻기 위해 우리에게 접근하기 시작했고 커뮤니케이션팀은 우리 활동에 큰 관심을 두기 시작했다.

하지만 부정적인 결과도 나타났는데, 그것은 '비밀 소스'가 사용자 중심이라는 사실을 이해하지 못한 채 표면적으로만 유사한 방식으로 기술을 사용하려는 사람들의 확산이었다. 요즘에는 단편 영화, 앱 또는 웹 사이트를 만드는 것이 그리 어렵지 않다. 하지만 사람들이 무엇에 관심을 두고 무엇을 하려는지 분석하는 단계를 건너뛰면 다시 한번 콘텐츠 덤핑이 된다. 나는 이런 케이스를 많이 보았고 오늘날에도 여전히 진행되고 있다. 기술적인 부분만 응용해 이 접근 방식을 모방하려는 잘못된 시도들은 항상 실패한다.

또 다른 부정적인 결과는 조직의 여러 부서가 우리 기준에서는 전혀 쓸모없는 콘텐츠를 게재해 달라고 요구하는 것이었다.

'이걸 도입 사이트에 올리셨으면 합니다.'

'무엇입니까?'

'우리의 프로젝트 관리 철학에 대한 40페이지 슬라이드 업데이트입니다.'

'정확하게 이것이 사람들이 일하는 데 어떠한 도움을 줍니까?'

그 사람들은 우리가 할 일이 사람들의 머릿속으로 정보를 전달하는 것으로 생각했다. 우리는 40페이지짜리 문서를 거부했고, 그들이 원한다면 청중에 대한 질문, 청중의 작업과 관심사를 발견하는 과정, 유용한 물건을 디자인하거나 도전적인 경험을 할 수 있는 옵션에 대해 생각하도록 도와줄 것이다.

우리 팀은 미디어 제작, 디지털 마케팅 및 사용자 경험 디자인 기능을 혼합했다. 그렇다면 여전히 문제가 될 수 있는 질문에 대해 마지막으로 한 번 더 말하겠다. 유용한 유튜브 동영상을 볼 때 학습에 방해가 되는가? 아니면 도움이 되는가? 대답은 '상황에 따라 다릅니다.'이다. 지식을 머릿속에 저장하기가 얼마나 쉬운지, 그렇게 하는 것이 얼마나 중요한지에 따라 다르다. 첫째, 정보를 배우기 위해서는 정보를 찾기보다 쉬워야 한다. 예를 들어 지하철 노선도를 보자. 런던 지하철을 외우는 데 시간이 얼마나 걸릴까? 아마 몇 달이 될 것이다. 그래서 사람들은 지도를 고수한다. 그러나 롤빵에 머리카락을 묶는 방법에 대한 유튜브 영상은 몇 번 만에 쉽게 기억될 수 있다. 앞서 살펴본 것처럼 인간은 인지적 구두쇠이다. 가장 효율적인 접근 방식을 찾는다. 알다시피 리소스가 학습으로 이동하는 정확한 지점은 개인과 상황에 따라 다르다. 어떤 사람들은 모든 축구 경기 결과를 달달 외운다. 만약 당신이 무언가에 깊이 관심을 두는 사람이라면, 다른 사람들은 단순하게 여기는 것을 당신은 기억할 가능성이 훨씬 더 크다.

다음 장에서는 내가 개발해 온 아이디어와 접근 방식 중 일부를 취해 교육이라는 견고한 관료제에 어떻게 적용 할 수 있는지 살펴볼 것이다. '교육이란 무엇입니까?', '어떻게 해야 하나요?'와 같은 질문에 답하려고 노력할 것이다.

# 6장

◆

# 교육

## 훌륭한 학습 예방 계획

교육 제도에 문제가 있다고 느끼는 사람들이 대부분이지만, 어떻게 고칠지 분명한 아이디어와 대안을 제시할 수 있는 사람은 거의 없을 것이다. 교육전문가들조차 교육 시스템이 작동하는 방식에 관해 설명을 요청하면 결국 기존의 '지식 이전' 모델과 유사한 것으로 되돌아간다. 왜냐하면, 사람들의 머릿속에 정보를 저장하는 것이 아닌 학습에 대해서는 생각해본 적도 없기 때문이다.

그렇기 때문에 교육 혁명이 일어나는 것은 거의 불가능하지만, 학습이 무엇인지에 대한 새로운 패러다임이 나타나기 전까지 사람들은 현재의 제도에 계속해서 불만을 가질 것이다.

기존 교육에 대한 광범위한 불만, 새로운 방향에 대한 대안 부족과 함께 효과가 없는 교육 아이디어들이 우후죽순처럼 틈새시장을 파고들었다. 가상 학습, MOOC, 마이크로 러닝 및 이러닝과 같은 다양한 방법론들이 대표적이다. 이러한 각각의 새로운 접근 방식은 동일한 근본적인 결함을 공유한다. 각 접근 방식은 콘텐츠를 사람들의 머릿속에 집어넣는 효율적인 방법이 될 것을 약속하지만 학습을 유도하는 개인의 관심사에는 크게 관심이 없는 것처럼 보인다. 그러나 시장은 급속도로 성장하였다. 투자자들은 빅토리아 시대 모델에 뭔가 잘못된 것이 있다는 것을 파악하고 유망해 보이는 모든 것들에 무분별한 투자를 시작했다.

자, 그렇다면 우리가 어떻게 이런 끔찍한 혼란에 빠지게 됐는지 생각해 보자.

오늘날 교육에 대해 가장 먼저 알아야 할 것은 어떤 주제들에 대해서 왜 가르쳐야 하는지 그리고 왜 이러한 방식으로 가르쳐야 하는지에 대한 합리적인 근거를 찾지 못했다는 것이다. 왜 학교에서 지리, 역사, 수학, 과학, 영어 등을 배웠는지 궁금해한 적이 있는가?

거의 모든 인류 역사에서 교육에 대한 우리의 접근 방식은 크게 변하지 않았다. 어린아이들은 새로운 능력을 시험하는 놀이와 다른 사람에게 어떤 일이 일어나는지 그리고 사람들이 어떻게 반응하는지에 대한 관찰을 통해서 학습한다. 우리는 사회적 피조물이고 거울 뉴런Mirror neurons 시스템을 통해 다른 사람의 감정의 메아리를 경험하도록 설계되었기 때문에 다른 사람의 고통이나 즐거움을 마치 내 일처럼 느낄 수 있다. 이것은 또한 당신과 나에게 영웅이 역경을 이기는 영화를 즐길 수 있게 해주고 중요한 교훈을 담고 있는 구전 이야기를 통해 배울 수 있도록 한다. 일생에 한 번 있을까 한, 우리의 생명을 위협하는 상황에 대한 중요한 정보도 이야기의 형태로 전달된다. 스토리 형식은 정보의 정서적 중요성을 보존하여 사람들이 정보를 정확하게 재구성 할 수 있도록 한다. 마지막으로, 아이들은 성장함에 따라 복잡성과 도전의 난이도가 증가하는 일련의 역할과 활동을 통해 그들의 문화에 체화되어 간다. 예를 들어, 어린아이들은 음식 재료 손질을 돕는 것에서 수집 활동으로 이동한 다음 관찰이 곧 활동 자체로 대체되는 사냥 활동이라는 종착역에 도착한다. 일반적으로 이러한 성장의 과정에는 그들을 지원하고 멘토링 하는 경험 많은 사람들이 있다.

이 원시 교육 접근법은 오늘날 우리 사회를 지배하고 있는 공식 교육 시스템보다 훨씬 뛰어나다. 사실 우리는 여전히 과거의 방식으로부터 배운다. 비록 정규 교육시스템이 과거의 학습 방법을 밀어내 결국 우리의 학습 기회가 극적으로 줄어드는 방식으로 전개돼 버렸지만 말이다.

이 원래의 접근 방식에는 몇 가지를 제외하고는 단점이 거의 없다. 다만 이전에는 당신이 소녀이고, 당신의 문화가 소녀들이 사냥꾼이 되는 것을 금지하고 있다면 소녀가 사냥에 관심을 두는 것만으로도 사회적인 문제가 되었을지도 모른다. 전반적으로 역할 선택이 상당히 제한적이었다. 이에 반해 최근에는 인류 역사상 최고로 복잡성이 증가하면서 개인들의 역할 다양화가 폭발적으로 일어났다.

하지만 현대 사회에서의 역할의 다양성이란 부모가 선택한 직업 이외의 일을 하고 싶을 가능성이 높음을 의미한다. 실제로 이것은 견습 제도를 통해 시작된 일이다. 견습은 수백 년 전까지만 해도 무역을 배우는 데 지배적인 접근 방식이었다.

사회 규모가 커짐에 따라 평민들도 종교계와 귀족 계급에 지원할 수 있게 되었다. 종교인들은 더욱 고차원적인 감각을 제공하는데 전념했으며, 그 관점에서 사람들은 향상된 개인적 의미 감각을 끌어낼 수 있었다. 종교 학교는 신성한 텍스트를 가르쳤고, 이러한 텍스트를 해독하고 암기할 수 있는 능력을 통해 권위 있는 특권을 누릴 수 있었다. 이것은 때로 지식이 대중으로부터 적극적으로 소외되었음을 의미한다. 공식 교육에 대한 최초의 기록은 고대 이집트로 거슬러 올라간다. 고대 이집트에서는 왕족과 부자들이 서기관과 함께 초기 작문 교육을 받았다. 초보자가 그것을 이해하는 것을 막기 위해 글쓰기가 의도적으로 더 복잡해졌다는 증거도 있다.

이미 특권층인 귀족계급은 실제 노동을 지저분하고 힘든 일로 간주하였으며 어떤 대가를 치르더라도 피해야만 했다. 대신 그들은 지적 추구를 교화하는 데 전념했다. 이것은 상당히 최근까지도 관행처럼 남아 있었다. 1932년 '유령의 전쟁' 연구를 보면 우리가 서론에서 다룬 바틀릿조차도 케임브리지에서 괴짜로 간주되었다. 그는 부자와 특권층 사이의 중산층 농장 소년이었다.

인도, 중국, 그리스에서는 평범한 사람들이 부모의 직업을 배우거나 견습생으로 일을 했다. 사회 엘리트들은 철학, 군사 전략, 시, 자선, 음악, 무용, 경전, 미술, 수학과 같은 것들을 공부했다. 중국인들은 7살이 되면 쓰기를 시작할 준비가 되었다고 믿었다. 로마인들은 궁극적으로 자녀를 일정 연령까지 가르치고 나중에 배울 상류층의 법이나 정치에 대비하기 위해 수사학과 철학을 중심으로 한 추가 교육 시스템을 개발하는 것이 부모의 책임이라고 믿었다. 이것이 우리 현대의 '교양' 커리큘럼의 기원이다.

영국에서는 19세기 후반까지 견습이 일반적이었다. 7년의 견습 과정을 마치지 않으면 실제로 무역을 하는 것을 금지하는 법도 있었다. 세계의 다른 나라와 마찬가지로 엘리트 교육 외에 존재하는 소수의 학교는 주로 종교 교육을 목적으로 했으며 승려들은 라틴어와 그리스어로 훈련되었다. 학교 교육의 필요성은 산업화가 시작되면서 등장했다. 면화 공장에 일하러 가는 부모는 밭이나 집에서 했던 것처럼 자녀와 함께 일할 수 없었다. 아이들이 갈 수 있는 곳, 즉 공장 생활을 준비할 곳이 필요했다. 전쟁 후에는 숙련된 인재에 대한 요구로 인해 학교 교육의 필요성이 더욱 커졌다. 커리큘럼 자체는 유기적으로 구성됐다. 어린아이들의 교육은 '3R'(읽기, 쓰기 및 산술)에 중점을 두었고 후기 교육은 중세 고전 커리큘럼에서 채택하여 과학 및 문학과 같은 주제를 추가했다. .

다양한 분야에서 커리큘럼을 보다 실용적으로 만들려는 시도가 있었지만 이는 단순히 3R을 가르치는 것보다 비용이 많이 드는 데다 숙련이 덜 된 사람이 많은 사람을 모니터링하는 시스템에서는 제대로 작동하지 않았기 때문에 실패했다. 다시 말해, 교육 시스템을 표방한 저렴한 탁아소와 같았다. 오늘날 우리는 역사적 사고, 종교적 영향 및 비용 문제까지 고려된 학교 커리큘럼에 도달했다. 하지만 여전히 산업 시대에 보육 및 순종적인 근로자를 제공하기 위해 고안되었던 교육 시스템 내에서 운영된다.

대부분의 경우, 우리는 중세 수도사처럼 여전히 교실에 앉아 있다. 모든 것은 뒤죽박죽이다. 그러나 이러한 시스템으로 이어진 역사적 사고는 오늘날 우리가 겪고 있는 문제의 근본 원인이 아니다. 사람들이 교실에서 줄을 맞춰 앉아 있든 이러닝 모듈을 통해 클릭하든 교육 방법이 무엇이든 간에 기본 사고는 동일하며 우리가 취하는 모든 교육 접근 방식을 타락시키는 것은 바로 이러한 사고이다. 교육이 곧 '지식 이전'이라는 사고 말이다. 우리는 인간의 마음이 책의 페이지처럼 정보를 저장할 수 있으며 그 정보를 사람들의 머릿속에 강제적으로 넣는 방법이 있다는 생각에 빠졌다. 그래서 말을 가르치고, 정보를 정독하도록 하고, 끊임없이 반복하게 했다. 그러나 사람들은 정보를 저장하지 않는다. 동일한 정보를 재구성할 뿐이다. 우리는 어떤 경험을 했고 그러한 과정에서 어떻게 느끼는지에 따라 그것을 재구성한다. 인간은 다른 생물과 마찬가지로 살아가면서 배운다. 깨어있는 교육자들은 무언가 잘못되었다는 것을 직관적으로 깨닫고 학생들이 관심을 두도록 하는 방법을 찾았지만(개인적이거나 관련성 있는 정보를 만들거나, 순수한 열정을 통해 또는 다른 방식으로 생명을 불어넣음으로써) 시스템 전체는 폭력에 의존했다. 그리고 이러한 것들이 금지되었을 때 위협의 도구는 테스트로 대체됐다.

사람들에게 극도의 불안감을 주는 것이 유일한 목적인 것 같은 테스트는 사람들이 무엇인가에 관심을 두도록 하는 가장 손쉽고 간편한 방법이다. 교실에서 학생들이 집중할 수 있도록 하려면 다음 주에 있을 시험 관련 정보들을 찍어주면 된다. 교사는 별도의 동기부여 전략을 수립하지 않아도 학습자들의 반짝이는 눈을 확인하게 될 것이다. 학습과 교육에 대한 생각으로 혼란스럽겠지만 결론은 둘은 완전히 다르다는 것이다. 교육은 식사 에티켓과 같은 일련의 구식 문화 의식이며, 학습은 우리가 주변 세계에 인지적으로 적응하는 방식을 설명한다. 이 비유에서 학습은 '소화'와 비슷하다. 따라서 '학습'이라는 단어가 사용되는 것을 들을 때마다 그것이 실제로 학습을 지칭하는 데 사용되는지 아니면 교육에 사용되는지 생각해 보는 것이 좋다. 인간의 학습에 관한 많은 연구가 실제로는 사물을 암기하거나 시험에 합격하는 것과 같다고 밝혀질 만큼, 이 문제는 꽤 만성적이다. 실제로 교육에 관한 것이다 보니 학습에 대해서는 전혀 알려주지 않는다. 예를 들어, 스토리텔링은 명시적으로 정보를 교환하는 기본 수단임에도 불구하고 교육적인 측면에서 스토리텔링을 언급한 기사는 거의 없다. '학습 산업'에서는 '학습 관리 시스템'과 '학습 콘퍼런스', '학습 디자인'만이 넘쳐난다. 사람들이 정보를 암기하여 테스트를 통과 할 수 있도록 하는 방법에 초점을 맞추고 있어서 모두 교육에 관한 것뿐이다.

　'교육'에 대해 이야기할 때는 학교와 대학에서 받는 교육에 관해 이야기하고 있는지, 직장에서 받는 교육에 관해 이야기하고 있는지 또는 그 차이가 무엇인지 명확하지 않은 경우가 있다. 기본 가정은 동일하지만, 실제 제공 모델은 매우 다르다. 우리는 일반적으로 학교 교육 시스템에 풀 타임으로 등록하고 평가를 통해 진행 상황을 측정한다. 그리고 학교나 대학 교육 시스템을 떠나 일의 세계로 들어가면 그 모든 것을 뒤로 한 채 졸업생 대부분은 관련 없는 분야에서 일하게 된다. 이는 시스템 전체의 중복성에 대한 암묵적인 인정이다. 공식 교육은 기껏해야 산발적일 것이며 우리가 해야 할 역할 또는 조직이 충족해야 하는 규제 요구 사항을 중심으로 쏠리게 된다. 그럴 때면 마치 대학 시절로 돌아간 듯하다. 사람들은 줄을 서서 강의를 듣거나 온라인 정보 화면을 검토한다. 종종 끝에는 테스트가 있다.

교육 과정의 시작과 끝에서의 학습은 주로 다음과 같은 차이점이 있다. 처음에는 관심사가 상당히 광범위하고 유동적이다. 우리는 자신이 뭐가 되고 싶고 어떤 걸 하고 싶어 하는지에 대해 훨씬 더 분명하게 이해하게 된다. 즉, 초반에는 '푸시'유형의 학습 설계에 훨씬 더 중점을 둔다. 이것은 오늘날 우리가 하는 것처럼 누군가에게 주제를 강요하는 것을 의미하지 않는다. 이는 사람들이 다양한 도전과 시뮬레이션 된 경험을 가지고 (재미있는 방식으로) 실험 할 수 있는 탐색 환경을 만드는 것을 의미한다. 그리고 끝에 이르러서는 자신이 완료한 많은 도전을 통해 돈을 번다. 그들은 이미 높은 수준의 역량을 달성했기 때문이다. 따라서 학습에 필요한 자원들을 제공하는 데 중점을 두는 '풀'유형 모델에 훨씬 더 집중한다. 간단히 말해서, 학습의 시작에서는 경험과 도전을 탐구하는 경향이 나타난다. 이런 리소스에 대한 액세스와 관련해서는 나중에 자세히 설명하겠다. 다만 이것이 절대적인 구별은 아니라는 점을 꼭 유의하기 바란다. 예를 들어, 사이버 전쟁의 전문가라 할지라도 자신의 능력이 부족한 문제(예: 요리)를 탐구하는 데에는 시간 할애가 필요하다. 그들은 사이버 전쟁 도전에 참여하면서 돈을 벌고 관련 지식이 부족한 사람들과 전문 지식을 공유할 가능성이 크다. 하지만 요리를 할 때만큼은 사이버 전쟁보다 더 간단한 문제를 가지고도 쩔쩔매며 비용을 지급해서라도 전문업체를 통해 해결할 가능성이 크다.

## 사례 연구

### 머드-파이Mud-pies : 교육 방법을 학습에 적용하는 이야기

수년 전에 나는 당시 IT 교육 연구소에서 '인력 개발 전략'으로 '금상'을 수상했다. 이러닝 모듈에서 95%의 이수율을 얻는 방법을 알아냈기 때문이다. 당시 (그리고 오늘날 대부분) 사람들은 '이수율'에 대해 초조해했다. 이것은 현대 대학이 직면한 학생들의 강의 참석률 높이기 도전과 다르지 않다. 자본주의 사회에는 각각 관련 보상이 있는 복잡한 직업 등급 시스템이 포함되어있다. 학년 간 이동은 규정된 이러닝을 이수한 경우에만 치를 수 있는 '게이트웨이 테스트' 완료로 결정된다. 일화로, 부모 중 일부는 방과 후에도 자녀가 모듈을 완료하도록 했다. 최근에 나는 사람들이 학습 관리 시스템으로 방문하도록 유도하는 '마케팅'의 역할을 칭찬한 기사에서 비슷한 이야기를 읽었다. 지속해서 확장되는 디지털 콘텐츠 세계가 학습자에게 강제로 공급되는 것을 보고 있는 게 안타까웠다. 그 기사 중 하나에서 '학습 관리 시스템'을 읽자마자 '이건 슬픈 이야기가 될 거야'라고 생각했다. 머드 파이를 만들었는데 왠지 사람들에게 먹도록 강요하는 것 같았다. 이 일련의 관습은 발전을 방해하는 것으로 판명되었고, 되돌아보면 내가 그 과정에서 했던 역할이 일련의 실수라고 느껴진다. 그들은 우리가 실수로부터 배운다고 말하지만, 우리 스스로가 그렇게 인식했을 때만 유효하다. 실수가 반드시 발전으로 이어지는 것은 아니지만, 그 발전은 우리의 실수가 무엇인지 알 수 있게 한다. 학교에서의 교육 방식이 끔찍했음에도 불구하고 학습 전문가들은 조직에도 동일한 교육 관습을 적용해야 한다고 생각했고, 그러한 경향이 우리를 위험한 의식에 빠뜨렸다.

내가 말하고자 하는 것은 교육은 일련의 불안 유발 테스트로 구성되며, 이를 위해 가능한 한 많은 정보를 머릿속에 밀어 넣으려고 한다는 것이다. 불안은 미래의 성공이 이러한 테스트에 대한 우리의 성과에 달려 있다는 신화에서 비롯된다. 우리는 학습이 일어나고 있다는 환상, 그리고 그 학습이 조직에 기여하고 있다는 환상을 보존하기 위해 처벌과 보상의 체계를 설계했다. 교육은 학습을 위한 끔찍한 모델이며 성과에 대한 더 나쁜 모델이다. 이러한 사실을 의심하는 사람들도 분명 있지만 대체 모델이 없는 상황에서 많은 교육 관계자들은 다른 방법을 모르고 기업 담당자들도 역시 그렇기 때문에 여전히 교육을 시도하고 있다.

하지만 모바일 장치에서 유용한 항목에 액세스 할 수 있게 되면서 이런 생각들이 점차 무너지고 있다. 이제 사람들은 스스로 알아낼 수 있다. 그들은 '교육'하는 것이 아니다(온라인 교육 플랫폼 사용은 여전히 안타까운 일이긴 하다). 그들은 매일 리소스를 사용하지만, 코스는 사용하지 않는다. 모두 '칸 아카데미'가 멋진 아이디어라고 생각하지만, 거기에 가본 사람은 거의 없다. .

이 격차를 좁히기 위해 학습 및 개발 전문가들은 스스로 서두르고 있다고 생각할 것이다. 하지만 수십 년 동안 조직 기여에 대한 설득력 있는 사례를 만들지 못했기 때문에 사람들은 불신했으며 그 결과 규정 준

수 활동에 대한 질 낮은 슬라이드가 만들어지기 시작했다. 업계의 대부분은 모바일 장치를 단순히 작업 수행의 방법으로만 활용할 뿐 내용에서는 이전에도 효과가 없었던 끔찍한 작업을 반복한다. 즉, 개발할 수 있는 유용한 항목에 대해 연구하는 대신 일부 콘텐츠만 정리한 후 사람들을 테스트한다. 물론 작업을 수행하는 데 도움이 되긴 할 것이다. 하지만 아이러니하게도 학습 전문가에게 교육 설계, 지식 전달, 학습 이론 등의 정체성을 부여하는 바로 그것들이 오히려 그들의 기여를 막고 있다. 따라서 관점의 전환 즉, 콘텐츠를 덤핑하는 것이 아니라 직원을 돕는 쪽으로의 변화가 필요하다. 아무리 많은 기술이나 마케팅도 깨진 모델을 고칠 수는 없다. AI와 VR은 더 효과적인 콘텐츠 덤핑 방법을 증명하지 못한다.

**그렇다면 교육에 어떤 문제가 있는 것일까?**

오늘날의 교육 모델은 '자격취득을 위한 투자'와 같다. 간단히 설명하자면, 젊은 사람들은 자격증 취득이 노년의 성공에 필수적이라고 듣는다. 그들은 10년이 넘는 세월을 메모하고 시험을 준비하는데 보낸 다음 또 다시 3년 동안 누군가가 특정 주제에 대해 강의하는 것을 듣고 메모하고 에세이를 작성한다. 시험 직전에 학생들은 시험에 합격해서 수료증을 받을 수 있도록 최대한 많은 메모를 암기한다. 그렇게 임무를 완수하고 나면 이 정보의 대부분을 잊어버리고 일자리에 지원하기 시작하며 잠재적 고용주에게 자신이 적격자임을 증명하기 위해 인증서를 제시한다. 그들의 연구가 그들이 지원하는 작업 분야와 항상 관련 있는 것만은 아닐 것이다. 그러나 인증서는 그들이 가만히 앉아 입을 다물고 지시대로 행동하는 법을 알고 있음을 암시한다. 일을 시작하면 동료나 구글을 서칭하고, 질문하고, 어느 정도 시행착오를 거치면서 업무를 수행하는 방법을 배운다. 고용주가 공식적인 교육을 제공할 수도 있지만, 이것은 대부분 그들이 수행해야 하는 직무와 관련이 없으며 일반적으로 두 가지 유형 중 하나이다: 기업 위험을 줄이는데 필요한 규정 준수 활동 또는 다른 직원과 만나고 교감할 기회 가치를 제공하는 것. 이런 식으로 거의 모든 학습이 교육적 맥락 밖에서 완전히 다른 방식으로 발생한다. 교육은 학습이 필요할 때 이루어져야 하는데 실제로는 학습 기회가 한쪽으로 치우치게 된다.

자크 판크세프Jaak Panksepp는 그의 저서 '정서 신경과학'에서 다음과 같이 썼다. ADHD[주의력 결핍 과잉 행동 장애]의 일부는 과도한 놀이로 인해 발생하는데, 그러한 특성에 대해 어린이에게 약물을 투여하는 것이 윤리적인지 여부는 심각한 사회적 문제가 된다. 분명히 교실에서 학업에 주의를 기울이는 것은 중요한 사안이지만 약리학적 수단을 동원해서까지 어린이의 순응도를 유도하는 것이 과연 적절한가?

판크세프는 ADHD에 대한 약물투여가 학습의 정상적인 표현을 억제하고 의식화된 교육 시스템의 요구를 따르도록 강제하기 위해 아이들에게 뇌 손상을 주는 것과 같다고 이야기했다. 우리는 교육 시스템이 아닌 아동을 탓했을 뿐만 아니라 제도적 정당성을 얻기 위해 장난기를 '병리화'했다.

물론 여기에는 예외가 있다. 경험 많은 교육자들은 그들이 지도하는 학습자들의 발전 열망에 동기를 부여한다. 그들은 학습의 '지식 이전' 모델에 문제가 있음을 인식하고는 학생들에 대해 알아가며 관련 자료를 만들고 해당 분야에 대한 열정을 고취하는 데 시간을 할애한다. 학업이든 기업 환경이든 훌륭한 교육자들은 '훈련 및 테스트' 접근 방식이 비효과적이고 심한 경우 최악의 피해를 주기까지 한다는 사실을 금방 깨닫는다. 결과적으로 그들은 학습에 도움이 된다고 확신하는 경험과 활동을 구축하고, 학생들에게 관심을 두고 그에 따라 사례를 적용하는데, 접근 방식에 대한 공식적인 근거 없이 그저 옳은 일을 하고 있다는 확신에 따라 움직임으로써 교과 과정의 순수성을 무너뜨린다.

그리고 그들은 때때로, 교사에 의해 더 나은 삶을 산 누군가의 격려 섞인 증언을 우연히 발견할 것이다. '그들은 나를 믿었다', '영감을 주었어', '정말로 나를 아끼고 있었다', '나를 알아가는 데 시간이 걸렸다'라는 등의 말인데, 반드시 귀 기울여 들을 필요가 있다. 우리는 이런 종류의 것들을 듣는데 너무 익숙해져서 그 중요성을 완전히 간과한다. 아무도 정보를 암기하는 것에 관해 이야기하지 않는다. 차이는 정서적으로 만들어진다.

## 교육은 어떻게 작동해야 하는가?

사람들에게 교육에 관해 이야기할 때 자연스럽게 떠오르는 질문은 '교육의 목적은 무엇입니까?'이다. 이 질문의 문제는 토론을 양극화하는 경향이 있다는 것이다. 어떤 사람들은 교육이 개인을 최고로 만드는 '교화' 또는 '열정'에 관한 것이라고 이야기한다. 반면 보다 실용적인 교육가들은 교육이 사람들이 사회에서 유용한 역할을 할 수 있도록 준비시키는 것이라고 주장한다. 이 두 그룹은 누가 프로세스를 '통제하고 있는지'에 따라 관점이 달라진다. 첫 번째 경우에는 학습자가, 후자는 교사(또는 교육 시스템)가 통제의 주체이다.

이 두 가지는 호환되지 않는다. 두 가지 모두 가능하다. 그러나 오늘날에는 어느 것도 효과를 내지 못하고 있다. 그렇다면 '푸쉬-풀' 프레임워크를 사용하면 이것이 어떻게 작동해야 하는지에 대한 명확한 아이디어를 얻을 수 있을 것이다. 교육은 강의라기보다는 대화에 가까워야 한다. 대화에서 '누가 통제하고 있는지' 묻는 것은 이치에 맞지 않는다. 누군가가 '통제권'을 갖고 있다면 좋은 대화일 수 없기 때문이다. 대화는 어디로 튈지 알 수 없다. 오히려 사람들은 각자의 관심사를 공유하고 탐색한다. 처음부터 누군가가 전달하고 싶은 여러 가지 요점을 염두에 두고 있는 대화는 훌륭한 대화로 느껴지지 않는다.

교육은 때로 '대화'라고 부르는 게 훨씬 더 적절한 경우도 있다. 왜냐하면 '대화'라는 용어를 사용할 때 우리는 교육이 사물을 암기하는 공식적인 과정이 아니라는 것을 이해하기 때문이다. 대화가 발전적인 결과를 가져오는 사람들 사이에는 지속적인 상호 작용이 있다. 교육도 마찬가지다. '푸시'와 '풀' 요소가 모두 포함되어 있고 상호 작용하는 프로세스를 통해 지속해서 균형을 이루어야 한다. 자녀가 '자신의 열정을 따르는' 것만으로는 충분하지 않다. 이러한 열정은 초기의 추진력을 제공할 뿐, 대화와 탐구, 사회가 제공하는 다양한 경로로 다루어져야 한다. 교육은 취업을 위한 열정을 형성한다.

내가 전하고자 하는 것은 어린이는 교육과정에 들어갈 때 이미 학습을 주도하는 데 관심이 있다는 것이다. 동물, 기차, 발레에 관심이 있을 수 있다. 사육사나 기차 운전사, 발레리나 등 관련 직업이 너무나 많지만, 이 초기 단계에서 어린이의 관심사는 상당히 유연하고 일반화되어 있다. 기차에 관심이 있는 아이는 기계적인 것에 대해 더 일반적인 느낌이 있거나 벽에 발레리나 사진을 게시하는 아이가 의상이나 안무에 관심이 있을 수 있다. 동물원에 대해 배우면 중소기업 운영에 대해 많은 것을 배울 수 있다. 누군가가 진정으로 추구하는 것은 일종의 사회적 승인 또는 안정감일 수 있다.

그래서 질문은: 이러한 일반적인 이익이 어떻게 사회와 조화를 이루고 다듬어지는가? 대답은 프로세스의 두 가지 '푸시' 및 '풀' 부분을 통한다는 것이다. 교육의 '풀' 부분은 학습자와 학습의 원동력인 '정서적 맥락'을 이해하는 것이 핵심이다. 이것은 시간이 지남에 따라 계속 진화하고 변경될 것이므로 프로세스가 계속된다. 학습의 '푸시' 부분은 도전적인 환경, 이야기, 시뮬레이션과 같이 정서적 맥락에 기여하는 방법을 사용하는 것이다. 이 모든 방법은 학습자를 새로운 방향으로 이끌 수 있는 능력을 갖추고 있다. 이것은 오늘날 우리가 하는 일과는 매우 다르다. 다양한 상황을 직접 경험할 기회를 제공하고 점점 더 정교해지는 문제를 해결하는 것이다. 위에서 언급했듯이, 이것은 수천 년 동안 이어져 온 아이들이 부모를 도와 단순하고 복잡한 작업을 하면서 학습이

이루어지는 방식과 크게 다르지 않다. 그러나 오늘날의 복잡한 사회에서는 단순히 부모의 일터에서 배우는 것에만 의존할 수 없다. 이것은 꽤 좋은 해결책이 될 수도 있지만, 현대 문화에서는 아이들이 부모의 발자취를 따르고 싶어 하는 것을 그리 긍정적으로 평가하지 않는다. 사실 아이들은 모임이 지루할 수 있고 실제로 나도 그렇다. 아마도 우리는 크레용과 플레이도우로 더 재미있는 모임을 할 수 있을 것이다.

신경 과학자 안토니오 다마지오Antonio Damasio가 그의 저서 〈느낌의 진화the strange order of things〉에서 언급했듯이 '우리의 감정은 어느 정도 교육 가능하며, 가정, 학교 및 문화에 도움이 되는 환경에서 배우는 작동원리를 통해서 우리가 문명이라고 부르는 것의 장점이 생겨날 수 있다'. 하지만 오늘날 학교는 실질적으로 도움이 되지 않는다. 오히려 정반대이다. 교육자들은 학생들의 시험 통과를 위한 표준 커리큘럼을 훑어보면서 '감정의 작동방식'에는 전혀 관심을 두지 않는다. 그렇다면 아이들이 다양한 역할을 경험하고 탐구할 수 있는 시스템을 어떻게 만들 수 있겠는가? '배치Placements'또는 '도제Apprenticeship' 시스템이 있을 수 있다. 시뮬레이션 또는 단순화된 학습 환경을 제공하는 등 지원 환경의 인위적인 도전과 직장의 실제 도전을 점진적으로 결합한 '학습 생태계'를 만들 수 있다. 즉, 학습을 업무에 적용하거나 업무를 학습에 적용 할 수 있다. 아마도 둘 다해야 할 것이다. 우리가 이것에 성공한다면 학습과 일 모두 놀이처럼 느껴지기 시작할 것이고 구별은 사라질 것이다.

현재 시스템의 악영향 중 하나는 개인을 불필요하게 유아화하여 그들이 완벽하게 수행할 수 있는 많은 작업을 되레 수행하지 못하게 하는 것이다. 많은 학생이 갑자기 학교를 떠나 별로 준비되지 않은 상태로 복잡한 파도에 부딪힐 때까지 성인 세계(법적, 재정적, 조직적)의 주요 특징을 경험하지 못한다는 것이 이상하지 않은가? 하지만 기술의 발달은 청소년이 학교/업무 시스템 외부에서 게임 플레이를 스트리밍하여 돈을 벌 수 있도록 하는 등 기존의 시스템을 무너뜨리기 시작했다. 이에 미성년 노동을 막고 나섰는데 겉으론 문제없어 보이는 이 억압은 심각한 역효과를 냈고, 청소년들이 자신이 즐기는 일을 발견하지 못하게 하고, 발달을 방해하고, 사회 진입을 지연시켰다.

위에 설명된 모델에 대해 궁금증이 생길 수도 있다. 교육의 '푸시' 측면에 더욱 집중하지 않는 이유는 무엇인가? 학습자의 관심 사항을 이해하고 적응해야 하는 것은 또 무엇 때문인가? 예를 들어 열정적인 교사, 스토리텔링 및 시뮬레이션과 같은 매력적인 접근 방식을 조합해 사회에서 요구하는 대로 사람들을 짜 맞춰가면 어떨지?

그 질문에 대한 답으로 오늘날 교육에는 두 가지 주요 문제가 있다. 첫째, 사람들이 학교나 대학에서 배우는 것은 일의 세계와 잘 맞지 않는다. 이것은 개인에게 엄청난 부담을 준다. 앞서 언급했듯이 대부분의 대학 졸업생은 학위와 무관 한 분야에서 일하게 된다. 최근 연구에 따르면 미국 졸업생의 약 27%만이 관련 분야에서 일자리를 찾았다. 이것이 어떻게 효과적인 시스템이 될 수 있겠는가? 다시 한번, 이는 학생들이 지시를 따를 수 있고 따라서 취업에 적합하다고 판단하는 '자격 구매' 제도에 불과함을 밝힌다. 따라서 거의 모든 학습이 '직장에서' 이루어진다. 즉, 관찰 및 시행착오와 같은 실제 학습 메커니즘을 통해 선택된다.

교육의 옹호자는 학교생활을 잘했던 사람인 경우가 많다. 즉, 그들은 정보를 암기하고 시험을 통과하는 데 매우 능숙하고 다른 한편으로는 권위에 순종하는 게 익숙하다. 발달 초기 단계에서의 순종이란 대학에서 교수의 강의를 열심히 듣고 에세이에서 교수의 견해를 모방하는 것과 같이 더욱 정교한 것을 '당신이 들은 대로 하는 것'에 해당한다. 보상 및 강화 시스템의 결과로, 그들의 자존감은 테스트를 통과하고 지시를 따르는 것과 불가분의 관계가 된다. 이로 인해 일반 직장에서 좌절감과 성취감을 느끼지 못해 학계로 향하게 된다. '말한 대로 행하기', '시험 통과의 중요성', '교육적 지위의 수호자' 등을 강조하는 교사가 되는 것이다.

학위가 실무와 관련된 경우에도 다른 진로를 찾는 사람들은 보통 교실에서 배운 내용이 업무를 수행하기 위해 실제로 알아야 하는 것과 거의 관련이 없다고 말한다. 이후 학습의 약 90%가 일을 통해서 발생한다.

직장에서 유용한 기술에 대해 제대로 생각해 보기 위해서는 잠시 멈출 필요가 있다. 예를 들어, 사무실에서 일하는 경우 조직 정치 관리, 평판 구축, 정보 과부하 대처, 이메일 작성, 회의 참석 등이 될 수 있다. 오늘날 많은 사람이 시간 대부분을 전자 메일에 응답하고 회의에 참석하는 데 보낸다. 사실 몇 년 후에는 어떻게 될지 모르겠지만 아마 중세 역사가 중요한 기술이 되는 일은 없을 것이다. 사람들은 대부분 조직에 소속될 때쯤에는 학습에 대해 지친 태도를 보인다. 그들은 '학습'이 어떤 것을 암기하는 것과 관련이 있다고 여기고 나중에 테스트할 것이라고 생각했다. 이러한 테스트는 향후 성공에 점진적 위험을 초래한다. 그렇게 되면 '교육'을 떠올리지 않고는 '배움'이라는 단어를 말할 수 없게 된다.

교육의 실용성을 높이는 방법은 그리 복잡하지 않다. '무슨 목적을 위해?'라고 묻고 '그래 그것을 가르치자'라고 답하면 된다.

"아이들은 읽고 쓰는 법을 배워야 합니다."

"무슨 목적으로요?"

"블로그에서 자신을 표현하고 이메일에 답장하고 도로 표지판을 읽을 수 있도록요."

"좋아요. 그러니 그것을 가르쳐 줍시다."

"아이들은 수학을 배워야 해요."

"무슨 목적으로요?"

"아이들이 가게에서 거스름돈을 정확하게 받을 수 있고 세금 환급을 완료 할 수 있습니다."

"좋아요. 그러니 그것을 가르쳐 줍시다."

목적을 생각할 수 없다면 뭔가를 가르치면 안 된다. 이제 어떤 사람들에게는 이것이 교육을 바라보는 편협한 방법처럼 보일 수 있다. 정서적인 의미 없이 가르친다면 학생들이 아무것도 배우지 않으리라는 것은 중요한 포인트이다. '고전 (예: 그리스어 또는 라틴어와 같은 언어)'의 옹호자들은 때때로 그러한 주제에 대해 교화되는 것이라 주장하지만 실제로 의미하는 바는 디너 파티에서 특정 유형의 사람을 감동하게 하는 데 유용하다는 것이다. 때에 따라서는 디너 파티에서 어떤 사람들에게 깊은 인상을 주는 방법도 가르칠 필요가 있다. 그리고 만약 그들이 그것에 관심이 있다면 아마도 그들은 호메릭 시Homeric poetry도 배울 것이다. 많은 학생이 소규모 사업을 운영하는 데 관심을 보이면서도 세금 신고서를 작성하는 데에는 별로 관심이 없을 수 있다. 우리는 사람들이 실생활과 유사한 도전을 경험하고 선택하도록 허용해야 한다. 요점은 사람들이 관심을 가질 때 무언가에 대해 알게 될 것이고, 그들이 관심을 두지 않으면 (또는 우리가 관심을 둘 수 없다면) 문제를 강요하는 게 아무런 의미가 없다는 것이다. 아마도 사람들은 세금 환급을 완료해야 할 때까지 세금 환급에 대해 별로 신경 쓰지 않을 것이다. 내 개인적인 견해로는 세금 신고서를 작성하는 방법은 결코 배울 필요가 없는 것이다. 어떤 시점에서도 이것은 나에게 '재미있는' 활동처럼 보이지 않는다. 그래서 나는 그 일을 즐기는 사람에게 맡기고 기꺼이 돈을 지불할 의향이 있다.

사람들이 자유롭게 배우고 자신감 있는 학습자가 되는 시스템을 만들었다면, 사람들이 직면한 도전과 필요에 따라 학습이 이루어질 수 있다.

오늘날 대부분의 교육 시간과 비용은 인간 학습의 이러한 핵심 특성을 이해하지 못해 낭비되고 있다. 기업 학습이든 대학 교육이든, 교사가 중요하다고 생각하는 것, 또는 학생들의 미래에 중요하다고 느끼지만 실제로는 별로 중요하지 않은 것을 외우게 하려고 한다. 이 문제는 젊은 사람들이 일반적으로 미래에 대해 덜 걱정하는 경향이 있다는 사실로 인해 더욱 복잡해진다. 결과적으로 '학교에 다닐 때 더 많은 관심을 기울였으면 좋았을걸'과 같은 말을 하는 어른으로 성장할 뿐이다. 그들이 정말로 의미하는 것은 바로 이것이다. '지금 이 일에 관심이 있습니다. 그러나 그 당시에는 없었습니다.' 이에 대한 해결책은 다음과 같다. 젊은이들에게 강의하지 않는 것이다. 그 대신 젊은이들이 관심을 두고 배우도록 허용하거나 관심을 둘 수 있는 방법을 찾는 것이다.

현재 우리 교육 시스템이 내세우는 상품은 '놀이'가 아닌 '진지한 사람들'이다. 그들을 가벼운 마음으로 볼 수 있는 사람은 거의 없다. 시스템 안에서의 그들은 보통 사람들보다 훨씬 덜 창의적이다. 생물학적 근거에 따라 성인의 장난기가 감소했을 수도 있고, 무엇보다 빅토리아 시대 공장에 배치할 만큼 순종적인 직원을 찾고 있다면 장난기와 창의성은 별로 바람직한 특성이 아니다. 그러나 현대 경제에서 기업의 역할은 빠르게 변하고 있으며 더 많은 조직이 혁신, 독창성 및 평생 학습을 찾고 있다.

잠시 멈추고 '놀이'라는 단어에 대해 어떻게 느끼는지 생각해보자. 마냥 유치한 것인가? 누군가가 '놀지 말고 일을 시작하라'고 말하는 것을 쉽게 상상할 수 있는가? 놀이는 인간에게 '학습 모드'를 의미하기 때문에 중요하다. 즉, 실험에 대해 개방성을 가지고 마음을 연 상태에 들어갔음을 나타낸다. 새로운 아이디어가 생성될 것이다. 이 모드에서는 심리적 안정을 지키는 보호 거품이 생성된다. 즉, 실수하거나 지속해서 당황하는 것을 두려워하지 않는다. 놀이 중에 일어나는 일은 심각한 의미를 가지지 않는다. 활동은 혼자서 배우기 위한 것이다. 버튼이 있는 로봇을 만들었다면 학습 모드로 들어가는 버튼의 명칭은 '놀이'가 될 것이다.

즉, 듣는 모든 것을 암기하고 다시 반복하는 수용 상태가 로봇의 학습 버튼이 되는 게 아니라는 말이다. 그 모드의 제목은 '교육'이다. 많은 문화에서 '놀이'가 유치하고 비생산적이며 재미있는 활동을 의미하게 되었다는 사실은 학습에 대한 우리의 이해가 얼마나 타락했는지를 보여준다. 학습은 놀이와 매우 흡사해야 하며 '교육'과 같은 것이 아니다. 교육은 우리를 놀면서 배우는 능력이 없는 어른으로 변모시켰다. 경험상, 성공적인 교육 환경은 학습이 놀이처럼 느껴지는 환경이어야 하며 개인의 요청을 받았을 때 이를 반영하는 환경이어야 한다.

다음으로 교육의 두 번째 주요 문제는 주로 '푸시'만 하는 것이다. 학습자의 특정 열정과 관심사에 대한 적응이 거의 또는 전혀 없다. 기껏해야 학생들은 '스트리밍' 하거나 제한된 주제의 선택을 경험할 수 있을 뿐 관심 있는 항목을 찾고 그에 따라 기회를 수정하는 체계적인 접근 방식은 없다. 이것이 왜 문제일까? 심리학자 대니얼 레빈슨<sup>Daniel Levinson</sup>은 사람의 삶에는 근본적인 구조가 있다고 믿었다. 특히 그는 우리 삶에는 '30세 전환' 또는 '중년 전환'이라는 두 가지 시기가 있다고 믿었다. 레빈슨이 말했듯이 '성인은 인생이 40세에 시작되기를 바라지만, 가장 큰 불안은 인생이 거기서 끝나는' 것이다. 참 우울한 생각이다. 왜 40세부터 시작해야 하는가? 당신의 인생이 40세에 시작되는 시스템을 어떻게 구축 할 수 있단 말인가?

서구 문화에서는 '중년기 위기'라는 용어에 익숙하다. 이 용어는 레빈슨의 중년기 전환에 광범위하게 해당하며 사람들이 그 시점까지 예상되는 일을 어느 정도 수행했는가를 깨닫는 불안정한 시기이다. 그들에게 중요한 것을 고려하기 위해 바로 이야기를 이어가겠다. 젊은 시절 부모님과 사회는 시험에 합격하는 것이 중요하다고 각인시키며 종종 그렇지 않은 사람들의 운명에 대한 끔찍한 경고를 보낸다. 학생들은 부모를 기쁘게 하려는 욕구와 불안 기반 학습 시스템 안에서 시험에 합격하고 결국 취업에 적합한 인증서를 받게 된다. 직업을 탐구할 기회가 많지 않았기 때문에 졸업생은 경제적 안정감을 충족시키거나 갚아야 할 빚이 존재하느냐에 따라 가능한 계속해서 일할 것이다. 그런 다음 그들은 이 일을 하는 방법을 배우기 시작하면서 동시에 거의 준비가 되어 있지 않은 성인 생활의 복잡성과 씨름한다. 그들은 미처 그것을 깨닫기 전에, 놀라운 속도로 증가하는 자녀와 청구서를 얻게 될 것이며 이제 잘못된 선택에 대한 반성의 기회는 그들의 자녀가 이 같은 여정을 시작하려고 할 때로 넘어가게 된다. 그들은 공허함과 함께 진정한 열정이 실현되지 않았을 때의 상실감을 충분히 경험했다. 2011년 영국 통계청은 16~21세의 표본에 성인이 되면 하고 싶은 일이 무엇인지 물었다. 6년 후 다시 확인했을 때 50명 중 1명 만이 자신이 원하는 경력을 쌓고 있었다. 이것은 좋지 않은 소식이다. 이 이야기가 사람들의 삶에 체계적으로 새겨지고 있다는 것은 안타까운 일이다. 우리는 이것을 끝내야 한다.

사람들이 자신이 원하는 사람이 될 수 있는 시스템이 곧 생산적인 사회를 만드는 것으로 이어질지는 알 수 없지만, 기존의 방식이 사용되는 사회보다 더 나쁠 수는 없을 것이다.

그렇다면 좋은 교육 시스템이 작동하는 방법에 대한 개요를 스케치해 보겠다. 위에서 설명한 두 가지 프로세스는 두 개의 상호 연결된 시스템에 반영되어야 한다.

1. 개인의 관심사가 지속적인 방식으로 연결되는 과정
2 개인이 실제와 유사한 환경에 점점 더 정교하게 노출되는 과정

이 두 가지를 순서대로 설명하려 한다. 막내딸의 선생님과 함께 한 저녁 식사 자리, 교육 시스템에 의해 측정된 딸의 문해력, 수리력과 관련하여 그 진행 상황을 과학적으로 차트화한 것을 가지고 이야기가 오간다. 그러면서 선생님은 앞으로 기대되는 내 딸의 점수까지 예상한다. 나는 모든 것을 맹신할 수 없다는 걸 알고 있다. 선생님 역시 같은 생각일 수 있다. 그러나 내 딸은 9살이고 - 그녀는 이미 시험에 대해 걱정하고 있다 - 그래서 우리가 함께하는 한 딸이 불안감을 느낄 만 한 일, 즉 테스트를 준비하고 있을 것이다.

선생님께 '내 딸이 가장 관심을 보이는 다섯 가지가 무엇입니까?'

질문하면 뭐라고 답할까? 어쩌면 딸의 선생님은 선생님으로서 해야 하는 다소 진부하고 틀에 박힌 대화를 좋아하지 않을 수도 있다. 그러나 동시에 그녀는 각 학생이 관심을 두는 상위 5가지 사항을 완전히 식별할 수 없을 것이다.

정서맥락모델이 옳다면 학습을 이끄는 것은 우리의 관심사이므로, 학습 지원 임무를 맡은 누군가가 우리의 관심을 완전히 인식하지 못한다는 것은 이상하게 느껴질 것이다. 지금부터 내가 하려는 말은 다소

생소할 수 있으나 꼭 참고하길 바란다. 페이스북은 구글과 마찬가지로 당신의 관심을 매우 잘 이해한다. 실제로 현재 소셜 미디어와 같은 온라인 시스템을 설계하는데 막대한 투자가 이루어지고 있으며, 이는 당신이 월요일에 어떤 종류의 라떼를 마시고 싶은지와 같은 아주 세세한 고민을 정확하게 매핑할 수 있다. 왜? 당신이 무엇에 관심이 있는지 알고 있다면 당신이 무엇을 살 것인지 예측할 수 있기 때문이다. 삶의 한 영역에서 문제를 매핑하기 위한 정교한 시스템이 개발되었음에도 다른 영역에서는 완전히 무시당하고 있다니 가능한 일인가?

내가 말하고자 하는 것은 아주 기본적인 수준에서 교육 시스템은 각 개인이 가지고 있는 전체적인 관심사(정서적 맥락)를 매핑할 수 있어야 한다. 근본적인 방법으로 멘토가 있겠다. 각 개인을 돌보는 데 상당한 시간을 할애하는 사람 말이다. 그러나 우리는 훨씬 더 많은 것을 희망할 것이다. 이상적으로는 디지털 및 개인 요소로 구성된 통합 시스템(마케팅이 구축하는 종류)을 들 수 있는데 이는 학습자와 학습 진행 상황에 대한 훨씬 더 포괄적인 그림을 제공할 것이다. 그리고 '진보'란 시험 점수를 의미하는 것이 아니라 그들의 관심과 열정, 개발 능력 및 관련 업적의 변화가 만들어 내는 만화경과 같다. 간단히 말해서 우리가 누구이고 어디에 있는지를 아는 시스템이다. 교육 종사자 중 최고의 교사라고 할 만한 사람은 학생들에게 중요한 것이 무엇인지 이해하고 그들이 관심 있는 것과 관련된 자료를 만드는 데 시간을 할애하는 사람들이라는 주장에는 논란의 여지가 없다고 생각한다. 대부분의 통계 자료들은 우리가 이 활동의 핵심적인 중요성을 인식하지 못했고 그것이 수행되는 방식에 어떤 정교함도 구축하지 못했다는 증거이기도 하다. 그것은 단지 '있으면 좋다' 정도로 취급된다. 일반적으로 교육의 효과를 평가하는 방법은 시험 점수를 보는 것이다. 학습이 실제로 무엇인지에 대한 가정을 평가 방법에 몰래 밀어 넣는 것이다.

9세 자녀가 토론의 즐거움을 알고 그것을 법적 사건에 대한 관심으로 발전시켰으며 이제 간단한 법적 시뮬레이션으로 고객을 변호할 준비를 하는 세상을 상상해보시라. 이것은 좁은 직업 의제가 아니다. 대신 한 당사자(개인)의 관심사를 다른 당사자(사회)의 관심사와 일치 시켜 두 사람 모두가 행복하도록 하는 것이다.

위에서 설명한 두 번째 프로세스는 사람들을 점점 더 정교한 도전에 노출하도록 한다. 여기서 목표는 학습과 일을 원활하게 결합하는 것이다. 즉, 지금과 같이 한쪽 끝에서는 배우기만 하고 실제 일을 수행하지 않는데 반해(그리고 이 경험에 대한 비용을 지급할 수 있음) 다른 쪽 끝에서는 일만 할 뿐 가르치고 배우는 것이 없는, 이런 모순되는 상황이 거의 없음을 의미한다. 예를 들어 언어 번역이 있다. 처음에 새로운 언어를 거의 알지 못하는 경우, 배우기만 할 뿐 실제 번역 작업을 할 수 없다. 익숙해짐에 따라 점점 복잡한 번역을 맡게 될 것이며 능숙도에 따라 번역 작업을 통해 돈을 벌기 시작한다.

이 모델에는 몇 가지 중요한 기능이 있다.

- 특정 나이에 한정 지어 시작하거나 멈추지 않는다. 대신, 그것은 한 사람의 평생 계속된다.

- 학습 기관은 직장에서 분리된 '장소'가 아니다. 대신 교육 시스템은 몸 전체의 정맥처럼 우리 환경 전체에 분산돼 있어야 한다.

- 작업 시뮬레이션을 경험할 수 있는 물리적 공간과 디지털 공간이 모두 있다. 그리고 지원되는 방식으로 연습 할 수 있는 작업 공간도 있다. 어디에서나 리소스에 액세스 할 수 있다.

- 개인은 학습 분야의 다양한 포트폴리오를 가지고 있다. 예를 들어 사이버 공격(그리고 이 활동에서 돈을 벌 수 있음)에 매우 능숙할 수 있지만, 요리에는 능숙하지 않을 수 있다(그리고 이 활동에 대한 비용을 지급). 학습자는 언제든지 방향을 변경할 수 있다. 관심사 매핑 프로세스는 탐색할 영역을 제안하지만, 학습 영역을 자유롭게 탐색 할 수도 있다.

- 학습은 주제가 아니라 도전의 과정으로 구성된다. 이러한 도전 등급은 낮은 수준에서 더 일반적이지만 높은 수준으로 발전하며 숙련도는 더 구체적이 된다.

- 도전을 성공적으로 완료하면 자신의 업적을 반영하는 배지를 받게 된다. 이 배지는 고용주와 같은 다른 사람들에게 개인이 할 수 있는 일을 증명하고 개인 프로필의 일부를 구성 할 수 있는 것을 알려준다. 학습 경험 일부로 획득하는 배지와 작업 일부로 획득하는 배지 사이에는 두 가지가 혼합되고 시뮬레이션이 정확하므로 차이가 없다.

- 주제는 관심의 초점이 아니라 도전과 관련하여 그려진다. 예를 들어, 제3세계 부채를 완화하는 데 열정적인 사람은 필요에 따라 국제법, 경제, 농업, 역사 및 인류학 요소를 공부할 수 있다.

- 실제 및 시뮬레이션, 가상 및 물리적 도전은 학습 요소 전반에 걸쳐 혼합된

다. 중요한 의미에서 일과 놀이도 혼합되어 있다. 그 결과 '일과 삶의 균형'이라는 도전이 크게 사라지게 된다.

- 이 시스템은 본질적으로 성과주의를 지향한다. 사람들은 자신이 하는 일과 다른 사람의 업무에 기여한 가치에 따라 급여를 받는다. 이것은 젊은 사람이 노인보다 쉽게 더 많이 벌 수 있음을 의미한다. 오늘날 우리의 계층적 모델은 나이가 들어감에 따라 배우는 것을 적극적으로 억제하는 방식으로 능력이 저하되더라도 노인에게 더 높은 급여를 보상하는 경향이 있다. 우리가 제안한 모델은 경험 많은 사람들이 다른 사람들을 계발 시켜 수입을 올리도록 장려할 가능성이 높다.

이것이 실제로 어떻게 작동하는지 상상해 보자. 어린 시절부터 래리는 3차원 구조에 관심이 있었다. 레고와 마인 크래프트는 그가 가장 좋아하는 오락이었다. 그는 조각, 구조 공학, 게임 디자인 및 건축과 같은 다양한 영역을 탐구하여 다양한 종류의 구조로 작업하고 결국 건축에 정착하여 이 분야에서 경험이 많은 개인 그룹에 합류했다.

건축을 공부하면서 그는 자신이 직면한 도전에 적용하기 위해 역사, 수학 및 물리학의 요소를 선택했다. 또한 프레젠테이션 기술, CAD computer-aided design 기술 및 자신의 아이디어를 설득력 있게 표현하는 능력도 개발했다.

그는 지금 커피숍에 앉아 새로운 제안에 대한 몇 가지 계획을 세우고 있다. 재료에 대한 더 어려운 질문 중 일부는 동료들에게 - 비용을 지급받는 - 조언을 구할 것이다. 래리는 또한 그 아래의 그룹에 지원을 제공함으로써 상당한 이익을 얻고 있다.

최근 몇 달 동안 래리는 드론 비행으로 약간의 돈을 벌기 시작했다. 처음에는 시뮬레이션 구독 옵션의 일부인 드론 시뮬레이터 게임으로 시작했지만 즐거웠고 몇 개의 배지를 획득한 후 그는 피자 배달 드론을 날릴 수 있었다. 돈은 많이 들지 않았지만, 재미가 있고 그는 곧 고가 패키지 배송 드론을 더 먼 거리로 날릴 수 있게 될 것이다. 결국 그가 향상되면 그에게는 상용 다중 승객 드론을 조종할 자격이 주어진다. 하지만 먼저 많은 수의 시뮬레이션 실행을 완료해야 한다.

마지막으로 래리는 회로 기판 설계를 막 시작했다. 일주일에 한 번 실습 경험을 제공하는 지역 비즈니스가 있으며 그의 납땜인두 기술은 꽤 인기다.

전반적으로 교육은 사람의 관심사가 아직 '집중' 되지 않았을 때 처음부터 놀이, 탐색 및 경험할 수 있는 더 많은 기회를 제공함과 동시에 점진적으로 평균화되어야 한다. 개인이 자신의 능력을 개발하기 시작함에 따라 문제의 정교함과 그에 맞는 사용 가능한 리소스가 증가해야 한다. 그러나 전체 과정에서 학습은 복잡성이 증가함에 따라 자연스럽게 작업에 병합되는 도전에 의해 주도된다. 이 모델이 제기하는 한 가지 질문은 조기교육을 조직하는 방법이다.

구체적으로, 어떤 종류의 커리큘럼을 배치해야 하는지 설명하겠다. 아이들을 모든 유형의 역할에 노출하는 것은 비실용적이며 기존의 커리큘럼을 구성하는 종류의 패치 워크는 피하고 싶기 때문이다.

현재 영국에서 초등학생들의 커리큘럼은 영어, 수학, 과학, 디자인 및 기술, 역사, 지리, 예술 및 디자인, 음악, 체육, 컴퓨팅, 고대 및 현대 외국어 등 필수 과목으로 구분된다.

이것은 두 가지 이유로 잘못된 목록이다. 첫째, 작업 중심이 아니라 주제 중심이다. 아프리카의 기근과 싸우는 데 관심이 있는 어린이는 언어, 역사, 경제, 농업, 지리, 디자인 등 다양한 영역의 정보에 관심을 보이겠지만 가장 중요한 관심사에 대해서만 서비스를 제공한다. 사람들에게 정보를 뿌리는 것은 좋은 방법이 될 수 없다. 분명히, 교사들은 사람들을 위해 이러한 주제에 생명을 불어넣으려고 노력하겠지만 기존의 학습 모델은 본질적으로 엉망이다.

둘째, 언어는 적어도 우리의 유인원 조상까지 확장되는 진화론적으로 고대의 능력이다. 우리는 언어 처리를 위한 뇌의 특수 영역을 가지고 있으며, 유아는 일반적으로 한 살 때 첫 단어를 말하며 언어 학습은 우리가 자연스럽게 하는 일이라고 확신할 수 있다. 우리가 외국어를 배우려 한다면, 이것은 자연스럽게 (위에 설명된 과정을 통해) 가장 잘 성취될 것이지만, 확실히 공식적인 교육 과정을 통해서는 아니다. 대조적으로 쓰기와 수학은 자연스럽게 이뤄지지 않는다. 이것은 어느 정도 자랐을 때 접하게 되는 문화적 적응이며 어린아이들은 숫자와 단어로 어려움을 겪는다. 일반적으로 7세 정도의 충분한 인지 능력이 갖추어질 때까지 이러한 문제를 다루면 안 된다. 이 나이에 배우는 아이들은 더 일찍 배운 아이들을 따라잡는다. 다른 주제는 또 다르다. 그것은 자연적 능력이나 발달된 능력이 아니라 주로 기억해야 할 정보이다. 마지막으로 예술, 음악 및 체육은 무의식적인 신체 능력을 개발하는 데 더 중점을 둔다. 전체적으로 볼 때 커리큘럼은 역사적 사고, 상업적 이익 및 정치적 타협의 혼란이다. 더 나쁜 것은, 시험이 어린 나이부터 시작된다는 것이다. 게다가 그 범위는 읽기, 철자법, 수학 등 자연스럽게 마스터하기가 가장 어렵다고 생각하는 것들이다. 이것은 어린이의 자신감을 손상시키고 학습과 부정적인 연관성을 연관성만 높이게 된다.

이와 같은 사고를 바탕으로 1983년 하워드 가드너는 다중지능이론 Multiple Intelligence Theory을 통해서 인간은 서로 연관성이 적은 일곱 가지 영역의 다중지능을 가지고 있다는 결과를 소개하였고, 후에 두 가지 지능 영역을 추가하여 모두 9가지 하위영역으로 이론을 확대하였다. 그 특성 영역의 다중지능은 언어지능, 논리수학 지능, 공간지능, 음악지능, 신체운동 지능, 대인관계 지능, 개인 내적 지능의 일곱 가지에 자연지능을 추가한 다음, 다시 아홉 번째 지능으로 실존지능을 소개하였다.

또한, 우리가 배운 것과 알아야 할 것 사이의 불일치에는 몇 가지 특징이 있다. 전체 커리큘럼이 없어지고 당신이 배움 목록을 작성하는 책임을 맡고 있다고 잠시 상상해 보시라. 당신의 목록에는 무엇이 있을까? 예산에 맞게 생활하고, 당신에게 적용되는 법, 육아, 사람들과 어울리기, 자기 계발, 서면 외교, 조직 정치, 회의, 네트워킹, 자기표현, 윤리, 기업가 정신, 말도 안 되는 춤 동작 등일 것이다. 누군가는 동의하지 않을 수 있지만 나는 이러한 선택 중 일부를 실제로 공부해야 하는 항목으로 기꺼이 바꾸고 싶다. 예를 들어서 나는 최근에 라틴어를 많이 사용하지 않는다. 그렇다면 어떻게 해야 할까? 교육이 위에서 설명한 롤 플레잉 게임의 시작과 같으며 할당된 '재능 포인트'를 '민첩성', '지능', '매력' 등과 같은 범주에 사용할 수 있다고 상상해 보자.

뇌 손상 환자에 대한 연구는 안토니오 다마시오와 같은 신경 과학자가 뇌의 영역을 매핑하는 데 도움이 되었다. 뇌는 엄청나게 유연하지만, 인지 전문화 영역이 여러 개 있는 것처럼 보이며, 이들은 종종 서로 인접해 있기 때문에(뇌는 유한한 공간에 존재한다) 한쪽이 강하다는 것은 다른 쪽이 약하다는 것을 의미한다.

이 목록을 최종 목록으로 받아들이든 그렇지 않든, 커리큘럼에 명시된 11개의 필수 과목과는 상당히 다른 목록이다. 주제의 패치 워크 대신 자연적으로 발생하는 인지 능력에 기초한 입문 교육을 고려한 결과다. 이것이 우리가 '작업 도메인'이라고 생각할 수 있는 이유이다. 아이디어는 시각 공간 작업에 관심을 가진 사람이 목적의식을 개선하면서 건축에서 엔지니어링에 이르기까지 다양한 문제까지 탐색하게 되는 것을 말한다.

아이들이 시스템에 들어가면 그들의 관심사에 대해 철저하고 포괄적인 분석이 있어야 한다. 여기에는 아동과의 인터뷰, 부모와의 인터뷰, 관찰 및 역사적 활동과 관련된 데이터 분석이 포함될 수 있다. 더 중요한 것은 위에서 설명한 종류의 환경을 반영하는 도전과 환경을 탐색할 수 있는 영역이 도입되어야 한다는 것이다. 해결해야 할 도전이나 달성해 낼 환경이 있는 곳이라면 누구나 놀이뿐만 아니라 관찰을 통해서도 배울 수 있도록 훨씬 높은 수준의 능력을 갖춘 사람들이 있어야 한다. 아이들은 자신의 반응과 발견에 대해 정기적으로 관찰하고 대화에 참여하는 사람의 지원을 받아 다양한 환경을 자유롭게 돌아다닐 수 있어야 한다.

이 시스템의 의미는 '직업으로서의' 교육이 사라진다는 것이다. 하지만 가르치는 일 자체를 없애자는 것은 아니다. 오히려 모든 직업이 이런 식으로 진행될 것이라고 예상한다. 즉, 작업을 수행할 능력이 있는 사람들이 선택하도록 작업을 구성하고 나눌 것이다. 산업 시대에는 장인의 작업을 별개의 역할로 분리하여 '생산 라인'을 가능케 하는 진전이 있었다. 다음 단계에서의 역할은 분산 방식으로 수행될 작업에 따라 나뉜다. 이 모델의 장단점은 금방 파악할 수 있다. 일단 미숙한 교사가 발생하는 문제를 대부분 근절할 수 있다. 오늘날 교육은 주로 일종의 거품 형태로 존재하며 실제로 업무와 직접적인 연관성이 적다. 다른 한편으로, 당신은 어떤 분야의 숙련자들이 다른 사람을 가르칠 만큼 능숙할지에 대한 걱정할 수 있으며, 당연히 그럴 권리가 있다. 그러나 교육 자격이 실제 교육 능력을 대변할 것이라는 헛된 기대감부터 없앨 필요가 있다. 대부분의 자격과 마찬가지로 많은 콘텐츠를 덤핑하는 것은 실제로 작업을 수행하는 데 큰 도움이 되지 않는다. 대부분의 교사는 교육 프로그램에서 배우는 내용이 교실에서 직면하는 문제와 큰 관련이 없다고 말할 것이며, 대체로 교사가 되고 싶어 하는 사람들이 교사로 선택된다.

우리 모델에서 사람들은 실천을 통해 배울 것이다. 학습을 지원하는 능력을 개발하면 획득한 배지에 반영된다. 따라서 컴퓨터 과학에 관심이 있는 사람들은 인상적인 성과를 거뒀을 뿐만 아니라 지원 품질에 대한 배지도 있는 멘토를 선택할 수 있다. 물론 학습을 지원하는 능력을 개발하고자 하는 사람들이 이용할 수 있는 리소스도 있을 것이다. 다시 한번, 내가 설명하고자 하는 것은 계층화된 도전 시스템으로, 동시에 배우고 일하고, 지불하고 벌고, 다른 사람을 가르치고, 스스로 배우는 환경이다.

사실 우리가 수천 년 동안 배운 방식과 다르지 않다. 일단 패턴이 나타나기 시작하면 (반드시 사람이 잘하는 패턴이 아니라 관심의 패턴) 프로세스를 조정하여 추가 탐색 영역을 제안하는 것이 가능해야 한다. 이건 중요한 개념이다. 자녀의 발달을 좌우하는 것은 자녀의 능력이 아니라 관심사이다. 순수하게 사람들이 잘하는 것과 그들이 관심을 두는 것에 초점을 맞추지 않는다면 학습은 비효율적이고 자괴감이 들 가능성이 높다. 이 모델에서는 어린이가 조기에 전문화되는 것을 막지 않는다. 예를 들어 도전 복잡성의 순위를 빠르게 상승시켜 12세에 성취되고 고수익 사이버 공격자(또는 상용 드론 조종사)가 되는 것이다. 마찬가지로, 아이들은 계속 탐구 할 수 있다. 실제로 성인 학습자는 일부 영역에서는 잘 수행할 수 있지만 다른 영역에서는 상대적으로 초보자이다. 학습과 일 사이에 뚜렷한 차이가 없다. 대신, 각 개인은 자신의 업적을 반영하는 배지 세트와 초보자(대부분 학습)에서 전문가에 이르는 활동 포트폴리오를 가지게 될 것이다. 업적을 반영하는 배지 아이디어는 테스트를 통과해 인증서를 획득하는 교육적 정통성에서 크게 벗어나 있다. 배지는 당신이 아는 것보다 실제로 할 수 있는가를 훨씬 더 중요하게 판단한다. 군인이 가슴에 착용하는 메달이나 게이머가 컴퓨터 게임에서 잠금 해제하는 '업적'과 같은 시스템을 떠올려보자. 그와 비슷한 방식으로 사람들은 교육/업무 시스템을 통한 발전 정도에 따라 성과와 배지를 축적하게 될 것이다. 이것은 모든 관계자에게 훨씬 더 나은 시스템이다. 당신에게 일을 맡기기 위해 돈을 지불할지 말지를 고민하는 사람들은 당신의 능력 수준과 작업 적합성을 즉시 정확하게 평가할 수 있다. 졸업생들의 경험이 입증된 만큼 '경험이 없다'며 고용주가 트집 잡는 일은 사라질 것이다.

실제로 작업 수행이 가능한 사람을 안정적으로 식별하는 알고리즘을 사용하는 게 훨씬 합리적이다. 각 개인은 다양한 관심 분야에서 자신의 능력 수준에 맞는 수입을 얻을 수 있는 작업 포트폴리오를 갖게 된다. 개인의 관점에서 고려해보자. 작업을 수행할지 여부를 결정할 때 중요한 고려 사항은 그것이 바로 새 배지를 획득할 기회라는 것이다. 기업은 학습 기회를 제공하는 과제를 완수함으로써 인센티브를 받게 된다. 배지 시스템에는 휴대용 프로필이 필요하다. 당신의 업적 및 학습 기록은 당신이 일한 조직에서 보유한다. 사람들이 빠른 속도로 한 조직에서 다른 조직으로 이동하는 문제가 점점 더 커지고 있다. 조직은 다양한 단기 과제를 구성하거나 자원에 대한 보다 '플러그 앤 플레이'한 접근 방식을 수용해야 한다. 새로운 환경에서 개인은 자신의 업적에 대한 기록을 직접 소유하고 유지할 것이며, 이는 자신의 업적과 능력에 대한 핵심적인 증거가 될 것이다. 실제로 이는 링크드인과 같은 사이트가 인재 및 채용을 위한 통합 시장을 제공하면서 이미 시작되고 있다. 여기서 누락된 것은 수여 기관과 함께 우리가 설명한 직업 개발의 '트리 구조'이다. 예를 들어, 포춘 100대 기업 내에서 특정 팀에 대해 '성공적으로 이끌었다'는 기록을 남길 순 있지만, 이것은 내가 컴퓨터 게임을 '성공적으로 완료했다'는 기록과 다르지 않다. 배지 시스템에서는 자신의 구체적인 업적에 대해 말할 필요 자체가 없다. 적절한 배지 시스템이 매우 구체적으로 성과를 식별하고 성공을 신뢰할 수 있는 척도가 될 것이다. 여기에는 신뢰할 수 있는 다른 사람들의 평가가 포함될 수도 있다. 과제의 본질은 주제와 능력이 과제의 핵심 요구에 반응한다는 것을 의미한다. 컴퓨터 숙달에는 대본 작성 및 숫자 사용을 배우는 것이 포함될 수 있지만, 학습자의 관심사와 관련된 방식으로만 가능하다. '지리'와 '역사' 등을 더는 가르치지 않는 것이 아니라, 누군가가 하려는 일과 관련이 있는 방식으로 가르치는 것뿐이다. 전반적으로 시스템의 구조는 밑부분에 몇 개의 가지가 있는 나무와 비슷하며, 각 분기는 과제가 더 구체적이고 복잡해짐에 따라 분할을 반복할 것이다. 사람들은 능력을 보여주고 자신의 업적에 대한 배지를 획득하면서 구조를 발전시킬 수 있지만, 구조에서 다시 내려가 다른 지점을 탐색할 수도 있다.

성과에 대한 공통된 표준과 평가 방식을 보장함으로써 오늘날 우리가 가지고 있는 '인증을 위한 현금'을 대체할 '배지를 위한 현금' 경제의 위험을 줄일 수 있다. 내가 글을 쓰는 동안에도 링크드인과 같은 민간 부문 조직은 중앙 성과 기록의 구성 요소를 조용히 구축하고 있다. 잠재적인 고용주에게 자신을 더 잘 보이게 하려고 이미 비용을 지불하고 있을 수도 있기 때문에 우리는 이런 부분까지 염려해야 한다.

내가 생각하는 교육의 역할에 대한 정의, 즉 교육의 목적에 관해서 이야기하며 이 장을 마치고자 한다.

교육은 개인이 목적의식을 발견하는 것과 그것을 삶의 일부로 만드는 것에 도움을 줄 수 있는 프로세스를 제공함으로써 학습을 지원해야 한다.

일과 삶의 균형을 강조하는 것은 조직 내에서 학습이 제대로 일어나지 않는다는 것을 암시한다. 각 개인은 일을 통해서 자신의 관심 사항을 충족하지 못하는 환경에 놓이게 되고 부족한 부분을 개인의 여가 생활을 통해 충족하려 한다. 결국 일과 삶의 균형이 아니라 일과 삶이 통합되어야만 진정으로 행복한 삶을 살 수 있으므로 그러한 부분에서 교육은 개인의 관심 사항이 일터에서 충분히 충족될 수 있는 환경을 만들어야 한다.

## 핵심 요약

- 현대의 교육 시스템은 산업사회에서의 돌봄과 복종의 요구 및 위계적인 사건들을 기반으로 형성되었다.
- 교육 시스템은 가장 기본적인 두 가지 원리에 의해서 학습이 작동된다는 것을 전제로 하고 있다. 첫 번째는 개인의 관심 사항에 대한 지속적인 맵핑이고 두 번째는 복잡성의 증가에 따른 도전 과제 탐색의 자유이다.
- 잘 구조화된 교육은 난이도에 따라서 일과 학습을 적절하게 통합한다. 돈을 지불하고 순수하게 학습하는 한쪽 끝과 돈을 벌면서 일하는 한쪽 끝을 잘 통합하는 것이다.
- 학습과 일의 통합은 개인의 삶과 모든 환경 속에서 확장된다. 그래서 개인은 학습-일의 역동적인 포트폴리오를 가지고 있다.
- 학습은 주제topic 중심이 아니라 일task 중심이다. 학습은 현업의 실제 활동들과 관련된 도전의 수준에 따라서 구조화된다.
- 가르치는 것은 역할이 아니라 일이며, 개인의 관심과 능력에 따라 그들의 포트폴리오에 추가하는 활동 중 하나이다.

• 인정이란 것은 개인의 도전 과제에 대한 성공적인 완수, 즉 성취에 따라 주어지는 것이다. 개인의 성취 기록은 고용 선택의 기초 자료로 활용될 수 있다.

다음 장에서는 학습 프로그램을 설계하는 5Di 모델에 대해서 구체적으로 이야기하고자 한다. 5Di 모델을 통해서 조직 내에서 '풀'과 '푸시' 교육 방식이 필요한 각각의 시점이 언제인지 구체적인 사례와 함께 이해를 돕고자 한다. 이러한 프로세스의 핵심은 학습자를 과정 개발의 중심에 둔다는 것이다. 다른 말로 이것은 사용자 중심의 디자인 프로세스 User-centered design이다.

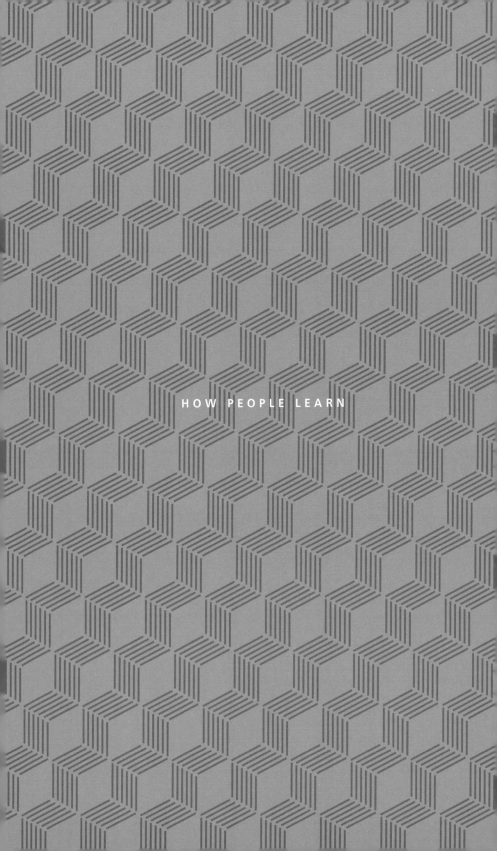

HOW PEOPLE LEARN

# 7장

◆

# 학습자 중심의
# 새로운 교육과정 개발 방법

사람들은 일상에서 자신이 하는 것들에 관하여 깊이 고민하려 하지 않는다. 그저 인지적인 수고를 최소화하기 위하여 반복되는 일상과 관습 및 습관, 최소한의 이성적 합리성에 의존해 오늘 무슨 옷을 입을지 어떤 음식을 먹을지 등과 같은 일들을 고민한다. 사람들에게 그들이 하는 일을 근원적인 것부터 하나하나 생각하고 행동하라고 말하는 것은 아마 상당한 불안감을 줄 것이다. 솔직하게 말하면 사람들은 생각에 따라서 그렇게 많은 영향을 받지 않는다. 실제로 사람들은 살아가면서 느끼는 것들, 그들이 흥분하는 것이나 그들에게 기대되고 있는 것, 또는 단지 옳다고 느끼는 것에 의해서만 영향을 받는다. 나는 당신을 다른 상식으로 흥분시킬 수 있기를 희망하지만 정서맥락모델로 당신이 정상적이고 옳다는 감정을 느끼게 만들지 못한다면 의미가 없다고 생각한다.

좋은 소식은 지난 20년 동안 정서맥락모델을 연구한 결과, 이를 실제로 적용하는 몇 가지 기술이 생겨났다는 것이다. 그리고 나는 그 기술들을 여기에 공유하려 한다.

정서맥락모델을 실행에 옮기기 위해서는 가장 먼저 인간중심의 학습 설계가 필요하다. 그 이유는 아주 간단하다. 개인의 관심이 학습의 동기를 부여한다고 가정하면 사람들이 무엇에 관심이 있는지에 대한 이해가 없이는 효과적인 학습을 설계할 수 없기 때문이다. 이것은 결국 두 가지 선택지로 귀결된다. 개인이 무엇에 대한 관심이 있는지 이미 인지한 경우는 그 관심의 재원을 찾아야 하고, 관심이 없는 것에 대한 학습이 필요한 경우는 경험 제공을 통해 학습을 설계해야 한다.

인간중심의 교수 설계는 완전히 새로운 이론은 아니지만, 그 이론을 뒷받침 할 수 있는 모델이 없다면 잘못된 방향으로 가게 될 수도 있다. 아이가 초등학교에 가는 첫날을 예로 들면 세 가지 유형의 학습설계 접근법으로 설명할 수 있다.

1. 개인이 알아야 하는 목록과 (교육부에서 결정된) 읽어야 하는 자료들이 있다. 이것은 전통적인 학습 방법이며, 앞에서 내가 얘기한 '콘텐츠 덤핑'이 여기에 해당한다.

2. 개인이 해내야 하는 일들의 목록에 기반을 둔 도움 자료들이 있다. 이 방식은 1번 대비 비교적 더 좋으며 사람들이 달성하고자 하는 것이 무엇인지 알아내기 위해 시간을 투자하는 기존의 수행 지원 접근 방식을 반영한다.

3. 개인이 관심이 있는 것들(학교 적응을 위하여 친구를 사귀고, 왕따가 되지 않기 등)

과 이러한 관심사를 추구하기 위해 할 수 있어야 하는 것들을 바탕으로 만들어진 유용한 리소스 모음이 있다. 실질적으로 사람의 관심사가 학습을 주도하기 때문에 더 나은 접근 방식이라고 볼 수 있다. 개인이 하는 일에 집중하는 것만으로도 현재보다 더 좋은 방향으로 발전할 수 있다.

먼저 사람들이 해결해야 할 문제와 관심을 이해하고, 그다음 학습의 해결책으로 리소스나 경험을 설계하는 것이 가장 핵심적인 내용이다. 만약 이러한 방식을 사람들의 학습 과정에 적용할 수 있다면 세 가지 측면에서 드라마틱한 변화를 경험하게 될 것이다.

1. 이 프로그램이 얼마나 성공적인지 여부

   (예: 학습자가 프로그램을 사용하기로 선택했는지 여부)

2. 행동에 미치는 영향

3. 프로그램의 경험

다른 결과를 얻으려면 학습 설계를 수행하는 방식을 변경해야만 한다. 그렇다면 구체적으로 어떻게 해야 할까?

## 5Di 학습설계 모델

지난 몇 년 동안 5Di라는 교육과정 개발 모델을 적용해 왔다. 전체적인 과정은 그림 7-1에 요약되어 있다.

그림 7.1 5Di 학습 설계 모델

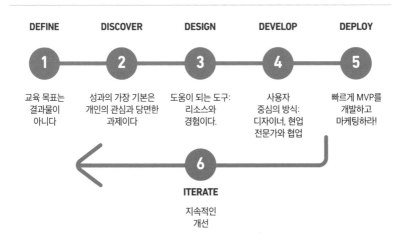

단계별, 순차적으로 설명하기보다는 과정 개발에 몰입하기 전에 우선 현재의 성과를 구성하고 있는 과제와 관심을 먼저 파악하는 데 더 집중하는 것이 필요하며, 이러한 과정이 전통적인 교육 설계 방법론보다 훨씬 더 훌륭한 성과를 만들어 낼 것이다.

## 1. 정의Define

우선 학습에 대한 정의부터 재정립해야 한다. 보통은 "학습은 어떠한 수단을 통해 머릿속에 정보를 채우는 것"이라는 생각을 하고 있기 때문에 정의의 재정립이 필요한 것이다. 본인이 그렇게 생각하고 있다는 사실을 인지하지 못하는 사람들도 있다. 학습이나 교육 분야에 종사하는 경우 다음과 같은 방식으로 이러한 문제를 경험하게 될 것이다. 누군가 당신에게 본질적으로 알아 두기를 원하는 몇 가지 정보를 제공한 뒤 다음과 같이 얘기한다. '모든 사람이 이 정보를 알아야 한다고 결정했습니다. 교육 설계 마법사를 사용하여 과정을 개발하세요.' 기본 가정은 학습은 지식 전달(한 위치에서 사람의 머리로 정보 이동)이며 이를 실현하는 것이 당신의 임무라는 것이다.

예를 들어, 일반적으로 사람들은 '학습 목표'라는 개념을 매우 좋아하는데, 학습이 끝날 때 사람들이 '알아야 할' 항목의 목록이 된다. 학습 목표는 사람들이 얼마나 많은 교육이 필요한지를 결정하는 '교육 니즈 분석'으로 시작한다. 문제는 명칭에 있는데, 프로세스는 문제가 무엇이든 교육이 답이라고 가정하기 때문이다. 우리는 이것을 '마시멜로 니즈 분석Marshmallow needs analysis' 이라고 한다. 즉, 모든 사람이 필요로 하는 마시멜로의 수를 결정하는 프로세스이다. 만약 '교육'이 '콘텐츠 덤핑'을 의미한다면 결과적으로 교육은 답이 아니다. 종종 중요한 사람들에게 덜 중요하다고 생각하는 사람들이 알아야 한다고 생각하는 것이 무엇인지 묻고 주위를 돌아다니며 교육 니즈 분석을 수행한다. 전반적으로 이 모델은 생산성이 '능력'과 관련이 있고 교육을 통해 개선된다고 가정한다. 그러나 실제 사람들은 결코 '능력을 향상' 시키지 않는다. 그 대신 무언가 다른 일을 하려고 한다. 그리고 실질적으로 그들이 하려는 일을 도와주지 않는 한 당신의 노력이 많은 영향을 미치지 않을 것이다.

요점은 지나친 생각을 그만하려면 여기에서 입장을 취해야 한다는 것이다. '좋아요! 그러나 학습 목표는 잠시 미뤄두고 이 프로그램이 성공했을 경우 사람들이 할 수 있는 일에 관해 이야기 할 수 있습니까? 예를 들어, 그들이 다르게 행동하는 것을 어떻게 확인할 수 있을까요?"라고 말해야 한다. 이것은 프로그램이 마지막에 성공했는지 여부를 평가하는 것을 훨씬 더 쉽게 만든다.

요약하자면, 학습 설계의 시작은 사람들의 머릿속에 어떤 정보들을 넣을지를 생각하는 것에서 사람들이 어떻게 다르게 행동하는지에 대한 대화로 이동해야 한다. 위에서 보았듯 우리는 학습을 기억의 결과로써 따르는 행동과 능력의 변화로 정의했다. 그래서 우리가 사람들에게 무언가를 기억하게 했다고 할지라도 학습은 아주 사소한 의미에서만 이루어졌을 것이라는 매우 현실적인 리스크가 있다. 정의 단계에서 우리가 만들어 내는 것은 학습 목표가 아니라 학습에 따른 결과물이다. 결과라는 것은 우리가 만들어내고 싶어 하는 것에 대한 측정 가능한 변화이다.

내가 가끔 이 주제에서 유용하다고 생각하는 방법은 '느끼기', '말하기', '행하기'라는 세 가지 칼럼을 바탕으로 사람들에게 학습 프로그램의 결과로 이러한 칼럼이 어떻게 변화할 것인지 물어보는 것이다. 예를 들면, 사람들은 다양성이 정말로 중요하다고 느낄까? 그들이 뭔가 안전하지 않은 것을 본다면 큰 소리로 말할까? 그들은 팀을 지도하는 데 더 많은 돈을 쓸 것인가? 이다.

이것은 매우 작은 부분처럼 보일지 모르나 사실 엄청나게 도움이 될 수 있다. 만약 이러한 칼럼이 없다면 다음과 같은 현상이 일어난다. '좋습니다. 학습 목표에 동의했으니 이제 우리가 다루어야 할 모든 주제에 대해 리스트를 작성합시다!' 명확히 해두고 싶은 건, 학습 목표도 없고 주제도 없다는 것이다. 만약 학습 목표나 학습 주제에 관해 대화를 하고 있다면 당신은 벌써 길을 잃은 것이다. 대신 변할 수 있는 것은 오직 행동과 관심이다. 우리는 이러한 변화를 가져올 방법들을 알고 있다. 그것은 우리가 앞으로 얘기하게 될 리소스들과 경험들이다. 경험에 관해서는 거의 콘텐츠가 없고, 리소스 관련 콘텐츠는 무수히 많다고 할지라도 사람들이 실제로 리소스를 활용하여 머릿속에 저장할 것이라는 예측을 할 수는 없다. 그들이 좋아하면 저장하겠지만 이는 전적으로 그들에게 달려있다.

어떤 의미에서 우리는 학습에 대해서 걱정하는 것을 완전히 멈춰야한다. 대신 우리는 사람들이 관심이 있는 것을 할 수 있도록 도와주고 새로운 관심을 가질 기회를 주어야 한다.

## 2. 발견Discover

기존의 교육과정 개발 방법론과 가장 차이가 나고 가장 중요한 단계가 발견의 단계이다. 이 단계에는 상당히 급진적인 생각들이 포함되어 있다.

고객 판매용 제품을 생산하는 방대한 다국적 조직을 상상해보자. 그 조직은 복잡한 '가치 사슬'을 가지고 있다. 이는 일반적으로 조달, 물류, 운영, 제조, 소매, 전략, 마케팅, HR, 그리고 제품을 생산하기 위해 서로 협력하는 비즈니스의 많은 부분이 있음을 의미한다.

대부분의 회사에서 사업 규모와 수익을 늘리기 위해 정기적으로 신제품을 내놓고 있다. 그러나 최근 제품 판매 데이터에서 충격적인 추세를 발견했다. 성공은 보통 들쑥날쑥Hit and miss 하듯이 일부 제품은 잘 팔리고 다른 제품은 판매에 실패한다. 그런 상황에서 회사는 실패한 제품에 더 많은 마케팅 예산을 투자하고 사람들이 제품을 구매하도록 독려하는, 그럴듯하지만 이상한 장려정책으로 이 문제를 해결하려고 했다. 하지만 이러한 방법은 잘 먹히지 않는다. 그러자 아무도 시도하지 않은 방법에 대한 얘기가 나온다. 고객을 제품 디자인에 참여하게 하는 시도와 같은 것 말이다. 누군가 즉각 반대하며 헨리 포드의 말을 인용한다. '내 고객들에게 원하는 것이 무엇인지 물었다면 고객들은 "빠른 말"이라고 말했을 것입니다!' 그러나 이러한 시도는 실제로 사람들에게 원하는 제품을 묻는 것이 아니라 그들을 움직이는 것이 무엇인지 이해하는 것이다. 즉, 대화를 통해서 사람들이 A에서 B로 더 빨리 가고 싶다는 것을 알게 된다면, 그들이 원하는 것을 얻을 수 있도록 도울 수 있는 몇 가지 법을 생각해 낼 수 있다.

이 이야기가 이상하게 들릴 수 있지만, 많은 기업이 수십 년 동안 해왔고 지금도 여전히 하고 있다. 현 매출을 기준으로 미국에서 13번째 대기업으로 선정된 GE는 최근 '패스트웍스FastWorks'라는 새로운 제품 개발 방식을 도입했다. 이 방식은 본질적으로 고객을 제품 설계 프로세스에 참여시키는 것이다. 왜 기업이 지금껏 이런 방식을 도입하지 않았는지 이해하기 어려울 수 있지만 어떤 과정에서 부서와 프로세스가 많이 개입되면 고객들에게 불이익을 주거나 어떤 위험으로 나타날 수 있다. 여기서 말하는 위험은 업무를 교체하거나 현재 진행 중인 과정이 틀렸다는 것을 인정하는 것을 말한다.

위 내용은 학습과 교육 분야에 비유할 수 있는 좋은 예이다. 그것은 많은 관습과 프로세스가 있는 복잡한 시스템이며, 우리의 제품과 서비스에 대해 고객과 이야기할 때 우리가 하지 않는 것을 말할 수 있는 위험이 있다. 예를 들어 지루한 학교에서 그냥 시간을 낭비하는 것은 훈련하는 것과 같다. 실제로 고객들은 그런 것들을 말하며, 딸 역시 대부분 하루를 마칠 때마다 그것을 말한다.

제인 하트는 수십 년 동안 조직에서 수천 명의 학습자를 설문 조사하고 그 결과를 웹 사이트에 게시했다. 사람들은 이러닝을 싫어하고 쓸모없는 것이라고 끊임없이 말했다. 그런데도 교육산업은 이러닝 생산을 중심으로 성장했으며 대학은 이것을 진화시키기 위해 잠재적으로 다음 단계를 만들고 있다. 만약 달성하고자 하는 것이 '좋은 직장 구하기'라면 무엇이 '좋은 것'이고 그에 부합되는 직장의 고용주가 요구하는 것은 무엇인지 알아내야 할 것이다.

그러나 고객을 디자인 프로세스의 중심에 두면 기존의 디자인과 비교하여 매력과 효과 측면에서 급진적인 변화를 가져올 수 있다. 고객이 디자인했기 때문이 아니라 디자인이 어떤 것에 대한 반응인지 알 수 있으며 그 결과 행동(구매 또는 학습 등)을 유도할 수 있기 때문이다. 발견 단계에서 우리는 사람들의 관심과 해야 할 과제에 관해 이야기한다. 이것은 전통적인 '교육 니즈 분석'과 완전히 다르다. 청중의 '관심'은 그들이 걱정하는 것, 아마도 밤에 깨어 있게 만드는 문제일 것이다. 그들의 '과제'는 대부분의 시간을 소비하는 것, 즉 시간을 차지하는 활동이기 때문에 이 두 가지가 겹칠 수 있다. 예를 들어, 어떤 사람은 회의에서 많은 시간을 보내고 회의의 결론이 무엇인지 걱정할 수 있다.

관심과 과제를 처리하는 데 사용할 수 있는 도구는 많이 있다. 가장 간단한 방법의 하나는 사람들에게 '상위 10개 과제'와 '상위 10개 관심사'를 나열하도록 하는 것이다. 어떤 경우에는 대부분을 예상하고 순서대로 배치할 수 있어 통계 분석을 더 쉽게 할 수도 있을 것이다.

그러나 이 방식은 문제의 핵심에 도달하지 못할 수도 있다. 사람들이 '관심'에 대해 생각하는 것에 익숙하지 않기 때문이다. 솔직히 아무도 물어보지 않았기 때문으로 이 경우 대안인 '감정 곡선'이 도움이 될 수도 있다.

감정 곡선은 개인에 의해 그려지며 일정 기간의 감정을 나타낸다. 기간은 일주일에서 몇 달까지 소요된다. 감정 곡선은 과도기 기간에 종종 그려진다. 예를 들어 회사에 입사하거나 학교에서의 첫날, 다른 국가로 이주하는 때가 그렇다. 각 개인은 일정 기간의 여정을 나타내는 곡선을 그린 다음 중요한 이정표를 포함하여 자신의 감정에 대해 긍정적 부정적인 범위를 나타내는 곡선을 그려야 한다. 사람들은 곡선을 그린 후 그룹 인원들과 공유하고 곡선에 대한 이야기를 들려 달라는 요청을 받는다. 그렇게 사람들이 이야기하기 시작하면 그들이 진정으로 관심 있는 것을 볼 수 있다.

이러한 과정은 실행 자체가 치료적이기도 하고 학습 과정을 실제로 주도하는 우려와 감정이 뚜렷이 드러나도록 해준다. 사람들의 이야기를 들어 보면 무엇이 도움이 되는지, 어떤 것을 배우고 싶어 하는지 매우 빨리 알 수 있다. 사실 '감정 곡선'은 '사용자 여정'의 한 유형이다. 이 접근 방식의 원천은 디자인 프로세스가 고객 경험을 시작점으로 삼아 개선 방법을 고려한 데 있다.

아래의 그림 7.2는 실제 곡선이 아니라 수년 동안 청취한 수백 개의 새로운 리더들의 이야기를 합성한 결과이다. 이 결과를 '밥의 이야기'라고 가정해 보자.

그림 7.2 신임 리더의 전형적인 감정 곡선

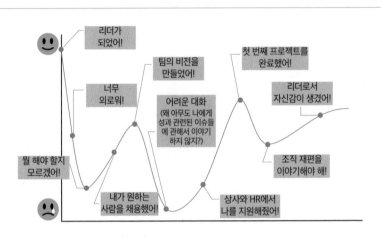

밥은 대기업의 프로세스 엔지니어이며 업무에 능숙하다. 밥은 자신이 팀 리더로 승진했다는 소식을 듣고 흥분되고 자랑스러웠다. 그는 자신의 전문성과 헌신이 인정받았으며 지위가 한층 높아졌다고 느꼈다. 그러나 밥의 새로운 역할로의 전환은 험난했다. 예전 직책을 맡을 후임자를 찾지 못해 새로운 직위를 맡았음에도 예전 일을 하기 위해 고군분투했다. 프로모션 프로세스는 밥이 예상한 것만큼 구조화되어 있지 않았다. 조직화 되지 않았으며 권한을 위임할 방법도 거의 없었다. 밥의 상사는 아주 바빠 보였고 솔직히 밥은 자신이 멍청해 보일까 봐 질문하는 것을 두려워했다. 밥이 생각하는 리더는 자신감과 비전이 있는 사람인데 그는 둘 다 없다는 것을 인정하고 싶지 않았다. 밥은 끝자락에 서 있는 것처럼 외로움을 느끼고 자신감을 잃기 시작했다. 그는 갑자기 자신이 하는 일을 정확히 파악하지 못하고 두서없이 일하는 상태로 바뀌었다. 그 결과 밥은 자신이 프로세스 엔지니어링 전문가였을 때 했던 것처럼 팀 작업의 어려움을 극복할 작업을 지시하고 전반적으로 세심하게 관리했다. 밥의 현 상황에 대한 이론적 근거는 '기준을 높인다'는 것이었지만 그의 팀은 낙담한 기분이 든다고 불평했고 일부는 떠났다. 그 결과 밥은 외롭고 불확실할 뿐만 아니라 현재 상황에 압도당하게 되었다. 그는 자신에게 새롭게 주어진 채용 권한을 활용하기로 했고, 조직의 평판을 손상하는 문제를 피하려고 자기 생각대로 채용했다. 원하는 팀원들을 모집하게 되었고 이로 인해 밥의 기분은 나아졌지만, 그것이 팀의 성과로 이어지지는 않았으며 조직에 부합되지 않는 인원들로 인해 어려움을 겪었다.

그런데도 밥은 계속해서 일을 추진했다. 팀 비전을 설정하는 것에 행복을 느끼는 밥은 대부분의 팀원이 그 비전에 동의한다고 느끼지 않았음에도 불구하고 개선에 착수했다. 마침내 HR이 몇 주 동안 그를 괴롭혔던 '성과'에 대한 대화시간을 통해서 그는 가슴에서 무언가를 떼어 낼 좋은 기회라고 생각했다. 하지만 계획대로 되지 않았다. 그는 팀 중 한 사람에게 화를 냈고 불미스러운 몇 가지 말을 했고 결과적으로 공식적인 불만이 제기됐다. 공식적인 불만 처리 과정은 몇 달 동안 계속되었다. 이 문제로 그는 잠을 잘 수 없었으며, 팀의 사기는 매우 떨어졌다.

긍정적인 측면으로는 그가 처음으로 자신의 관리자로부터 약간의 지원을 받고 있다고 느꼈다는 것이다.

몇 달 후 팀은 큰 프로젝트를 완료했고 밥은 완료된 프로젝트로 인해 기분이 좋아졌다. 그러나 그가 이제야 한고비를 넘겼다고 생각했을 때 조직 개편 발표가 나왔다.

사람들이 들려주는 이야기를 들을 때, 당신은 놀라운 몇 가지를 경험하게 될 것이다. 첫 번째, 사람들은 자신이 경험한 것과 그 느낌에 관해 이야기할 기회가 있으면 예상외로 좋아한다. 본인이 겪고 있는 일을 공유할 기회가 없기 때문인데 아마도 그게 기업 교육 행사와 코칭이 인기가 있는 이유일 것이다. 둘째, 사람의 활동이 관심 있는 것들을 얼마나 많이 주도하는지, 그리고 마지막으로, 학교에 입학하든 새 직장을 구하든 그 안에서 그 사람이 놓친 기회가 많다는 것이다.

밥의 예를 들어 보자. 밥이 리더가 되어 기뻐한다면 그 열정을 최대한 활용해 보는 것은 어떨까? 회사 내에서 홍보할 수도 있다. 새로운 역할에서 무엇을 해야 하는지 잘 모르고 있다면 체크리스트를 제공하면 어떨까? 밥은 고립되고 불확실하다고 느꼈지만, 관리자에게 잘못된 인상을 주는 것에 대해 걱정하고 있었다. 그렇다면 조직 내 다른 부서 고위급 리더를 멘토로 지정하여 조언해주도록 하는 것은 어떨까? 그는 직원들이 리더에게 무엇을 기대하는지 잘 모르기 때문에 리더에게 기대되고 가치 있는 것에 관해 이야기하는 동영상을 보거나 리더십의 '해야 할 일'과 '하지 말아야 할 일'에 대한 한 페이지짜리 유인물을 보는 것만으로도 큰 도움이 될 수 있다.

인수인계 프로세스가 좋지 않은 경우에는 검토할 문서 및 시스템 확인 목록을 제공하는 것은 어떨까? 밥이 위임 및 코칭보다는 디테일하게 관리하는 경향이 있다면, 연습 기회와 함께 두 영역에 대한 약간의 지침을 주는 것이 도움이 될 것이다. 처음으로 사람을 채용하는 것이 혼란스러울 수 있으니 단계별 가이드, 좋은 인터뷰 질문 목록 및 인터뷰에 함께 할 HR 파트너를 지원하면 좋을 것이다.

'팀 비전'을 만든 적이 없는 밥은 이러한 종류의 세션을 실행하는 올바른 방법에 대한 지침도 고맙게 생각할 것이다. 하지만 어려운 대화를 나누는 경우 간단한 리소스로는 충분하지 않을 수 있다. 밥은 자신의 비판이 미칠 수 있는 영향에 대해 별로 신경 쓰지 않거나 이해하지 못한 것이 분명해 보였다. 아마도 이것은 밥이 경험(피드백 제공을 연습할 기회)으로부터 얻을 수 있는 영역이며, 그 문제에 대해 밥이 정기적으로 피드백을 받을 수 있도록 하는 것이 바로 시스템이다.

지금까지 내용으로 보면 엄밀한 의미에서는 학습이 아니라고 생각할 수 있다. 만약 그렇다면 당신이 정말로 의미 있다고 생각하는 것들이야말로 엄밀히 말해서 교육이 아니라는 의문을 제기하고 싶다. 다른 말로 하면 당신은 학습이라는 것이 사람들에게 지식을 기억하게 해야 한다는 잘못된 믿음을 가지고 있다는 것이다.

결론적으로 '발견' 단계에 대한 나의 요점은 이것이다. 사람을 위해 디자인할 때 시간을 들여 사람들과 함께 디자인한다면 정말 효과가 있다. 리소스가 어떻게 도움이 될 수 있는지 또는 경험으로 밀어붙일 수 있는지 즉각적으로 확인할 수 있기 때문이다. 위의 예를 따랐다면 이것이 실제로 우리가 '학습'이라고 생각하는 것인지 궁금할 것이다. 이것이 바로 내가 얻고자 하는 것이다. 학습은 당신이 통제할 수 없으며 정보를 사람들의 머릿속에 밀어 넣는 차원의 문제가 아니다. 학습을 위한 올바른 조건을 만들거나 이러한 조건이 충족될 때 올바른 자료를 제공할 수 있긴 하지만 학습 자체는 우리가 통제할 수 있는 영역이 아니다. 이러한 그룹에 대해 질문할 때 유용한 다른 종류의 질문이 있다. 예를 들어 사람들이 오늘 도움이 필요할 때 어디로 가는지, 어떤 기술을 사용하는지, 오늘날 가장 도움이 되는 것이 무엇인지, 가장 실망스러운 것은 무엇인지 등이다.

### 3. 설계 Design

설계에 대한 아이디어는 사람들이 무엇에 관심을 두고 무엇을 하려는지 알아내는 데 시간을 할애할 때 매우 자연스럽게 떠오른다. 다시 한번 강조하지만 우리는 사람들이 알기를 바라는 것들의 목록을 작성하고, 그들을 과정에 참여시키고, 사람들이 어떻게든 그것을 소비하도록 강요하는 편리함이 주는 유혹을 이겨내야 한다. '학습 목표', '주제', '콘텐츠'라는 단어는 모두 경고 신호로 간주 되어야 한다. 이는 누군가가 콘텐츠 덤핑을 염두에 두고 있음을 강력하게 암시하기 때문에 우리는 '과제'와 '관심'을 '리소스'와 '경험'으로 대체해야 한다.

사람들이 배울 수 있는 환경을 설계할 때, 우리는 다음의 두 가지 일 중 하나를 수행하면 된다. 사람들이 이전에 하지 않았던 것에 관심을 두도록 경험을 설계하거나 그들이 관심을 두는 것을 이해하고 리소스를 제공하는 것이다. 그러면 그들이 하려는 일에 도움이 될 것이다. 모든 학습 활동은 대체로(예를 들어 멘토링과 함께) 이 두 범주 중 하나에 속한다.

사람들이 무엇에 관심을 두고 무엇을 하려고 하는지 알아냈다면 일이 훨씬 쉬워진다. 내가 많이 사용한 기술 중 하나는 'CTR<sup>Concern-task-resource</sup> 매트릭스'이다. 본능적으로 우리는 표의 왼쪽에 사람들이 가지고 있는 과제와 관심사를 나열하고 상단에는 고려 중인 일부 리소스들을 나열한다. ('비디오', '가이드', '체크리스트', '인포 그래픽' 등) 앞서 공유한 경험 대 리소스 다이어그램에는 더 긴 리소스 목록들이 있다 (그림 4.1).

또한 실제로 경험이 필요한 무언가를 결정할 경우 '경험'열을 추가한다. 그림 7.3은 '리더십'을 위한 CTR 매트릭스 템플릿의 단순화 된 버전을 보여준다.

그림 7.3 관심, 일, 리소스(CTR) 매트릭스

|  | Checklist | Video Tips | 1page guide | Do's&don'ts | Infographic | Experience |
|---|---|---|---|---|---|---|
| 조직 내에서 외로움을 느낌 |  |  |  |  |  |  |
| 사내 도구로 이메일을 |  |  |  |  |  |  |
| 무엇을 해야 할지 알기 |  |  |  |  |  |  |
| 적응하기 |  |  |  |  |  |  |
| 조직에서 쓰는 용어 이해하기 |  |  |  |  |  |  |

다음 단계는 이 표를 채우고, 한 줄씩 작업하고, 가장 잘 적용되는 형식을 결정하는 것이다. 예를 들어, 누군가가 매우 외로움을 느끼고 있

다면 '버디 프로그램'을 통해서 함께 참여할 수 있는 네트워크에 대한 한 페이지의 가이드(자원)를 설정할 수 있다. 바로 알 수 있듯이 이것은 '콘텐츠 덤핑'보다 '수행 지원'에 관한 것이다. 우리는 그들이 목록에 있는 모든 네트워크를 암기한 다음 기억력 테스트에 통과하기를 바라지 않는다. 컴퓨터에서 전자 메일을 사용하는 방법에 대해서는 한 페이지로 된 가이드가 가장 도움이 될 수 있으며 절차가 복잡한 경우에는 짧은 데모 비디오가 도움이 될 수 있다. 보통 이메일 설정은 한 번만 하면 된다. 사람들이 이를 반복해서 사용할 가능성은 없기 때문에 리소스가 학습으로 이어질 것이라고 예상하지 않는다. 예를 들어 IT 부서에서 여러 사용자를 대신하여 전자 메일 액세스를 설정 할 수 있다.

어떤 형식이 가장 잘 운영되는지 대한 확실한 답은 없다. 이는 주로 특정한 사용 사례와 개인에 따라 다르다. 그러나 고려해야 할 세 가지 사항이 있다. 첫째, 다양한 그룹의 사람들에게 도움을 받는 것이 좋다. 종이 또는 모바일 앱 형식이 잘 운영되는지는 전적으로 사람들이 이를 사용할 가능성이 있는 시기에 달려있다. 둘째, 개인의 선호도와 다양한 상황을 다루기 위해 하나 이상의 리소스 형식을 갖는 것을 추천한다. 마지막으로 이 전체 설계 프로세스는 반복적인 성격을 띤다. 즉, 처음부터 100% 정확한 답을 얻을 수 있다고 가정하지 않으며, 일련의 연속적인 근사치를 제외하고는 '정확히 처리'할 수 없다는 결론이 나온다. 이것은 우리가 전문가들을 모아서 '그것을 파악'하는 세계의 환상에서 벗어나는 사고방식의 전환이다. 하지만 학생들에게 적합하지 않은 교육 커리큘럼을 만든 것도 이 환상이다. 반복적이지 않으며 관련도 없기 때문이다.

실제로 어떤 형식이 가장 잘 적용되는지에 대한 직관적인 판단은 꽤 좋은 출발점이라고 할 수 있다. 누군가 댄스 동작을 배우고 있다면 비디오가 가장 도움이 될 것이며 조종사가 항공기 이륙 전에 무엇을 해야 하는지 알아야 하는 경우에는 체크리스트가 이상적이고 승객은 실제로 안전 절차에 관심을 가질 수 있는 방식이 필요할 수 있다. 수행에 대한 피드백은 '해야 할 일'과 '하지 말아야 할 일'에 활용할 수 있지만, 기능적인 특성으로 인하여 경험을 통해 연습하고 싶을 수도 있다.

방식을 결정한 후에는 각 요소를 만드는 작업을 다른 사람에게 할당할 수 있다. 이것은 개발이 병렬로 실행되고 프로그램의 일부분이 다른 부분보다 더 빨리 통합된다는 것을 의미한다. 이는 모든 것이 전달되기 전에 스크립트, 스토리보드, 서명 및 봉인되어야 하는 기존의 '과정 설계' 프로세스와는 상당히 다르다. 이 과정에서 사람들에게 유용한 리소스를 매우 빠르게 제공할 수 있기 때문에 진행하면서 더 많은 요소를 추가할 수 있다. 또한, 이 접근 방식을 학교 또는 대학 교육 시스템과 비교해 볼 가치가 있다. 현재 교육 과정은 교육부에서 동의해야 한다. 이 모델에서 강조하는 것은 콘텐츠에서 문맥으로의 이동이기 때문에 학습의 출처와 관계없이 입증 가능한 기술에 이르기까지 특정한 커리큘럼이 없고 여러 영역에서 명확하게 정의된 성과의 배열만 있는 모델을 상상해 볼 수 있다.

일반적인 비즈니스 상황에서 설계 프로세스란 주로 올바른 리소스를 식별하는 것이다. 주어지는 문제들은 대부분 사람이 직면해 있고 해결해야 하는 것으로 구성되어 있기 때문이다. 그러나 교육적 맥락에서 학습자가 해결해야 할 과제를 고려하려면 훨씬 더 많은 시간이 소요된다.

예를 들어, MBA와 같은 프로그램을 설계하여 성공적인 비즈니스를 구성하고 운영하는 방법을 가르치는 경우, 사람들에게 비즈니스 이론 강의에 참석하도록 요구하지 않을 것이다. 대신, 위의 프로세스를 따르면 성공적인 비즈니스 리더(및 일부 실패한 리더)와 이야기할 수 있고 첫 5년 동안의 감정 곡선을 계획하게 될 것이다. 이것은 새로운 비즈니스의 중요한 경로를 나타내는 주요 이정표와 과제를 식별하는 데 도움이 되며, 설계 프로세스의 다음 단계는 그러한 경험을 정서적으로 재현하는 것, 즉 똑같이 느껴지는 상황이나 시뮬레이션을 만드는 것이다. 예를 들어 소셜 미디어 위기에 대처 또는 새로운 세대의 고객을 이해하거나 고객 불만을 처리 할 수 있다. 이러한 각 과제에는 작업에 적합한 리소스가 수반되어야 한다. 종종 사람들은 이것을 '관련성이 있는 모든 문서가 한곳에 모으는 것'으로 해석한다. 마찬가지로 일부 사람들은 이것을 '큐레이션'이라고 생각하지만, 사실은 그렇지 않고 리소스를 제공하지도 않는다. 리소스는 특정 상황에서 작업을 수행하는 데 도움이 되는 형태로 사람, 비디오 또는 문서일 수 있지만 라이브러리는 아니다. 우리가 '리소스'라고 부르는 것을 생산하는데 사람들이 다른 곳에서 도움을 구한다면 우리는 자원을 전혀 생산하지 않았을 가능성이 높다. 우리는 더 많은 콘텐츠를 만들어서 큐레이션의 이름으로 더미로 쌓아두면 된다.

아직도 사람들을 정서적 존재로 이해하지 못하기 때문에 필요한 도구와 기술을 개발하기 전에 세부적으로 분석해야 한다는 2천 년 전의 생각에 머물러 있다. 우리는 감정적인 상황에 따라 개인이나 상황을 매핑하는 것이 무엇을 의미하는지 이해하기 위해 고심할 것이다. 예를 들어, 정확한 시간에, 해야 할 적절한 말을, 정확히 알 수 있다는 생각은 여전히 마법이나 직관의 영역에 있다.

더욱 실질적인 예로, 교사 그룹을 위해 학교에서 아이의 첫날 경험을 재현해 달라는 요청을 받았다면 어떻게 해야 할까? 사람들은 어떻게든 학교에서의 전형적인 첫날을 계획하고, 실제로는 완전히 다르게 보일 수 있지만, 꽤 비슷하게 느껴지는 방식으로 그것을 재현해야 할 것이다. 이처럼 교육 설계 플레이 북에서는 그다지 가치를 찾지 못할 것이기 때문에 고객 여정 맵핑과 같은 인간 중심 디자인 분야의 기술을 살펴보는 것이 좋을 것 같다. 고객 여정 맵핑은 일반적으로 회사에서 제공하는 서비스의 개선 방법을 이해하기 위해 작성된다. 가족과 함께 휴가를 보낼 때 여행에 수반되는 모든 것을 생각해 보자. 누군가가 모든 것을 관찰하고 모든 최고점과 최저점, 모든 좌절감과 기쁨을 주의 깊게 관찰한다면 어떨까? 당신을 면밀히 관찰하고, 경험의 핵심 사항을 지적하고 질문을 함으로써 우리는 경험에 대한 일종의 지도와 당신이 다른 시간에 느끼는 것들까지 만들 수 있다. 일반적으로 이는 경험을 개선하기 위해 수행된다. 기업은 모든 불만 사항을 해결하고 전반적인 만족도를 높일 기회를 포착하려고 노력한다. 경험 디자인을 통해 우리는 완전히 다른 것을 시도하고 있고 그 경험을 감성적인 차원에서 충실하게 재현하려고 노력하고 있다.

포용의 중요성, 특히 그룹에 포함되거나 배제된 느낌이 들게 하는 데 있어, 미시적 불평등의 중요성을 사람들에게 느끼게 해주고 싶다고 가정해보자. 문헌 자료에 나오는 기존의 다양성 및 포용성 교육은 사람들의 행동에 영향을 주지 않을 뿐만 아니라 일부 경우 오히려 악영향을 미치는 것으로 나타났기 때문에 다른 것을 시도하기로 한다.

사람들은 훈련 장소에 도착해 워크숍에 참여하며 서로 협력해야 한다고 들었다. 각 개인은 자신이 지켜야 하는 지침을 받는다. 진행자는 가상의 스타트 업 회사를 설계하기 위한 프로젝트를 공동으로 진행할 것이라고 설명한다. 참가자들은 일부 동료가 자신에 관해 이야기하거나 눈 마주치지 않기, 메모 작성, 의사 결정에서 제외, 제안 무시와 같은 사소한 작업을 수행하도록 요청을 받은 것을 인지하지 못하고 있다. 워크숍이 진행됨에 따라 일부 사람들은 무시되는 상황에 심한 좌절감을 느끼기 시작하여 행동과 감정이 바뀌게 된다.

몇 시간 후 진행자는 활동을 일시 중지하고 참가자들에게 어떤 기분이 들었는지, 그리고 그들을 대하는 방식을 인지한 후 이것이 행동에 어떤 영향을 미쳤는지 설명해 보라고 한다. 이러한 방식을 통해 참가자는 미시적 불평등을 직접 경험하고 팀의 원동력에 영향을 미치는 방식을 인식하는 방법을 배운다.

이 예는 중심점을 다시 한번 보여준다. 경험 설계는 교육 설계와는 다르다. 콘텐츠 덤핑이 아니며, 대신 현실 세계와 유사하며 정서적으로 중요한 상황을 만드는 데 중점을 둔다. 경험 디자인이라는 렌즈를 사용하면 다른 영역에 대한 경험을 상상하기 어렵지 않다. 예를 들어, 고위 경영진은 불만족스러운 고객을 만나 열악한 고객 서비스를 받는 것이 어떤 느낌인지 이해할 수 있다.

## 4. 개발 Develop

자원 및 경험의 확인 목록이 있으면 이를 개발할 개인 또는 팀에 할당할 수 있다. 이 단계에서 가장 큰 리스크는 교수 설계 사고가 결과에 부정적인 영향을 미친다는 것이다. 예를 들어, 긴 강의 스타일의 영화 또는 가이드로 위장한 운영 절차 페이지를 제작하는 것이다.

이러한 리스크를 줄일 수 있는 몇 가지 방법이 있다.

첫 번째는 콘텐츠를 제작할 때 다른 분야의 배경지식을 가진 사람들을 찾는 것이다. 예를 들어 마케팅 전문가는 종종 콘텐츠 제작을 더 잘 이해하며, 경험 디자인을 경험해 본 사람들은 사용자 테스트의 중요성을 이해할 것이다. 배우는 일반적으로 강력한 경험을 만드는 데 감이 있을 것이며, 청중을 참여시키는 것은 유용한 리소스와 영향력 있는 경험을 생산하는 데에서 동떨어지지 않도록 도와준다. 청중에게 원하는 것을 제공한다기보다 사람들이 자신이 필요로 하는 것을 이해하려고 시간을 할애할 때만 작동하도록 솔루션을 설계 할 수 있는 것이다. 예를 들어, 새 직장에 출근하는 사람은 처음 몇 주 동안 누군가가 자신의 옆에 서서 조언해 주기를 원할 것이다. 이것은 비실용적일 수 있지만 다른 방법으로 조언과 격려를 받을 필요를 충족시킬 수 있다.

이러한 변화는 특히 '무대 위의 현자 sage on the stage'모델이 표준이었던 학교 및 대학 교육에 큰 영향을 미친다. 최악의 경우는 걷는 백과사전에 불과한 전문가들로부터 알기 어려운 미래의 역할에 대해 자문하는 것이다. 학습 및 개발 전문가들 또는 활동 포트폴리오의 일부로 학습지원에 관심이 있는 전문가들이 미래를 준비할 수 있는 능력 개발에 대해 생각하고 있을 것이다. 다양한 자원 및 경험 유형을 개발해야 한다. 연기, 스토리텔링, 코칭, 공연 컨설팅, 인간 중심 디자인, 디지털 디자인, 심리학, 마케팅, 그래픽 디자인, 영화, 콘텐츠 전략 및 프로토 타이핑이 포함될 수 있다. 이것은 매우 다양한 기술이기 때문에 리소스 생성 또는 경험 디자인을 전문으로 선택할 수 있다.

리스크를 완화하는 두 번째 방법은 템플릿 또는 콘텐츠 예시를 사용하는 것이다. 예를 들어, 누군가가 한 페이지의 체크리스트를 작성한다면 40페이지 표준 운영 절차의 불필요 함을 느끼게 해 줄 수 있다.

### 5. 배포 Deploy

배포는 사람들에게 리소스 또는 경험을 제공하기 시작하는 시점을 말한다. '최소 실행 가능 제품 minimum viable product (MVP)'을 목표로 하는 것이 가장 좋다. MVP는 제품의 기본적인 요소, 즉 작업에 필요한 최소한의 요소를 설명한다. 솔루션 및 제품 개발에 대한 이러한 접근 방식은 여러 부분에서 뛰어나며 개발에 대한 겸손한 접근 방식이다. 이것이 의미하는 바는 우리의 설계 결과물이 반드시 올바른 솔루션이라고 가정하지 않는다는 것인데, 사실 그 반대이기도 하다. 우리는 예상하지 못한 오류와 일이 있을 것이라는 가정하에 파일럿 또는 MVP를 배포하여 솔루션의 어떤 부분이 작동하고 또 작동하지 않는지 신속하게 측정하고 그 결과를 다음 제품 버전에 통합 할 수 있다.

이러한 접근 방식은 익숙할 수 있지만, 더 오만한 '하향식' 개발 프로세스를 피하게 한다. 기존 프로세스는 솔루션을 설계하는 '전문가'로 시작하여 핵심 인원들의 일련의 검토를 거쳐 결국 (그리고 오랜 시간이 걸린다) 솔루션이 완벽하다는 데 동의하거나 그것을 검토하는 것에 이미 지쳐버린다. 거의 모든 경우에 솔루션이 완벽하지 않고 특정 사항을 간과했다는 사실이 바로 드러나지만, 그 시점에서는 아무것도 할 수가 없다.

왜냐하면 1)프로젝트 계획은 최종 버전이고 2)수정하면 전문가와 핵심 인원들의 잘못을 인정하는 것이기 때문이다.

따라서 MVP 접근 방식은 일반적으로 훨씬 낫다고 할 수 있다. 사람들이 결과를 훨씬 더 빨리 볼 수 있어서 비용을 낭비할 가능성이 작고 이에 대한 반응에 따라 제품을 계속 수정할 수 있다. 이 접근 방식은 또한 사람들이 '최종 버전' 마감일 작업 때 겪는 스트레스를 대폭 감소시킨다. 항상 솔루션의 일부 요소가 원하는 만큼 빨리 제공되지는 않지만 보유한 것을 계속 배포할 수 있다.

솔루션 배포에는 사람들에게 솔루션이 있다는 것을 알리는 것도 포함된다. 당신은 솔루션에 대해서 적극적인 마케팅을 해야 한다. 그리고 청중을 염두에 두고 설계된 방식으로 마케팅해야 한다. 예를 들어 본사는 전자 메일 업데이트를 통해 모든 것을 전달하겠지만 청중은 공유되는 게시판을 통해 무슨 일이 일어나고 있는지 추적할 수도 있다.

다시 말하지만, 청중에 대해 알아내는 것은 인지도를 높이는 데 도움이 될 것이다. 리소스는 단순히 '유용한 것'이 아니라 '즉시 사용할 수 있는 유용한 것'이어야 한다. 전반적으로 솔루션을 사용할 맥락에 민감한 방식으로 배포해야 한다. 성공하려면 솔루션이 주어진 상황에서 가장 쉬운 일이어야 하며 이것은 종종 사람들이 오늘 작업을 수행하는 방법을 이해하고 그들이 당신의 기대를 충족시키기를 기대하기보다는 그들의 기대에 통합하는 것을 의미한다.

마지막 요점은 전통적인 '하향식' 사고의 또 다른 예이며 몇 번이고 반복된다. 본질적으로 교육 기관은 사용하라는 지시를 받은 기술을 지침대로 사용할 것이다. 어느 정도 행동을 강요할 수 있었던 시대가 있었지만, 그때는 사람들이 사용하는 유일한 기술이 직장에서 사용하는 기술뿐이었다. 그러나 조직이 잘 이해하지 못할 뿐 시대가 바뀌었다. 이제 사람들이 소유하고 직장이나 교육에 가져오는 기술이 조직에서 제공하는 기술보다 우월한 경우가 많다. 결과적으로 그들은 현명하게 할 일을 하고 일을 수행하는 가장 효율적인 방법을 스스로 알아낸다.

예를 들어 사람들은 셰어포인트<sup>sharepoint</sup>와 같이 투박하고 잘못 설계된 시스템보다 드롭박스<sup>dropbox</sup>및 구글 드라이버<sup>google driver</sup>와 같은 시스템을 사용한다. 그들은 왓츠앱<sup>whatsApp</sup>을 야머<sup>Yammer</sup>보다 더 선호하고 '회사 내의 모바일 인터페이스'를 통해 배워야 한다는 체계를 우습게 생각한다. 간단히 말해, 배포 접근 방식은 사용자가 새로운 작업 방식을 채택하거나 자신의 장치에 새로운 기술을 설치해야 한다고 가정해서는 안 된다. 오늘날 대기업에서 일하는 사람들의 약 80%는 법정 필수 교육을 이수하기 위해서만 '학습 관리 시스템'에 방문한다. 학습 전문가로서 과정을 만들고 학습 관리 시스템에 올려서 조직 학습에 기여하고 있다고 스스로 위안할 수 있지만 그렇지 않다.

마지막으로, 최고의 자원이 반드시 디지털 자원은 아니며 그렇다고 물리적 경험만도 아니라는 점이다. 디지털 환경은 물리적으로 만들 수 없는 탐색 기회를 제공할 수 있으며 때에 따라서는 종이에 인쇄된 것 또는 대화할 사람이 가장 좋은 자원이 될 수도 있다. 당신의 목표는 일 년에 한 번이 아니라 일상의 일부가 되는 것이다.


## 6. 반복Iterate

MVP를 배포한 후에는 사용량을 추적하고 청중으로부터 피드백을 구하며 계속해서 제품을 개선해야 한다. 일반적으로 피드백은 사소한 변경 사항과 주요 변경 사항으로 그룹화될 수 있으며, 정기적으로 구현되도록 선택할 수 있다. 이제 교육 설계자의 기존 역할은 거의 희미해지고 제품 관리자와 같은 역할을 하게 된다. 전통적인 교육 설계는 교육 설계자에 의해 최종 코스 형식(일련의 리뷰를 통해)으로 변환된 지식(예: 새로운 정책)에서 시작되며, 이를 배포한 후 교육 설계자는 다음 프로젝트로 이동한다. 배포 과정은 처음에는 종종 단점이 보이지만 절망적으로 옛날 방식이면서 모든 사람이 수정해야 한다는 데 동의할 때까지 유지된다. 그러면 다른 교육 설계자가 재설계 작업을 맡게 된다.

새로운 환경에서 학습 전문가는 일반적으로 도전 과제들과 이를 해결하는 사람들(예: 새로운 참여자 또는 새로운 리더)에 관심이 있다. 제품 관리자로서 그들은 일정 기간 솔루션이 진화함에 따라 솔루션의 모든 측면(예:

콘텐츠 전략 유지, 마케팅 전략 및 기능 향상)에 대해 책임을 진다. 또한 솔루션의 경험적 차원뿐만 아니라 수행지원 차원까지 모두 담당하여 두 가지가 상호 보완적인 역할을 수행하도록 할 수 있다. 제품 관리자는 소비자 피드백을 통해 지속적인 과정 수정 프로세스를 유지한다. 이러한 이유로 학습 전문가가 조직 내에서 성과 및 직원 경험을 개선하는 데 유용한 역할을 할 수 있으려면 더 광범위한 기술이 필요하다.

이제 5Di 프로세스를 알게 되었으므로 뭔가 분명해졌을 것이다. 누구나 자신이 원하는 것을 알고 있는 곳에서는 잘 작동하지만 그렇지 않은 곳에서는 잘 작동하지 않는다. 예를 들어, 사람들이 리더, 영업 사원 또는 의사가 되리라는 것을 알고 있다면 이 프로세스는 잘 작동할 것이다. 사람들이 걱정하는 것들을 그들이 바라는 결과와 함께 연결하는 경험과 자원을 개발할 수 있기 때문이다. 5Di는 학습을 지원할 리소스와 경험이 필요한 영역을 식별하는 좋은 방법이다. 그러나 해당 경험을 설계하는 방법을 정확하게 알려주지는 않는다. 즉, 스펙트럼의 '풀' 끝에서 가장 잘 작동한다. 그러나 어떤 상황에서는 이런 종류의 명확성을 갖지 못한다. 두 가지 분명한 예는 조기 교육(대부분의 어린이가 아직 자신이 원하는 것이 무엇인지 알지 못하는 경우)과 아무도 아직 잘하는 방법을 모르는 상황이다. 후자의 예로는 조직에 새로운 기술 세트를 도입하는 것이 있다. 새로운 기술의 작업 방식을 아직 알지 못하기 때문에 사람들이 필요로 하는 리소스를 미리 구축하기가 매우 어렵다.

교육 니즈가 발생하는 것은 과제task와 문제problem에 의해서 발생한다. 과제는 기존의 방식에 문제가 있다기보다는 새로운 것들의 도입으로 기대 사항이 올라가서 발생한 니즈이다. 이러한 과제가 생기는 경우에는 적절한 리소스를 구축하기 어렵다.

또 다른 예는 미래가 아직 잘 정의되지 않은 상태에서의 조직 변혁일 수 있다. 이때 초점은 설계 경험으로 이동해야 한다. 좋은 경험 설계는 실제 상황과 정서적으로 유사해야 한다. 이것은 우리가 시뮬레이션에 관해 이야기하든 스토리에 관해 이야기하든 기반이 되는 사실이다. 경험 설계를 수행할 때 목표는 사람들이 만들어야 하는 주요 과제와 정서적 변화를 식별하는 것이다. 예를 들어, 조종사의 경우 이륙, 착륙 및 엔진 고장 또는 심한 측풍과 같은 중대한 문제가 있을 수 있다. 이것을 다른 유형의 과제 또는 역할에 대한 비유로 생각하면 도움이 될 것이다. 린Lean 접근 방식과 디지털 제품 범위로 전환하는 비즈니스에 대한 중요한 과제는 무엇일까? 여기에는 새로운 유형의 소비자 이해, 조직 재설계, 올바른 직원 채용, 최고의 시장 진출 접근 방식 결정, 홍보 및 고객 관리가 포함될 수 있다. 이들 각각을 단순한 정보 수준이 아닌 정서적으로 실제 생활과 유사한 시뮬레이션으로 재현함으로써 학습이 발생할 수 있는 조건을 만들 수 있다.

또 다른 좋은 예는 중동 분쟁 지역에 군인을 배치해 훈련하는 것을 들 수 있다. 그들이 직면하게 되는 중대한 시험대는 복잡한 문화적 민감성을 고려해 지역 민간인과의 대립을 축소하는 것이다. 예를 들어 객관식의 대화 옵션이 있는 만화 스타일의 시나리오와 같은 디지털 솔루션을 쉽게 상상할 수 있다. 이 전통적인 접근 방식의 문제점은 합의된 '학습 목표'를 전달할 수는 있지만, 실제 생활과 정서적으로 닮지 않았다는 것이다. 에어컨이 설치된 사무실에 앉아 일련의 컴퓨터 화면을 통해 여유롭게 클릭하는 것은 바로 앞에서 누군가가 외국어로 가혹하게 대하는 적대적인 환경과 섭씨 50도 온도에서 완전 무장을 하고 서서 대화하는 것과 감정 수준이 다르다.

오늘날 우리가 가진 다양한 경험을 분류할 수 있는 카탈로그나 도구도 없는 것은 데카르트 모델의 불행한 결과이다. 업무 설명, 역량 맵, 표준 운영 절차 등 쓸모없는 모든 항목을 보유하고 있지만, 어느 것도 대화할 때 직면하게 되는 사람들의 도전 현실과 큰 관련이 없다. 자세히 살펴보면 실제 활동이 문화 수준과 완전히 다른 수준에서 발생한다는 것을 알 수 있다. 피터 드러커가 '문화는 전략을 아침 식사로 먹는다.'라고 말했다.

우리 앞에 놓인 '정서적 풍경'은 너무 새롭고 미개척된 분야라 이름조차 알지 못한다. 그것의 한 부분인 문화만 고려한다고 해도 우리가 그것에 대해 얼마나 잘 모르고 있으며 우리의 조사 도구가 얼마나 원시적인지 이해하게 될 것이다. 그것은 사람들이 스스로 합리적이고 명확한 방식으로 일한다고 말했던 파사드 아래에 대부분 숨겨져 있다. 그러나 이 환상은 여러 면에서 무너지기 시작했다. 대니얼 카너먼과 같은 연구자들은 인간을 매우 비합리적인 생물로 제시했다. 사실, 인간을 이성적인 모델로 분류하기에는 오류가 너무 많다. 마찬가지로, 자동화 및 계산이 발전함에 따라 우리는 실제로 작업을 수행하는 방식을 노출하는 경향이 있는데 이는 전혀 합리적이지 않은 것으로 밝혀졌다.

당신이 현재 학교나 대학 교육에 종사하고 있다면 이 장에서는 아마 당신 스스로가 상당히 이상한, 외계인이라도 된 것처럼 느껴졌을 것이다. 당신의 세계는 커리큘럼, 수업 계획 및 교과서에 관한 것일 것이다. 하지만 잠시 멈춰서 미래의 세계, 학습과 현실 세계가 어우러진 세계를 상상해보라. 예를 들어 우주 비행사가 되고 싶은 사람은 그 모습을 조금 경험할 수 있다. 우주 비행사가 직면한 몇 가지 과제를 제시했다면, 그런 세상을 위해 어떻게 설계를 해야 할까?

끔찍한 일을 할 수도 있다. 즉, 우주 비행사가 알아두면 편리한 주제를 포함하는 전체 커리큘럼을 개발하거나, 위에서 설명한 방법으로 우주 비행사가 된 사람들과 대화하여 그들의 관심사, 작업 및 도전을 목록화하도록 할 수도 있다.

그들과 대화할 때 주제와 기능을 정의하는 함정을 피하고 싶을 것이다. 대신 사람들이 직면한 어려움과 느낌에 대한 이야기를 원할 것이다. 각 중요한 작업에 대한 정서적 문맥을 가능한 한 자세히 매핑하기를 원할 것이다. 왜냐하면 그것을 다시 만드는 것이 여러분의 일이기 때문이다. 이것은 당신이 설계 할 수 있는 경험의 종류와 우주 비행사가 되고 싶은 누군가를 지원하기 위해 만들 수 있는 자원의 종류에 대한 좋은 아이디어를 줄 것이다. 기술을 많이 사용하지 않고도 유사한 경험을 재현 할 수 있다. 또한 '매칭' 과정에서 도움이 될 수도 있다. 우주 비행사를 움직이는 만화경을 실제로 알고 있다면 학습자의 관심사에 밀접하게 매핑되었는지 여부에 대해 좋은 아이디어를 얻을 수 있다. 물론 설계한 경험의 결과로 그들의 우려가 바뀔 수도 있다. 이것이 '푸시-풀' 프로세스가 작동하는 방식이다.

## 학습을 어떻게 평가할 것인가?

잘못된 가정으로 시작하면 올바른 결론에 도달할 수 없다. 수년 동안 사람들은 교육을 사람들이 머릿속에 지식을 저장하는 과정으로 생각하고 기업 학습 및 개발 역시 접근 방식에서 학교를 모방했기 때문에 학습 평가는 사람들이 알고 있는 테스트를 중심으로 이루어졌다. 그러나 학습이 기억의 결과로 인한 행동이나 능력의 변화라는 새로운 정의를 받아들인다면 우리가 해야 할 일은 사람들이 할 수 있는 일과 행동에 대한 태도를 측정하는 것임이 분명해진다.

이것은 간단해 보이지만 몇 가지 복잡한 면이 있다. 조직은 대체로 학습 자체에 관심이 없다. 그들은 비즈니스 결과에 관심이 있고 학습이 성과에 기여할 수 있다는 전제를 받아들이긴 했지만 학습 활동이 조직에 가져올 수 있는 가치에 대해서는 점점 더 회의적으로 변하고 있다. 이는 많은 요인에서 기인한 결과이다. 특히 교육 부서가 운영하는 활동들을 통해서는 거의 직원 학습이 이루어지지 않는다는 연구 결과가 있는 데다 구성원의 활동에 변화를 가져오고 있다는 설득력 있는 증거를 찾는 데는 어려움을 겪고 있다.

이러한 배경에도 불구하고 교육 부서가 계속해서 존재한다는 게 놀랍지만 두 가지 이유 때문일 것이다. 첫째, 법적 요건에 의해 기업이 교육을 제공했음을 입증해야 하기 때문이다. 이는 교육이 정책 위반에 대한 책임을 경영진에서 직원에게로 전환하는 목적으로 사용된다는 것을 의미한다. 즉, 컴플라이언스 교육은 경영진(및 학습 팀)을 보호한다.

둘째, 훈련 행사에 참석하는 사람들은 일반적으로 교육을 즐기기 때문이다. 일반적으로 실제 공간에서 개최되는 훈련 이벤트에는 휴식, 다른 사람을 만나고 대화 할 수 있는 기회, 식사, 재미 또는 자기 성찰 요소가 포함된다. 이러한 측면이 성과에 직접적인 영향을 미칠 가능성은 작지만, 즐겁고 조직에서 가치를 인정받는다고 느끼게 할 수 있다. 관리자는 대체로 이를 이해하고 있으며, 일 년에 한두 번 팀원과 함께 앉아 개발에 대해 논의해야 할 때 '훈련'은 개인에게 약간의 도움을 줄 기회로 간주된다. 이러한 맥락에서 교육은 임의의 보너스 라인을 따라 당기는 '지렛대'이다.

조직이 평가를 통해 교육의 영향을 측정하는 간단한 조치마저 취하지 않는다는 사실이 이상할 수 있다. 여기에는 명심할 가치가 있는 세 가지 사항이 있다.

첫째, 오늘날 많은 조직은 성과를 측정하거나 정의할 능력조차 없다. 예를 들어 영업 환경 및 콜센터와 같은 예외가 있긴 하지만 행동에 대한 세부적인 측정이 없다면 영향을 평가하는 것은 매우 어렵다. 대신, 기업은 이윤을 남기고 있는지 확인하고 나머지는 추론할 것이다. 대부분 조직은 연간 성과 검토를 하며 다른 어떤 것보다 라인 관리자와 팀원 간 관계의 질에 대해 더 많이 알려준다. 둘째, 조직은 과학적 의미에서 통제된 환경이 아니다. 한 그룹은 교육을 받고 다른 그룹은 교육을 받지 않는 간단한 실험 설계는 거의 발생하지 않는다. 교육 제공은 다른 우선순위에 의해 주도되고 다른 변수가 수행에 영향을 미치기 때문이다. 마지막으로, 가장 중요한 것은 모든 사람이 학습이 주로 지식 유지에 관한 것이고 지식이 성과에 영향을 미친다고 믿는 데다가 교육팀이 퀴즈를 사용하여 훈련의 효과를 평가할 것이라는 일반적인 기대를 하고 있기 때문이다. 많은 교육팀이 이러한 방식을 정확히 수행하지만, 정보를 암기하는 것이 행동에 영향을 미치지 않을 것이라는 문제를 해결하지는 못한다.

학습 평가를 위한 많은 모델은 본질적으로 이 문제를 보기 좋게 포장한다. 커크패트릭의 교육평가 4단계 모델은 행동 변화와 관련이 없는 학습 평가 척도를 편리하게 제공하여 교육 부서를 성과 부족으로 평가하기에는 애매하게 만듦과 동시에 콘텐츠 덤핑을 정당화 할 수 있도록 한다. 제시된 4가지 수준(반응, 학습, 행동, 결과) 중 3단계와 4단계만 의미 있는 학습 척도이며 2단계 '학습'은 학습이 아니라 암기이다. 다시 말해, 의미 있는 방식으로 행동이나 능력에 영향을 주지 않으면서 많은 양의 정보를 암기하게 한다(이것이 학습의 정의이다). '행동'과 '결과'만으로 학습 평가 모델을 생각하면 프레임 워크가 매우 얇아 보이기 시작한다.

문제의 조직이 행동 및 결과에 대한 정확한 측정값을 가지고 있지 않은 경우, 유일한 선택지는 교육팀이 이 문제를 해결하는 것이다. 그러나 실제로 행동을 측정하는 것이 교육을 제공하는 것보다 더 중요하고 비용이 많이 들기 때문에 보통은 문제가 발생한다. 결과적으로 보고를 위한 자체적인 질문으로 이를 수행하려는 토큰 시도가 있게 된다. '교육이 귀하의 행동을 바꾸었습니까?' 그 결과 직원이 교육팀에 얼마나 많은 긍정 평가를 부여하는지 일종의 암묵적 '거래'가 된다. 이러한 거래로 인해 그들은 행사에서 즐거웠을 것이다.

## 학습 평가의 4가지 방법

　이러한 학습 평가 문제를 해결하는 더 좋은 방법 4가지를 발견했다. 가장 먼저 말하고 싶은 것은 프로젝트의 '정의' 단계에서 처음부터 측정할 수 있고 관찰 가능한 동작을 정의하는 것이 중요하다는 것이다. 누군가가 '혁신' 교육 과정이나 '우수한 리더십' 교육 과정을 개발하는 일을 맡게 된다면 인터넷에서 찾을 수 있는 콘텐츠를 기반으로 좋은 '수준'으로 생생하게 완벽히 전달하는 것이 가능하고, 레벨1과 레벨2 평가를 충분히 진행 할 수 있을 것이다. 그러나 이 과정이 미칠 수 있는 영향에 대해서는 완전히 어둠 속에 남겨질 것이다.

　다른 반응이 예상되는 목록에 실제로 동의하지 않는 한 작업을 시작해서는 안된다. 행동을 면밀히 관찰하는 환경에서 특정 행동은 평균 통화 시간의 현저한 감소, 고객 만족도 점수의 향상, 매출의 15% 증가 등이 될 수 있다. 두 번째로 이러한 결과를 달성하는 데 학습을 포함하는 것이 아니라 사람들이 더 높은 표준을 수행할 수 있도록 리소스와 지침을 개발한다는 것이다. 다시 말하지만, 지하철 노선도 비유는 여기에서도 유용하다. 런던을 가로지르는 평균 이동 시간을 줄이려면 시간과 돈을 들여 런던 지하철 시스템을 기억하도록 하거나 필요를 줄여주는 편리한 지도를 줄 수도 있다. 만약 당신이 '레벨2' 결과에 대해 크게 개의치 않는다면 역설적이게도 이것은 실제 행동에 있어서 실질적인 차이를 만드는 것을 막을 수도 있기 때문이다.

　평가에 대한 첫 번째 접근 방식은 문제를 정면으로 해결하는 것이다.

몇 년 전 매일 활동을 추적하는 핏빗 및 유사한 웨어러블 장치의 인기에 감명을 받았던 우리 팀은 리더십을 위해 똑같이 할 수 있는지 궁금해졌다. 그래서 팔찌 대신 앱으로 전체 점수에 대한 정기적인 업데이트와 그에 기여한 내용에 대한 자세한 분석을 제공했다.

우리가 가장 먼저 알아낸 것은 훌륭한 리더십의 정의이다. 우리의 결론은 구성원들의 몰입을 끌어내는 것이다. 효과적인 리더는 팀 몰입을 유도하며 이는 재량에 따른 노력과 생산성에 영향을 준다. 이는 신뢰할 수 있는 지표로 꼽히는 12개의 질문인 갤럽 Q12 지수를 활용하여 측정된다.

리더는 앱을 사용하기 위해 등록한 질문에 대한 자동 폴링 기간(예: 1주일)을 설정할 수 있으며, 그러면 전체 점수, 자세한 추세 데이터 및 평균과의 비교 결과들을 보여준다. 마지막으로 이 데이터를 사용하여 리소스에 대한 개인화된 권장 사항을 만들 수 있다. 내 핵심은 프로그램의 결과로서 달성할 것으로 예상되는 결과를 명확하게 한다는 생각은 기술이 행동 변화를 측정 할 수 있는 새로운 기회를 제공 할 수 있다는 것이다.

학습 평가에 대한 두 번째 접근 방식은 우리가 가장 일반적으로 사용하는 접근 방식이다. 나는 그것을 '브린커호프 접근법'이라고 설명하는데, 그 이유는 교육부서는 대체로 학문적인 용어를 선호한다는 것을 알고 있기 때문이다. 브린커호프의 사례 연구 접근 방식에는 프로그램 내에서 가장 성공적인 사례와 가장 실패한 사례를 살펴보고 세부적으로 연구하는 것이 포함된다. 사실 우리는 위에서 설명한 인간 중심의 디자인 접근 방식과 더 일치하는 변형을 추구한다. 우리는 사람들과 대화를 하는데, 프로그램을 개발할 때 타깃 고객(지원하려는 사람들)의 대표 그룹을 함께 모아 '본질적으로 어떤 어려움을 겪고 있습니까?'라고 묻는다. 변화를 가져올 것이라고 믿고 파일럿을 시작하며 어떤 일이 발생하는지 확인한다.

이 접근 방식이 실험과 같은 방식으로 인과 관계를 설정하지 않는 것은 사실이다. 정보가 자체 보고를 기반으로 하므로 이것이 커크패트릭의 레벨 1 및 2 데이터보다 얼마나 나은지 궁금할 수도 있다. 그것에 대해 나는 당신이 얻는 정보와 순서가 다르다고 대답할 것이다. 수행 지원은 사람들이 직면한 특정 문제를 해결하도록 설계되었기 때문에 활동 데이터로 백업된 리소스가 성능 전환에 어떻게 사용되는지에 대한 매우 정확한 설명을 얻을 수 있다.

사람들이 압도적으로 시스템을 신봉하는 경우 그 유용성에 의문을 제기하는 경우는 거의 없다. 예를 들어 이메일의 투자 수익(ROI)에 대한 보고는 없다. 마찬가지로, 프로그램에 대한 ROI, 선택적 사용 데이터의 조합, 프로그램이 어떻게 도움이 되는지에 대한 직원 본인의 자기 보고와 결합하여 내가 원하는 그룹의 사람들 앞에 서 있다면 일을 더 잘 할 것이며, 이는 일부 코스 평가 데이터, 퀴즈 점수 및 성과에 대한 모호한 암시보다 훨씬 더 낫다고 볼 수 있다.

### 학습자들에게 해야 할 진짜 일을 제공하라

셋째, 내가 추천하고 싶은 접근 방식은 프로젝트 기반 학습이다. 예를 들어 혁신 문화를 주도하고자 하는 조직을 생각해보자. 사람들을 교실에 모아놓고 혁신에 관해 이야기하고, 프로세스를 소개하고, 몇 가지 사례 연구를 공유할 수도 있다. 그러나 이것은 영향을 미치지 않을 것이다. 왜 그들에게 도전을 주지 않는가?

일반적으로 학습은 우리가 가지고 있거나 주어지는 도전에 따라 주도된다. 이 예에서는 참가자들이 자체 혁신 프로젝트에서 제공한 방법론을 몇 달 동안 지속해서 사용해야 하는 프로그램을 만들었다. 그들은 혁신을 위한 아이디어를 '크라우드소싱' 하기 위해 팀과 협력하고 동료 리뷰 프로세스를 통해 이러한 아이디어를 입증했으며 일부 시드 자금을 사용하여 프로토타입을 개발한 다음 고위 경영진에게 보고서를 제출했다. 여기서 우리의 역할은 콘텐츠를 푸시하는 것이 아니라 사람들에게 실험 라이센스를 부여하는 것이다. 좋은 아이디어를 가지고 있는 팀과 개인은 자신의 조직이 테스트에 참여할 수 있는 라이센스를 제공한다고 생각하지 않는다. 그들은 놀이를 할 수 있도록 허용되지 않는다. '안전한 공간'(즉, 다른 것을 시도하고 실패하는 것이 평판과 무관한 상황을 의미함)을 만들면 사람들은 배우게 된다.

대부분의 프로젝트 기반 학습 프로그램은 기존 비즈니스 측정을 사용하여 평가할 수 있는 효율성 또는 판매와 같은 실제 개선으로 이어지는 아이디어를 만들어낸다. 종종 프로그램은 프로그램의 총비용을 훨씬 능가하는 수익 또는 절감을 실현하기도 한다. 이 경우 사람들이 프로그램의 '수익'에 관해 묻곤 하는데 이로써 사람들이 외우는 것에 관해서는 전혀 관심이 없다는 것을 확인할 수 있다. 그저 수익에 상당한 차이를 가져왔다는 사실에 만족할 뿐 '학습'에 초조해하는 것은 오히려 교육팀인 것처럼 보인다.

## 보상 배지

평가의 마지막 예는 프로젝트 기반 학습을 바탕으로 하며 학습과 일이 병합되기 시작하면서 학습의 미래인 배지에 대해 더 많이 설명한다.

군복을 입은 사람을 만나면 종종 가슴에 달린 메달 리본을 볼 수 있다. 내가 아는 한, 교실에 앉아 있거나 정보를 암기하기 위해 나눠주는 메달은 많지 않다. 일반적으로 메달은 업적을 반영한다. 이것은 누군가와 대화할 때 그들의 능력에 대해 모두가 같은 생각을 하고 있다는 것을 의미하기 때문에 좋은 접근 방식이다. 그들이 무엇을 했는지 알 수 있다. 나는 수료증을 칸막이에 고정한 사람보다 자신의 성과를 가슴에 고정한 사람이 훨씬 더 인상적이다. 미래에는 더욱 광범위한 분야에서 우리의 성과를 반영하는 배지 생태계를 만드는 것으로 평가가 이뤄질 것이라 확신한다. 학습 전문가로서 우리는 사람들이 이러한 배지를 획득할 수 있는 도전 과제와 사람들이 배지를 획득하는 데 필요한 리소스를 설정해야 한다. 컴퓨터 게임에 익숙하다면 시스템도 친숙하게 들릴 것이다. 컴퓨터 게임에는 가능한 성과(예: 아무도 죽이지 않고 임무를 완수하는 것)에 대한 방대한 라이브러리가 있으며 임무를 성공적으로 완료하면 트로피를 모을 수 있다. 이는 '게이머 프로필'에 추가된다. 즉, 게이머 프로필을 볼 때 그들이 마스터 한 게임의 종류, 게임 레벨, 각 게임에서 정확히 얼마나 성취했는지 즉시 확인할 수 있다. 온라인 팀의 팀원을 선택해야 한다면 누구를 선택할지에 대한 좋은 힌트를 얻을 수 있다. 이제 학습/일을 위해 이와 같은 것을 상상해보자.

이 평가 방식에는 명확하지 않은 몇 가지 흥미로운 기능이 있다. 현재 조직이 학습 평가를 하는 경향이 있는 경우 이 모델에서는 사람들이 자신의 성과를 휴대용 학습 프로필에 추가할 수 있어야 한다. 이는 성취가 조직에서 사람을 모집하고 선택하는 데 중심적인 역할을 하기 때문이다. 조직은 적절한 배지 프로필을 식별하기 위한 자동 선택 프로세스를 사용하여 소유한 배지에 따라 사람들에게 작업 대금을 지불하도록 선택할 것이다. 마찬가지로 개인의 도전 과제 선택은 획득할 수 있는 배지에 따라 결정되고 충분한 배지를 제공하지 않는 조직(통상적인 용어로 '학습 기회')은 사라질 것이다.

## 사업성과에 어떻게 기여할 것인가?

기업 교육계에서는 '비즈니스와의 연계를 어떻게 달성해야 하는가?' 라는 질문이 많은 부분을 차지하는데, 풀어보면 '어떻게 하면 우리의 학습 프로그램이 실제로 비즈니스에 도움이 되는 결과를 제공할 수 있는가?'라는 의미가 있다. 내가 업계에 몸담은 사람들은 이런 질문을 계속 해왔다. 이건 정말 바보 같은 질문인데, '어떻게 체로 물을 운반할 수 있을까?'라고 묻는 것과 비슷하기 때문이다. 답은 분명히 체를 사용하지 않는 것이다. 학습 프로그램 설계에 대한 기본적인 접근 방식이 주제와 콘텐츠 중심이라면, 즉 프로그램이 비즈니스 성과를 달성하기 위해 콘텐츠를 수집하여 직원에게 넘기는 것이 대부분이라면, 여러분은 어떠한 변화도 예상할 수 없을 것이며 '비즈니스 연계'를 달성하지 못할 것이다. 그러면 어떻게 비즈니스 연계를 달성할 수 있을까?

비즈니스 연계를 달성하기 위한 대부분의 시도에는 비즈니스 요구 사항에 대해 상급자와 상의한 후 교육 부서에서 도움이 될 수 있는 몇 가지 주제를 제시하는 것(예: 주제별 전문가나 비즈니스 스쿨과 대화하는 것)과 교육 설계의 음지 기술을 사용하여 과정을 구성하는 것이 포함된다. 하지만 이를 지켜보면 아무 일도 일어나지 않는다. 5년 후에 있을 회의에서 비즈니스 연계의 중요성에 대해 연설을 하고 싶다면, 이것은 좋은 이야기일 것이다.

하지만 지금 이 문제를 해결하고자 한다면, 위에서 설명한 것처럼 청중들과 대화하는 것이 간단한 답이 될 것이다. 첫 번째 단계는 사람들이 배워야 하는 것이 무엇인지에 대해 성급하게 결론을 내리는 것을 피하고, 대신 그들이 해내야 하는 것이 무엇인지에 초점을 맞추는 것이다. 예를 들어, 어떤 조직의 고위층에서는 리더가 더 나은 리더가 되기를 원할 수도 있고, 리더가 가까이해야 할 인기 있는 책이나 접근 방식을 매우 빨리 시작할 수도 있다. 하지만 대화를 이런 식으로 흐트러뜨리기 보다는 그들이 더 나은 리더라면 어떻게 다르게 할 것인가, 그리고 우리가 어떻게 그 변화를 측정할 것인가 등 팀 참여 수준의 변화 같은 문제로 다시 되돌리기를 바란다.

다음 단계는 프로그램을 설계하는 담당자와 대화하여 현재 해당 프로그램의 주요 우려 사항과 과제를 파악하는 데 초점을 맞추는 것이다.

이 프로세스를 통해 고객이 지금과 같은 방식으로 행동하는 이유를 이해할 수 있을 것이다. 예를 들어, 고객이 참여에 관심이 있지만 이를 개선할 리소스가 부족하다는 사실을 발견할 수 있다. 또는 그들이 몰입을 전혀 중요하게 생각하지 않는 것처럼 보인다는 것을 알게 될 수도 있다. 이 경우 당신은 그들을 관리할 수 있는 방법을 찾아야 할 것이다. 어느 쪽이든(비즈니스 연계는 고위 경영자나 경영대학원이 그 내용을 좋아하더라도) 사람에 대한 콘텐츠를 덤핑하는 것이 아니라, 프로그램을 설계하는 사람들의 관심사와 활동에 따라 이루어진다. 이루어져야 한다. 즉, 비즈니스 연계는 '하향식'이 아닌 '상향식'으로 이루어진다. 유사한 예로 인기 있는 휴대용 전자기기를 제조하는 회사가 사업목표를 제품을 더 많이 판매하는 것으로 잡는 것이다. 그러나 이러한 목표를 달성하는 것은 마케팅에 더 많은 돈을 쏟아붓는 데서 오는 것이 아니다. 고객과 대화를 나눌 때, 제품 설계의 주요 결함이 판매 부진의 원인이라는 것을 알게 되고, 이러한 문제를 해결함으로써 더 나은 판매를 달성할 수 있다.

### 핵심 요약

- 교육과정 개발을 위한 5Di 모델은 학습 동기를 부여하는 학습자의 관심사항을 발견함으로써 개인을 과정 개발 프로세스에 중심에 두는 것이다.
- 5Di 과정 개발 모델에서는 학습자가 직면한 관심 사항과 도전과제를 발견하는 것이 가장 중요하다. 왜냐하면, 이 두 가지가 학습 방법에서 리소스를 개발할지(풀 방식) 아니면 경험을 설계할지(푸시 방식)를 결정하기 때문이다.
- 정의: 과정 개발의 가장 첫 단계는 학습 목표를 수립하는 것이 아니라 성

과의 결과물, 즉 우리가 학습자들을 도와주기 위해서 무엇을 해야 하는지를 명확히 하는 것이다.

- 발견: 현재 상황에서 학습을 통한 행동의 변화를 일으키기 위한 주요 과제와 관심 사항들을 주의 깊게 찾아내는 것이다.

- 설계: 학습자가 이미 가지고 있는 과제 및 관심 사항들을 해결하기 위한 리소스 및 새로운 관심과 역량을 개발하는데 필요한 경험을 확인하는 것이다.

- 개발: 이 단계에서 우리는 프로젝트를 다중-병렬 작업 흐름으로 구분하고 MVP 개발을 시작한다.

- 배포: 우리는 학습자들이 학습 콘텐츠에 대해서 필요한 시기에 쉽게 접근할 수 있게 해야 하며 충분한 변화 관리를 통하여 학습자들이 콘텐츠들의 존재를 알 수 있게 하여 결국 콘텐츠들을 사용할 수 있게 해야 한다.

- 반복: 처음부터 우리는 모든 것을 완벽하게 제공할 수 없다는 것을 인정하고 학습자들에게 지속해서 피드백을 받아서 콘텐츠의 활용도와 사용 용이성을 점진적으로 높여야 한다.

- 학습 프로그램의 효과성 측정은 단순히 학습자가 얼마나 잘 기억하는지를 측정하기보다는 학습자가 할 수 있게 되는 것들에 집중해야 한다.

- 조직의 관심 사항들에 지원하는 방식으로 학습자의 관심을 다루기 때문에 사업성과 기여는 과정 개발에서 학습자를 가장 중심에 배치함으로써 달성된다.

HOW PEOPLE LEARN

# 8장

◆

# 학습 문화

나는 스웨덴 북부의 외딴곳에 있는 통나무집에서 친구들과 함께 있었다. 우리는 스키를 타기 위해 그곳으로 갔다. 외부 기온은 영하 15도 정도였고 눈으로 볼 수 있는 것은 주위에 눈과 소나무뿐이었다.

당시 나는 18살이었고 여행 장학금을 받았으며 부모님은 자의식이 강한 영국 친구들을 초대하는 것에 동의했다. 다른 또래들과 마찬가지로 나는 십 대들이 하는 방식으로 실험, 관찰 및 피드백을 통해 내 정체성을 정의하는 데 바빴다.

아침 식사 때 우리 여섯 명은 나무 탁자 주위에 앉았다. 스웨덴에서 흔히 그렇듯이 모든 것이 건전하고 전통적이었다. 전통적인 디자인으로 수 놓은 빨간 식탁보에 나무 접시, 간단하고 건강한 음식이 있었다. 주인인 크리스티와 모니카는 네 명의 십 대를 위해 아침 식사를 준비했다. 큰딸과 남자 친구, 어린 딸과 나. 손으로 그린 그림이 있는 삶은 달

갈이 내 앞에 놓여 있었다.

나는 삶은 달걀을 보는 순간 얼마 전 유튜브에서 본, 삶은 달걀 껍데기를 쉽게 제거하는 장면이 떠올랐다. 손바닥 아래에 달걀을 두고 테이블을 따라 삶은 달걀을 굴리는 장면이다.

따라 해보기에 좋은 기회라고 생각했다. 확실히 숟가락 뒤쪽으로 달걀을 두드리는 것보다 더 훌륭한 선택으로 보였다. 나는 달걀을 차분한 마음으로 탁자 위에 올려놓고 모두의 관심을 끌었다. 그런 다음 손바닥 아래 테이블을 따라 굴리기 시작했다. 계란은 내 손의 무게로 바로 납작해졌다. 테이블 주위의 사람들에게 달걀노른자들이 튀겼고 주인이 아주 정중하게 정리하기 시작했다.

변명은 무의미해 보였다. 호스트는 내가 의식적으로 작은 왕좌에서 껍질을 제거하고 공격적인 벌레처럼 과시적으로 계란을 친 것으로 생각할 것이다. 마치 '우리나라에서 알을 다루는 방법이다!'라고 말하는 것처럼...' 그들은 아마 '영국인들에게 삶은 달걀을 주면 안 되는 것'이라고 생각할 것이다. 돌이켜 보면 반숙 계란과 완숙 계란을 다루는 방법은 달라야 한다는 점을 고려했어야 했다.

잘 이해되지는 않지만, 문화와 학습 사이에는 밀접한 관계가 있다. 관계가 얼마나 가까운지, 때로는 학습을 '교육'인 것처럼 생각하는 경향 때문에 모호해지기도 한다. 그러나 사실 교육은 역사의 우연에 불과하며 연금술이나 모리스 춤과 같은 비정상적인 문화적 관행이다. 문화가 전달되는 과정은 이전에 보았듯 이 의미를 지닌 것들로 구성되어 있다. 이야기, 관찰, 실험 및 이러한 실험의 정서적 결과는 자연스럽게 불에

타오르듯 또는 당황스럽게도 불타오르는 것과 관계없이 문화가 한 사람에게서 다른 사람으로 이동할 수 있게 한다.

한 사람이 특정 문화에 들어가면 국가의 문화든 조직의 문화든 그 사람의 이야기와 또는 관찰과 실험을 통해 문화의 규범(무언의 규칙)을 식별하는 '조율' 과정에 들어간다. 그것이 일어나는 데 걸리는 시간은 그 문화가 얼마나 다른지, 개인이 얼마나 빨리 배울 수 있는지에 따라 달라질 수 있다.

이것이 왜 중요한지 궁금할 것이다. 문화는 우리의 행동에 많은 영향을 미치기 때문이며 문서화된 규칙보다 훨씬 더 강력하다. 주어진 상황에서 사람들이 하는 일은 대부분 자신에게 기대되는 것의 산물이다. 다시 말해, 수치보다는 존경을 받고자 할 것이며 이는 사회적 동물이 된다는 것을 의미한다. 또한 동료의 반응에 매우 민감하다는 것을 의미하기도 한다.

한 사람이 조직에 들어가면 일반적으로 6개월에서 1년 사이를 조정 기간으로 보는데 주로 문화적 조율을 달성하고 조직 규범에 자신감을 느끼는 데 걸리는 시간을 반영한 것이다. 조직은 이 프로세스를 '빠른 추적'이라고 생각하기 쉽다. 예를 들어 최고 경영자가 신규 입사자의 기대치를 명확히 하거나 많은 운영 절차를 문서화하고 배포하는 등의 방법을 사용하면 매우 제한적으로 만들게 되며, 새로 온 사람은 동료로부터 다른 신호를 받는다. 많은 대규모 조직은 일종의 '문화적 표류'를 경험한다. 이는 암시적 규범이 규칙과 다른 정도를 나타내는 척도이다. 예를 들어, 조직은 안전한 운영에 대한 많은 표준을 가지고 있을 수 있지만 직원들은 정규화된 '해결 방법'(절차에서 벗어난)을 많이 개발했을 수 있다. 이 '조직적 정신 분열증organizational schizophrenia'은 대기업의 표준이 며, 고위 경영진이 말하는 일이 수행되는 방식은 일선 사람들이 실제로 하는 것과 매우 다른 것으로 밝혀졌다. 인간의 마음과는 달리 후자의 시스템을 전자로부터 숨기려는 무의식적이지만 체계적인 노력이 있다. 또한 이러한 모순을 효과적으로 '처리'하는 여러 계층의 사람들이 있을 수 있으므로 사람들이 들은 대로 행하고 있다는 착각은 경영진의 이익을 위해 유지된다. 이러한 사람들을 '중간 경영자'라고도 한다.

나는 몇 년 전 휴스턴행 비행기를 탔고, 내 옆자리에는 석유회사의 선임 고문이 앉아 있었다. 그는 은퇴를 앞두고 복잡한 문제를 이해하고 분석하며 경력을 쌓고 있다고 했다. 나는 그가 가장 걱정하는 것이 무엇인지 물었다. 그는 30년의 경험을 가진 사람들이 떠나고 대학원 엔지니어로 대체되는 모습을 보고 있다고 말했다. 그는 암묵적인 지식의 상실을 걱정했다. 석유회사에서 오랫동안 근무한 전문가들은 장치에서 발생하는 작은 소리에도 민감하여 소리만 듣고도 장치의 결함 유무를 쉽게 파악할 수 있다.

정규화된 행동은 문서화된 규칙의 개선이든 아니든 조직의 학습 문화를 통해 전달된다. 따라서 조직의 학습 문화는 대부분의 조직 노하우가 실제로 저장되는 곳이기 때문에 엄청난 위험과 상당한 기회를 제공한다. 조직에서 수십 년을 보낸 사람들은 스토리텔링, 멘토링 및 견습을 통해 새로운 스타터에게 지식을 전달할 것이다. 이는 학습 자체만큼이나 오래된 메커니즘이다. 이러한 지식을 포착하거나 공유하지 않으면 숙련된 사람들이 퇴사할 때 조직에 위험이 초래할 수 있다. 마찬가지로 학습 문화가 비효율적이면 사람들의 행동을 조정하는 데 오랜 시간이 걸리고 실수할 가능성이 커진다.

따라서 사람들이 건강한 학습 문화를 가지려는 열망에 관해 이야기할 때는 학습이 번창하는 문화, 즉 사람들이 빠르게 배울 수 있고 학습이 쉽게 공유되는 문화를 말하는 것이다. 학습 문화를 개선함으로써 조직은 성과를 개선하고(사람들이 일을 수행하는 가장 좋은 방법을 빠르게 배우기 때문에) 신입 직원이 능숙해지는 데 걸리는 시간을 줄일 수 있으며 혁신과 변화를 가속화하고(실험을 장려하고 공유하기 쉽기 때문에) 조직을 위해 일한 경험을 축적할 수 있다(사람들이 실수를 두려워하지 않고 배운 내용을 공유한 것으로 인정받기 때문).

조직이 가속화되고 예측할 수 없는 변화, 경쟁 심화 및 직원 재직 기간 감소 등의 영향을 받는 시기에 학습 문화와 이를 개선하는 방법에 대한 관심이 증가한다. 그러나 학습 문화를 개선하려는 시도의 대부분은 효과가 없거나 잘못된 것으로 보인다. 가장 일반적인 이야기는 학습 문화를 개선하기 위해 조직에서 '지식 공유 플랫폼'을 도입했지만, 직원들이 사용하지 못하는 경우이다.

문제의 근원은 문화, 즉 학습 문화가 조직의 모든 측면에 스며든다는 사실을 이해하지 못한다는 데 있다. 변화하고 싶다면 IT 시스템을 구입하는 것만이 해답이 아니며 그렇다면 어떤 것이 당신의 학습 문화에 영향을 미칠 수 있을까?

그림 8.1을 보면, 이것은 완벽한 모델이라기보다는 단지 학습 문화의

일부 요소를 이해가 쉽게 버킷에 담아 둔 것이다.

그림 8.1 실행-유지-성장 학습문화 모델

LEVEL 1

실행
- 문화 수용성
- 도전적 과제 이야기
- 소셜 네트워크
- 실험
- 암묵지
- 몰입
- 기술

LEVEL 2

유지
- 비전과 거버넌스
- 책무
- 콘텐츠 개발 및 큐레이션
- 지식 공유 프로세스
- 개발 계획
- 메트릭스
- 인증
- 인재 순환 통합
- 코칭과 멘토링

LEVEL 3

성장
- 직원 경험의 통합
- 청중 중심의 전략
- 인정(예:배지)
- 지식 공유 프로세스
- 축하와 캠페인
- 개인화와 현지화
- 사용자 중심의 콘텐츠
- 심리적 안정감/피드백
- 리더십 역할 모델
- 일상의 인공물

## 실행

모든 문화는 나름의 학습 문화를 가지고 있고, 이것 때문에 조직 내에서 '문화'라는 것이 전수 되는 것이다. 그래서 모든 문화는 원하든 원하지 않던 이미 학습 문화를 가지고 있다. 지금 존재하는 학습 문화가 그렇게 좋지가 않다고 하더라도 그것이 없다면 조직의 규율이나 전통이 한 사람에게서 다른 사람으로 전파되는 것이 불가능하다.

조직에서 얼마나 많은 학습이 일어날지 결정하는 데에는 많은 요인이 있다. 그중 가장 중요한 요인은 문화의 수용성이다. 이 책의 앞부분에서 나는 학습의 본질이 놀이라고 묘사했다. 몇몇 조직은 다른 조직들보다 놀이에 대해 훨씬 더 관대하다. 놀이라고 이야기하는 것은 부정적인 결과에 대한 두려움 없이 실험을 할 수 있는 기회를 의미한다. 무언가에 몰입해서 놀이한다는 것은 우리가 그것들에 관하여 학습할 수 있고 새로운 것을 발견할 수 있다는 뜻이다. 조직은 놀이의 수용성 수준을 높이기 위하여 인공물들을 사용하곤 한다. 그러나 그것들은 문화가 의미하는 가치들을 상징화하는 문화적 조형물이지 그 자체가 문화를 전수하지는 못한다.

2004년 보고서에서 구글의 창업자는 구글의 20% 법칙에 대해 공표하였다. '우리는 우리의 구성원들이 그들의 일상적인 프로젝트에 더해서 그들이 구글에서 가장 가치 있다고 생각되는 프로젝트를 스스로 선정하고 자발적으로 20%의 업무 시간을 사용하는 것을 허용한다.' 이러한 원칙은 아마도 조직에서의 실험적인 활동에 대한 높은 수용성을 보여주는 사례이다. 기술산업 분야에서 기대되는 것처럼 혁신은 최우선 순위이고 새로운 실험에 대한 높은 수용성 즉, 학습을 일으키는 환경이 분명히 있다.

그러나 실험에 대한 낮은 수용성을 가지고 있는 조직들은 가볍게 생각할 수 있을 것이다. 예를 들면 원자력 발전이다. 여기에서는 새로운 구성원들에게 기대되는 것은 정확한 업무 절차를 습득하여 이탈 없이 그들이 퇴직할 때까지 절차를 준수하는 것이다. 실수가 발생했을 때 조직이 실수로부터 배우는 것은 매우 중요하다. 그러나 일반적으로 이러한 것들은 업무절차 양식을 다시 작성하는 것으로 완성된다. 실제로 학습문화는 조직마다 다양한 합리성을 전제로 하여 상당히 다양하다. 신약을 개발하고 연구하는 회사는 약을 제조하는 약사들보다 좀 더 실험적인 학습문화를 지향해야 한다. 조직의 다른 부분들도 학습문화의 종류와 정도에 따라서 각기 다른 이점이 있을 수 있다. 따라서 우리는 학습문화를 이야기할 때, 마치 공통으로 적용할 수 있는 이점이 있는 것처럼 생각해서는 안 된다.

전반적으로 개인에게 평판이나 재정적인 손해가 없는 실험을 장려하는 조직은 학습이 더 빠르게 일어난다. 이러한 생각들을 우리는 '빠른 실패'라는 용어로 요약할 수 있다. 슬프게도 많은 조직이 이러한 지향점을 추구하고는 있지만, 그것을 실제 문화로 실현하는 회사는 많지 않다.

학습 문화를 가능하게 하는 또 다른 요인은 조직 내에서 도전적인 업무를 부여하는 것이다. 도전적인 업무는 많은 학습이 일어나게 한다. 만약에 우리의 일들이 오늘이나 내일이나 별반 다르지 않다면 많은 학습이 일어나기를 기대하기는 어렵다. 빠른 변화의 환경에 직면한 조직은 학습이 증진되는 것을 기대할 수 있다. 변화가 빠르게 일어나지 않는 환경에 있는 조직은 새로운 과제를 부여하거나 업무를 변경함으로써 인위적으로 학습을 일으키는 경험을 제공할 수 있다.

어떠한 조직에서든 더 많은 경험과 전문성을 가지고 있는 사람들이 있다. 조직 내 지식은 놀라울 정도로 문서화되어 있지 않다. 내가 말하고 싶은 것은 조직에 필요한 독특한 지식이 문서화보다는 암묵적인 노하우로 사람들의 머릿속에 있다는 것이다. 결과적으로 이러한 지식의 흐름은 통제되고 대부분 과거의 문화가 전수되는 방식, 예를 들면 사회 네트워크, 이야기 및 관찰 등의 방식으로 전수된다. 누가 누구에게 무엇을 배우느냐를 결정하는 복잡하고 반 공식적인 서열이 있을 수 있다. 예를 들면 신입 사원들이 질문이 있을 때마다 인사 부서의 사무실에 들어가서 물어보는 것이 허용되는 경우는 드물다. 왜냐하면 사람들은 그들의 주위에 있는 사람들과 사회적으로 유대관계를 형성하는 경향이 있고 이것이 문화 교류의 기초를 제공하기 때문이다. 이러한 이유로 그들은 단순히 메모하는 것으로 지식을 공유할 수 있다는 유혹에 빠져든다. 이러한 오류는 교육적 오류에서 온다. 지식을 의미 있게 하고 기억하게 만드는 것은 정서적 맥락이라는 사실을 간과하는 것과 같다. 예를 들어 어떤 것이 왜 중요한지 설명하는 이야기나 동료들에 대한 미묘한 거부감 같은 것 말이다.

몇몇 문화에서는 사람들이 적극적으로 질문하는 것, 다른 말로 하면 부끄러움과 무능력함에 대한 걱정을 떨쳐 버리는 것을 장려한다. 두 가지 기대들이 학습에 대한 동기를 부여할 수 있다. 전자는 학습이 공식적으로 일어날 것이고 후자는 비공식적으로 일어날 것이다. 기술이라는 것은 중요한 역할을 하며 개인이 다양한 가시성을 갖는 방식으로 학습하게 해준다. 그러나 전체로서 고려되는 조직 내에서의 학습은 사회적 수용과 인정에 대한 열망에 의해서 주로 추진된다. 이러한 역동성은 사회적으로 장려되지 못하는 실험과 놀이를 활동적으로 억제할 수 있다.

마지막으로 개인의 몰입은 학습 문화의 건강성에 기여할 수 있다. 내가 몰입이라고 이야기하는 것은 간단하게 사람들이 자신이 하는 일에 대해서 진심으로 관심이 있는 정도를 뜻한다. 주제에 대해서 단순히 관심을 가지는 것이 더 나은 학문적인 성취를 끌어내는 것처럼 일에 대한 흥미 자체가 학습을 도울 수가 있다.

## 유지

조직에서는 학습 문화를 이야기할 때 공식적인 학습 방법들을 생각한다. 예를 들면 인재 관리, 경력관리, 지식 관리, 코칭 및 멘토링 프로그램 등을 들 수 있다. 1988년 미국 창의적 리더십 센터의 연구 결과에 따르면 공식적인 교육이 실제로 조직에서 학습이 일어나는데 기여하는 부분은 많아야 10%라고 한다. 다시 말해서, 이 모든 것들은 전체 학습과 거의 관계가 없다. 이들은 학습 과정을 어느 정도 변경할 수 있지만, 거의 조직의 학습 문화와 관련이 없으며, 때에 따라서는 학습문화에 손상을 줄 수 있다.

많은 조직이 '유지'단계의 조직문화 수준에서 여러 활동들을 한다. 이러한 것이 잘 작동되는 곳에서는 공식적인 프로세스가 학습조직을 보완하고 방향을 제시하기도 한다. 이러한 활동을 추진하는 조직은 보통 '상향식' 관점으로 특징지어진다. 이러한 조직들은 학습과 관련된 조직의 공식적인 야망을 요약하는 학습 '비전'을 가지고 있다. 이 비전을 실천하는 사람들, 즉 비전을 정책이나 제도로 연결하는 사람들은 활동과 열망을 주기적으로 점검하고 관리하기 위하여 경영 그룹을 형성한다.

그리고 다음과 같은 방식으로 학습 활동을 어느 정도 제어할 수 있는 여러 공식적인 프로세스를 가지고 있다.

- 연간 인재 리뷰에서는 보통 경영진들의 승계 계획이나 성장 관련 잠재력과 관련된 주제를 가지고 논의한다. 이러한 논의의 결과는 개인들에게 적합한 공식적인 교육프로그램에 대한 합의 정도로 결론 지어지는 것이 대부분이다.
- 육성 계획: 인재 리뷰로부터 이상적인 실행 방안을 도출하기 위하여 관리자들은 각각의 팀 구성원들에 대한 육성 계획을 수립하는 것에 착수한다. 주로 미래의 역할을 잘 준비하기 위한 경력 개발 수립 차원에서 공식적인 교육 프로그램을 찾기 시작한다.
- 과제 부여: 개인들이 지금 하는 역할에 추가적인 책임을 부여하거나 새로운 역할에 대한 기회를 제공하는 방식으로 대부분의 조직에는 다소 공식적인 과제 부여 시스템이 있다.
- 코칭과 멘토링: 개인들은 내부 인원 또는 외부 인원으로부터 코치나 멘토를 지정받을 수 있다. 이것은 공식적인 프로세스를 따르고 주로 개인이 통제할 수 있다.

지식의 공유는 일반적으로 조직에 경험이 있는 직원이 있거나 대형 프로젝트가 완료되는 시점에서 셰어포인트와 같은 시스템을 사용하여 디지털 저장 장치를 통한 공유 프로세스에 따라 발생한다.

학습 관리 시스템은LMS 아마 관리자들이 학습을 부여하는 권한을 가지고 구성원들이 학습을 완료하는지에 대한 관리 수단으로 유지될 것이다.

평균적인 대기업에서 일어나고 있는 인재와 학습 관련된 활동들을 더는 자세하게 논의하지 않겠다. 대략적인 것은 내가 위에 제시한 정도이다. 이러한 활동들은 심각한 문제점들을 지니고 있는데 대략 두 가지 정도에 관해서 설명하겠다.

1. 이러한 시스템은 연간 단위로 진행되는 경우가 대부분이다. 일 년에 몇 번 관리자는 그들의 팀원들과 육성의 기회에 관해 이야기해야 하고 성과에 대한 피드백과 미래의 성장에 대한 지원 활동도 해야 한다. 보통의 직원들은 아마도 일 년에 한 번씩 이러한 코스들을 경험할 것이다. 이것은 사실 학습이 아니라 교육이라고 할 수 있다. 실질적인 학습이라는 것은 사람들이 동료들과 관계를 맺고 그들에게 주어진 도전적인 과제들을 해결해 나가는 매일의 일상에서 일어나는 것이다.

2. 공식적인 인재와 학습의 시스템들은 기본적으로 하향식으로 전개되고 구성원들이 가지고 있는 관심과 과제들과는 관계가 적다. 결국 구성원들은 실제로 수행되는 업무와 관련 없는 경험을 하고 있다는 의미이다. 대기업의 구성원들은 다양한 부서에서 필수 교육 형식으로 교육을 이수해야 한다는 요청을 많이 받는다. 안전, 윤리, 준법, 보안 등 다양한 교육들이 홍수처럼 제공된다. 좀 더 간단히 이야기하면 이러한 모든 교육은 대부분 유관 부서 전문가들에 의해 개발된 일반적인 내용으로 실제로 업무 환경과는 관계없는 경우가 많다. 인재와 교육 부서에서는 대체 구성원들이 원하거나 필요한 시기에 학습을 제공할 수 있도록 세팅하지 않는다.

## 성장

석사과정을 공부하고 있을 때 나는 운이 좋게도 화학과에서 박사과정을 공부하고 있는 한국인 대학생과 같은 방을 사용하였다. 그는 영어 능력을 키우고 싶어 했는데, 그래서 우리는 매일 저녁 내가 그 친구의 영어 과외를 해주는 시간을 잡았고 대신에 나는 보상으로 한식을 같이 먹곤 하였다. 나는 그 친구가 공부하는 방법이 보통의 대학생들과는 너무 다르다는 것을 느꼈다. 예를 들면 그는 매일 4시간 정도 잠을 잤다. 대부분 시간을 공부에 썼다. 내가 피곤하지 않은지 물어보면 그 친구는 항상 매우 피곤하다고 대답했다.

나는 지금까지 이렇게 헌신적으로 공부하는 사람을 만난 적이 없다. 나는 그가 옥스퍼드 대학에 가서 박사 공부를 하기 위해서 이렇게 열심히 공부하고 있다고 생각했다. 아마도 그가 화학계에 새로운 이론을 제시할 정도의 사람이 되리라 생각했다. 하루는 내가 그의 향후 계획에 관해 물어보았다. 그는 유치원 교사가 되고 싶다고 이야기했다. "그럼 도대체 왜 그렇게 열심히 공부하니?" 나는 물었다. "나의 나라를 위해서 그렇게 해" 그는 대답했다. "우리나라에서는 모든 학생이 공부를 열심히 해."

문화라는 것은 사람들이 가치를 느끼는 것, 사람들이 관심을 가지는 것들이다. 문화는 다수의 사람에 의해서 공유되는 특별한 관심의 패턴이다. 몇몇 문화는 아마도 환경에 대해서 더 관심을 가질 것이다. 다른 문화는 주식과 분배에 대해서 더 관심을 가질 수도 있을 것이다. 관심 있는 것들의 차이에 따라서 사람들이 달라지듯이 문화 또한 가장 중요시하는 것에 따라서 달라지기 마련이다. 학습 문화를 고려할 때 우리는 학습을 중시하는 문화에 관해 이야기하고 있다. 학습에 대한 가치는 사람들이 시간을 보내는 방식, 대화를 나누고 주변에서 보는 것들이 반영된다.

'학습'이 조직에서 일하는 개인의 가치로 내면화되기 전까지는 학습 문화가 없을 것이다. 따라서 이것은 곧 익숙한 도전이 될 것이다. 사람들이 현재 관심이 없는 것에 관심을 두게 하려면 어떻게 해야 할까?

## 어떻게 학습 문화를 바꿀 것인가?

한 가지 방법은 학습에 관해 이미 강한 열정을 가지고 있는 사람을 채용하는 것이다. 또 다른 대안은 경험을 설계하는 것이다. 사람들이 지금보다 더 학습에 관해 관심을 가지길 원한다면 우리는 조직에서의 경험을 재설계해야 한다. 물론 한 사람의 경험에는 매우 많은 측면이 있지만, 일부는 다른 측면보다 더 중요하므로 고려할 수 있는 몇 가지 사항이 있다.

### 조직의 가치들

문화를 변화시키려고 할 때 조직은 회사의 가치에 대한 재정의를 통해서 이러한 것들이 쉽게 달성될 거라 믿는 실수를 범하곤 한다. 그래서 그들은 '지속적인 향상', '혁신' 등의 가치를 지향하며 학습 문화를 만들려고 노력한다. 물론 이것도 중요한 단계이다. 그러나 이것은 전형적인 하향식 방법이다. 이러한 가치들이 결국은 구성원들의 일상에서 태도나 행동으로 반영되지 않는다면 성공할 가능성이 거의 없다

이것은 중요한 점을 제시한다. 가치가 내재화하기 위해서는 현업에서 의미 있게 인식될 수 있는 행동으로 전환되어야 한다. 예를 들어 조직에서 '혁신'을 핵심가치로 설정했다면 이 가치가 콜센터에서 일하는 직원의 행동에 어떤 방식으로 반영될까? 콜센터 구성원들에게 필요한 것들, 예를 들면 휴식이나 실수 비율, 피자 등을 줬다면 이러한 가치의 인식이 강화되기 위해서는 무엇을 해야 할까?

다른 말로 표현하자면 조직이 학습을 조직문화 일부로 만들고자 한다면 누군가가 다른 일을 하는 각각의 사람들에게 무엇을 의미하는지 책임지고 말할 사람이 필요하다. 인간에게 가장 큰 보상은 사회적인 칭찬이나 지위라는 것을 명심하자.

가치들이 업무 현장에서 잘 실행되도록 전파하기 위한 가장 효과적인 방법은 채용 과정의 개선이다. 만약 조직에서 적극적으로 학습에 대해서 긍정적인 성향을 가지고 있는 사람을 선발한다면 학습에 대한 가치를 느끼지 못하는 사람들의 태도를 변화시키려고 노력하는 것보다 학습 문화를 조성하는 지름길이 될 수 있다. 학습에 긍정적인 접근 방식을 가진 사람들은 학습에 대한 접근 방식, 최근에 배운 내용, 받은 피드백(그리고 학습에 어떻게 대응하는지), 그리고 일상적으로 학습하는 방법에 대해 쉽게 토론할 수 있다.

## 직원 경험

아마도 문화 변화 프로그램을 구현하는 데 있어서 가장 큰 실수는 직원 경험을 고려하지 않은 것일 것이다. 문화는 매일 천 가지의 다른 방식으로 표현된다. 내부 커뮤니케이션 캠페인의 결과가 아니며 학습의 경우 서로 다른 직원 그룹을 위해 일상적 상호작용에서 역할을 할 수 있는 방법을 고려하는 것을 의미한다.

학습문화를 장려할 수 있는 가장 좋은 방법을 고민한다면 내가 이전 장에서 이야기했던 청중 분석 프로세스에 기반을 두고 있는 사용자 여정으로 시작하기를 추천한다. 사용자 여정은 조직 내에서 학습이 사람들의 일상생활에서 수행할 역할을 명시해야 한다. 예를 들어, 언제 어떻게 자원을 이용할 수 있는지, 그들이 배우는 것을 어떻게 공유할 것인지, 그들이 어떤 종류의 도전에 직면할 것인지, 그리고 그것을 지원하기 위해 그곳에 있을 사람을 선정하는 것이다.

또 사용자 여정은 개인들이 관심이 있는 다양한 동기들과 그들이 직면하고 있는 가장 일반적인 도전들, 그리고 그들이 그러한 도전을 겪게 되는 시간이나 장소 등을 반영해야 한다. 이는 서로 다른 고객이 제품을 구매할 수 있는 장소와 시기를 고려하여 최대한 쉽게 제품을 살 수 있도록 함으로써 기업이 제품의 판매를 개선하는 것과 다르지 않다.

전문가들이 흔히 저지르는 실수는 배움을 사람들이 찾고 있는 것으로 착각하는 것이다. 이들은 학습과 관련하여 '필요한 순간'에 대해 이야기하며, 언제 사람들이 학습을 찾고 있는지 궁금해한다. 하지만, 솔직히 말해서 아무도 배움을 찾지 않는다. 어느 시점에서도 배움을 '필요'로 하지 않는다. 대신에, 도전하거나, 적응하거나, 무언가를 빨리해야 할 때가 있다. 학습은 암기나 기술 개발을 위해 하는 어떤 것의 부산물이다.

나는 이 점을 강조하는데, 다른 이유로는 학습에 종사하는 사람들이 '당신은 무엇을 배워야 하는가?' 또는 '당신은 언제 가장 배우고 싶은가?'와 같은 질문을 하는 나쁜 습관이 있기 때문이다. 물론, 사람들은 이런 종류의 질문들에 대한 추측된 답을 생각해 낼 것이지만, 학습을 설계하는 데는 소용이 없을 것이다. 대신 우리는 '당신이 무엇을 하려고 하는가?' '언제 어디에서 하고 있는가?' '왜 그것을 하려고 하는가?'라고 물어봐야 한다.

'상향식' 설계 접근법의 목적은 학습자를 학습 조직에 종속시키는 것이 아니라 학습자를 중심으로 학습 조직을 설계하는 것이다. 창출할 리소스의 종류와 설계 경험의 결정은 조직 내 인력을 가장 잘 지원할 수 있는 경험을 바탕으로 이루어져야 한다. 이 시점부터 거꾸로 일하기가 시작되는데 프로세스 및 자원 그리고 전문적 역량 및 시스템들은 명확하게 정의된 경험에 한해서 제공되어야 한다.

문화는 아주 흔한 일, 너무나 '정상적인' 일, 우리가 간과하는 작은 일들로 표현된다. 나는 사람들이 그러한 경험의 모든 작은 요소들이 어떻게 가치의 암묵적인 의사소통에 반영되는지 알았으면 한다. 사람들은 조직의 통제 속에 있고, 하루에 몇 번씩 스스로 확인하고 순응해야 한다. 사람들의 신체적, 심리적 활동은 비인간적이고 부모와 자식 간의 관계를 표현하는 방식으로 엄격하게 통제된다.

조직이 직원 경험을 고려할 때 저지르는 근본적인 실수는 세부 사항을 간과하는 것이다. 즉, 이해하는 것에 대한 실패이다. 그것은 오히려 빙산의 아랫부분과 같이 중요한 것의 대부분은 숨겨져 있다. 그리고 빙산의 윗부분과 달리, 눈에 잘 띄지 않는다. 효과적인 직원 경험 설계에는 세부적인 사항에 대한 안목과 우리가 느끼는 방식에 기여하는 모든 작은 것들까지 알아차릴 수 있는 능력이 필요하다.

이 요소는 재택근무가 즐거운 경험이라는 것을 설명할 수 있다. 즉, 조직의 기대에 부합해야 하는 환경이 아닌 우리의 요구를 충족시키기 위해 만들어진 환경이라는 점이다. 하지만 원격으로 일하는 직원들은 '소외감' 또는 '고립'이라는 느낌을 말하곤 한다. 이는 전체적인 조직 심리적 계약이 사람들이 열악한 경험을 견뎌야 하거나 사회적 배제를 통해 불이익을 받을 위험이 있다는 것을 인식했음을 암시한다.

## 오리엔테이션

당신이 다른 나라에서 살게 되었다면 처음 몇 달은 가파른 학습 곡선을 경험하게 될 것이다. 낯선 문화에 적응하는 법을 배워야 하며, 모든 차이에 적응하는 것은 심리적으로 부담이 될 수 있다.

그 결과 사람들은 새로운 문화에 접어들면 그 차이에 대해 '과도하게 민감'해지고 행동적으로나 심리적으로 쉽게 영향을 받을 수 있는 상태에 이르게 된다. 이는 인간이 생존을 위해 집단의 승인에 의존하는 사회적 생물이기 때문이다. 우리는 자신의 문화와 규범을 가진 새로운 그룹에 합류할 때, 새로운 관습이나 기대를 알아차리지 못할 경우 당황,

수치심 또는 거절의 위험을 본능적으로 인식하게 된다.

예를 들어, 과거 대기업에 입사했고 4주 만에 회사에서 퇴출당한 고위 관리자의 이야기를 들을 수 있었다. 무시무시한 HR 책임자가 타운홀 미팅을 진행하고 있었는데, 운이 없는 관리자는 마지막에 손을 들고 질문을 하는 대담한 태도를 보였다(이전 조직에서 수용할 수 있는 행동으로 간주 됨). HR 책임자는 퉁명스럽게 대답하고 개인에 대해 메모를 한 후 얼마 지나지 않아 불합격을 통보했다.

이 이야기를 들려준 이유는 무엇일까? 글쎄, 그것은 그 문화 특유의 다른 암묵적인 기대를 많이 전달했다. 즉, 타운홀 미팅에서 질문하는 것은 현명하지 못한 처사이며, 연사가 '질문이 있습니까?'라고 묻더라도 진행 팀의 직원들은 실제로 질문을 받을 것으로 예상하지 않는다는 것이다. 실제로 그곳은 사람들이 잘못된 질문을 하면 해고될 수 있는 조직인 것이다. 이와 같은 이야기는 조직 문화의 생명선이다. 그것들은 '공식적인' 내레이션은 아니지만 상상할 수 있듯이 그들의 비공식적 성격은 강력한 효과를 가진다. 이와 같은 하나의 이야기는 오리엔테이션 프로그램에서 공유된 공식적인 이야기를 뒤집을 수 있다.

특정한 문화를 만들려고 한다면, 사람들이 조직에 들어왔을 때 겪는 경험에 특히 주의해야 한다. 이것은 문화가 전달되는 지점이고 가장 수용적인 지점이기 때문이다. 마찬가지로, 우리는 단순히 문화를 눈가림할 수 없다. 만약 사람들이 오리엔테이션을 통해 조직에 대한 하나의 그림을 얻더라도 일을 시작하면서 매우 다른 그림을 얻는다면 우리의 노력은 선전에 불과할 것이다.

## 리더십

주디스 리치 해리스의 '양육 가설the nature assumption'에서는 과거에 발달 심리학이 유전학(자연)과 육아(양육)의 두 가지 영향의 관점에서 아동 발달을 고려하는 경향이 있다고 지적했다. 문제는 우리의 선입견 때문에 실제로 진행되고 있는 일에 대해 알지 못한다는 것이다. 실제로 아이들은 또래들로부터 강력한 영향을 받는다. 문화에서 리더십의 역할에 대해 생각하는 방식에서도 비슷한 일이 발생한다. 부분적으로는 에드거 샤인의 저서 '조직문화와 리더십' 덕분에 우리는 리더가 실제보다 문화에 더 많은 영향을 미치는 것으로 인식하게 되었다.

그렇다고 해서 리더의 영향력이 문화에 있어 중요하지 않다는 말은 아니다. 그들은 일반적으로 평사원보다는 더 중요하다. 하지만 리더가 문화를 정의한다는 생각은 시대에 뒤떨어진 계층적 사고방식에서 비롯된 것이다. 확실히 리더의 상대적 영향력은 계층이 더 강하게 표현되는 상황이나 시대에 더 클 것이다. 그러나 일반적으로 리더는 조직 문화에 영향을 미치는 수많은 영향 중 하나일 뿐이다. 다른 영향에는 국가 문화와 가장 중요한 동료가 포함될 것이다. 따라서 리더가 번성하는 학습 문화에서는 우리가 기대하는 행동을 보여주는 것도 중요하지만 그들이 독립된 문화를 형성할 것이라고 기대할 수는 없다. 그렇다면 우리는 리더에게 어떤 행동을 기대해야 할까?

리더는 학습 문화에 긍정적인 영향을 주려고 하지만, 종종 기대와 전혀 다른 영향을 미치기도 한다. 어떻게 된 걸까? 학습 문화를 장려하고자 하는 리더는 개인을 멘토링하고, 피드백을 제공하고, 개발 계획을 세우는 것 등에 많은 시간을 할애하여 이런 것들이 올바른 행동이라고 믿게 한다. 그들 자신은 하지 않는 행동들, 멘토의 조언을 받고, 피드백을 구하고, 자신의 개발에 투자하는 것 말이다. '내가 하는 대로 따라 하지 말고 내가 말한 대로 해라<sup>Do as I say, not as I do</sup>'라는 접근 방식의 결과로 그들은 '리더는 배우지 않는다.' 또는 '학습은 무능한 사람을 위한 것'이라는 메시지를 함축적으로 주게 된다. 확실히 리더가 팀에서 사람을 개발하는 데 시간을 할애하는 것은 좋은 생각이다. 하지만 분명하게, 자신의 개발에 시간을 할애하고 배우려는 의지를 보여주는 것 역시 중요하다. 문화는 사람들이 소중히 여기는 것의 관점에서 정의되고 그들이 말하는 것과 행동하는 것으로 표현된다. 학습을 소중히 여기는 리더는 자신의 학습에 우선순위를 두고 매일 피드백을 요청하며 새로운 아이디어와 발견에 관심을 둔다.

예를 들어 각 회의를 '학습의 순간'으로 시작하거나 마지막으로 피드백을 요청하는 등 일상 대화에 학습 부분을 만드는 등 리더, 특히 가장 고위층 리더는 이야기와 상징을 잘 알고 있어야 한다. 문화는 사람들이 하는 일이 아니라 그 행동이 의미하는 바에서 추론된다. 리더가 하는 일이 평범하지 않은 것은 스토리 가치가 있으며 조직의 문화적 구조를 다시 세울 수 있는 잠재력이 되기 때문이다. 따라서 리더는 중요한 점에 관해 이야기할 때 이야기에 대해 생각하는 습관을 키워야 하며 이를 조직 형성에 적극적으로 활용해야 한다. 에드거 샤인은 심각한 실수를 하여 CEO 사무실로 소환된 젊은 IBM 임원의 예를 들었다. 임원은 CEO인 톰 왓슨이 자신을 해고할 것으로 생각했다. '전혀 아니에요, 젊은이.

당신을 교육하는 데 몇백만 달러를 썼다고 생각해요'. 이와 같은 이야기는 멀리 퍼져 나가며 실패와 학습에 대한 조직의 태도를 정의하는 데 도움이 되었다. 리더가 되려면 자신이 관심 있는 것과 자신이 만드는 이야기에 관해 신중하게 생각해야 한다. 예를 들어, 나는 조직에 가입했고 조직에서 선배였던 상사의 초대를 받아 점심을 함께 했다. 나는 매우 긴장했고 무엇을 기대할 수 있을지 몰랐다. 나는 내가 '정상적인' 행동이라고 생각하는 행동을 기본적으로 했다. 개선을 위한 아이디어에 관해 이야기하는 등 조직과 나를 고용한 사람에게 소중함을 보여주기 위해 노력했다. 그는 얼마 동안 참을성 있게 듣다가 내 말을 거의 듣지 못한 듯 자연스럽게 말했다. "우리가 당신을 고용했다면 당신이 하는 일에 최고이기 때문이라고 생각해야 할 것 같아요. 당신이 놀라운 일을 할 거라고 믿어요." 이제 그 이유를 이해할 수 있을 것 같다. 이것은 '상태가 밀집된' 맥락이었다. 대화 주제가 전환되는 동안 우리는 감정적으로 민감해지며 반응은 예상치 못한 놀라운 것이었다. 물론 이것은 정확히 그가 한 말 그대로는 아니다. 실제로 관련자는 사건을 전혀 기억하지 못할 것이다. 그러나 회의에서 깨달은 것은 관리자가 자신을 생각하지 않는다는 강한 느낌이었기 때문에 나에게 미치는 영향은 상당했다. 나를 판단할 수 있는 위치에 있었지만, 그런데도 나를 믿었다.

## 재앙

2010년 4월 20일, 거대한 메탄 거품이 지구 깊이 10km 이상 뚫린 파이프 위로 떠올랐다. 이 파이프는 석유와 가스를 지표면으로 운반하기 위한 것이며 지금까지 뚫린 것 중 가장 깊은 구멍이었다. 구멍을 뚫은 거대한 반잠수식 굴착기는 멕시코만의 루이지애나 해안에서 약 40km 떨어진 곳에 있다. 메탄 거품은 '폭발'의 일부였다. 엄청난 압력으로 인해 결국 제어할 수 없는 진흙과 가스가 폭발했고 화재가 발생했다. 11명이 사망하고 17명의 부상자가 나왔다. 불을 끄는 데 하루가 걸렸고, 이때 지표면 아래에서 기름을 운반하는 파이프가 파열되었다. 기름이 바다로 쏟아지기 시작했다. 이런 일을 방지하기 위한 장치인 '폭발 방지기'가 실패했고, 이후 87일 동안 총 780,000㎥의 기름이 바다로 유출되는 미국 역사상 가장 큰 환경 재난이 일어났다. 유출 피해를 바로 잡으려는 노력에 BP가 620억 달러 정도의 비용을 들이게 되었다.

나는 화재 재난 직후 BP에 합류했다. 이 조직은 재정적 영향과 평판 손상에서 간신히 살아남았다. 새로운 CEO가 있었고, 조직은 때때로 피상적이거나 토큰 주의적인 방식으로 문화 변화 프로그램에 착수하긴 했지만, 이것은 다른 것이었다. '안전 문화'는 모든 수준에서 모든 사람에게 매우 중요했다. 커피잔에 뚜껑이 없으면 사람들이 계단에서 당신을 막을 것이다. 나는 개인적으로 재난 당시의 경험을 설명하면서 통제할 수 없을 만큼 울던 임원을 인터뷰했다. 이러한 것들이 사건의 반복을 막을 수 있을지는 의문이지만, 사람들이 이전에 충분히 신경 쓰지 않았던 것에 대해 더 많은 관심을 기울이게 됐다는 것에는 의심의 여지가 없다. 때때로 문화는 농담하지 않는 것으로 변했고 아무도 안전에 대해 농담하지 않았다.

나는 내가 일해 온 모든 조직에서 재앙의 영향을 보았다. 경영 컨설팅에서 문화, 프로세스, 규범은 수십 년 전에 클라이언트 기록이 포함된 데이터 스틱의 어마어마한 손실로 인해 형성되었다.

교육 부서에서 일하는 사람들은 그러한 사건의 영향을 예리하게 파악하고 있다. 그들은 태도와 행동이 변할 수 있도록 계속해서 교육해야 한다. 그러나 재앙의 특징인 심오하고 광범위한 감정적 영향이나 그 결과로 발생하는 문화 변화 자체와는 실제로 거의 관련이 없다. 재앙은 리더십 그 이상으로 문화를 형성한다. 911사건은 최근 몇 년 동안 미국 문화와 외교 정책을 형성하는 데 큰 역할을 했다. 기독교 문화에서는 여전히 대홍수에 대한 이야기를 들려준다. 그들에게 대홍수는 아마도 엄청난 생명을 잃고 국가를 재편하게 만든 재앙일 것이다. 이 모든 것에 질문을 던져보자. 그렇다면 이것이 학습 및 학습문화와 어떤 관련이 있을까? 첫 번째로 알아야 할 것은 조직은 모든 기존 교육과 마찬가지로 핵심을 완전히 이해하지 못하고 단순히 제도 및 교육 자료에 이러한 중대 사건을 활용하는 경향이 있다는 것이다. 조직에 새롭게 합류한 모든 구성원에게 절차와 필수 교육 과정을 통해 이를 소개할 수도 있지만, 정서적 중요성을 이해하지 않으면 이러한 절차는 무의미하고 교육은 단순한 형식으로 끝날 가능성이 크다.

이러한 이야기를 하는 것이 중요할 것 같다. 정서적인 특징에 대한 것인데, '안전이 중요하다' 또는 '데이터 보호가 중요하다'라고 말하면서 스토리를 이야기하지 않는 것은 아주 부적절하다. 이것은 말 그대로 재난으로 이어지는 지름길이다. 내가 나중에 발견한 것은 안타깝게도 사람들은 차이를 만드는 이야기에 대해 말하기를 꺼릴 수 있다는 것이다.

조직은 빠르게 변화하고 있으며 경험이 많은 직원이 퇴사하고 신규 직원에 대한 채용이 바로 이뤄진다. 이것이 시사하는 가장 큰 위험은 '조직의 기억'에 대한 것이다. 즉, 스토리가 손실되는 것이다. 조직은 스토리의 관점에서 문화나 학습을 생각하지 않기 때문에 이러한 스토리를 캡처하여 미래 세대의 직원에게 전달하지 않는다. 또한 과거에 있었던 당황스러운 사건이나 실패를 끄집어내는 것을 극도로 꺼릴 수도 있다. 그러나 오히려 정반대의 상황이 되어야 한다. 조직의 새로운 참여자에게 조직을 정의하는 이야기를 소개해야 한다. 모험과 품위에 대한 이야기뿐만 아니라, 나쁘게 행동한 사람들과 큰 실수로 잘못된 일에 관해 이야기해야 한다.

조직 차원에서 추구하는 것은 개인적인 차원에서도 반향을 일으킨다. 개인으로서 우리의 성장 속도는 실수를 알아차리고 대처하는 능력(대화로 끌어내고 당혹스러운 이야기를 전하는 능력)에 따라 달라진다. 나는 리더십 문화를 바꾸고자 하는 다국적 제약 회사와 함께 일한 적이 있다. 우리가 제안한 것은 리더들이 경력 과정에서 저지른 실수에 관해 이야기하는 비디오에 리더를 직접 등장시키는 것이었다. 리더십 측면에서 자신의 실수를 기꺼이 받아들이고 공유하려는 이러한 종류의 의지는 조직의 다른 사람들에게 새로운 학습 매개 변수가 될 수 있다. 간단하지만 강력한 영향을 미칠 것이다.

이미 말했듯이 학습문화의 역할을 하는 조직 문화를 전달하는 핵심은 이러한 정의된 이야기를 포착하고 전달하는 것이다. 학습 전문가로서 체계적으로 이 일을 하지 않는다면 우리는 조직에서 실패할 것이다.

## 인식

특정 문화가 소중히 여기는 것은 구성원들이 인식하는 것들을 통해 가장 직접적으로 표현된다. 예를 들어, 어떤 문화는 성공적인 사냥꾼, 기업가, 축구 선수 또는 연예인을 가치 있다고 생각할 수 있다. 표창은 지위, 상, 재정적 보상을 포함해 다양한 형태를 취할 것이다. 전통적으로 학습은 수료증의 형태로 인정되었다. 그러나 이 시스템은 점점 구식으로 보이기 시작했다. 현재 조직이 경험하고 있는 유형의 변화에서 살아남기에는 너무 느리고 비용도 많이 들며 비효율적인 데다가 너무 형식적이다. 예를 들어, MBA 프로그램에 등록하는 것은 더는 의미가 없다. 다음 해에 더 나은 직업을 얻기 위해 그것을 사용하려고 한다면 말이다. 마찬가지로, 선택된 소수의 학습만을 인식하는 프로그램은 전반적인 학습 문화에 부정적인 영향을 미칠 수 있다.

조직에서 인식이 작동하는 방식에 대한 좋은 비유로는 '피트니스 트랙커'를 들 수 있다. 이들은 웨어러블 기계 또는 휴대하는 장치(예: 스마트폰)의 앱으로 신체 활동을 추적하고 더 넓은 커뮤니티와 연결하며 인센티브와 인정을 제공한다. 당신의 문화는 운동 성과를 중요시하는 것일 수 있다. 그러나 문제는 직접적인 인식이 소수의 프로 운동선수에게만 적용된다는 것이다. 이에 피트니스 트랙커는 프랙털 인식 구조를 생성하여 그 인식을 문화의 모든 수준으로 확장한다. 예를 들어, 가장 기본적인 수준에서는 특정 활동을 완료한 것에 대한 인정을 받을 수 있으며, 그 결과 커뮤니티와 공유할 수 있는 배지 또는 성과를 얻을 수 있다. 당신은 일하기 위해 특정 경로를 순환할 수 있으며, 가장 좋은 타이

밍에 그 경로를 순환하는 다른 모든 사람과 경쟁 할 수 있다. 결과적으로 더 넓은 그룹에서 순위를 얻고 드문 업적을 얻을 수 있다. 하다못해 음료나 운동기구에 대한 할인과 같은 작은 재정적 보상이 첨부될 수도 있다. 건강한 라이프 스타일을 장려하려는 조직은 이 활동을 직원 복리 후생 제도와 연결할 수 있다.

개괄적인 요점은 이것이다. 사람들은 특별한 활동이 아닌 일상적인 활동에 대한 인정을 받는다. 학습 활동에 있어 좋은 기분을 느끼기 위해 MBA를 마칠 필요가 없는 것처럼, 신체적 성취에 대해 기분이 좋아지기 위해 프로 운동선수처럼 되어야 하는 것은 아니다.

이러한 '미시 인식'이 효과를 내기 위해 기술에 의존하고 있다는 오해는 하지 않길 바란다. 문화를 형성하는 데 있어 중요한 것은 다름 아닌 반복이다. '매일' 학습에 관해 이야기하고 '매일' 학습을 공유하며 '매일' 학습 성과를 인식하는 관리자는 학습 문화에 영향을 미칠 수 있다. 문화의 영향을 받은 인정의 방법에는 여러 가지가 있다. 예를 들어 학습을 축하하고 공유하는 시상식이나 학습에 대한 가치와 투자를 강조하는 포스터 또는 학습 공간과 같은 물리적 인공물을 만들 수 있을 것이다.

그러면서도 우리는 과정을 완료하거나 이러닝 모듈을 통해 자신의 길을 클릭한 사람들에게 상이 수여 되는 '과정 완료' 사고방식으로 돌아가지 않도록 주의해야 한다. 이것은 학습이 의미하는 바가 아니다. 학습은 정보를 암기하는 것이 아니라 능력을 개발하는 것이므로 학습은 퀴즈를 통과하는 것이 아닌 성취를 통해 간접적으로 입증되는 것이다. 예를 들어, 관리자는 팀원의 능력을 개발하는 것을 통해 학습문화에서 가치 있는 일을 성취할 수 있다.

이를 염두에 두고 조직은 과정 완료 시스템이 아닌 '도전 공간'을 만들어야 한다. 도전 공간은 사람들이 자유롭게 해결할 수 있는 도전 풀이며 어떤 방식으로든 조직의 성공과 관련이 있다. 이는 실제 또는 가상 시나리오에서 안전 위험을 식별하는 일련의 과정과 같이 (능력을 입증하는 방법으로) 비교적 간단한 문제일 수도 있고, 실제 비즈니스 데이터를 기반으로 운영 개선을 제안하거나 새로운 마케팅 캠페인이 될 수도 있다. 다시 한번 말하지만, 이는 구글이 좋은 아이디어를 얻기 위해 구현한 것과 같은 전사적 IT 시스템일 필요는 없다. 간단한 첫 번째 단계는 관리자가 자신의 역할의 일부인 과제와 함께 팀이 자유롭게 완료할 수 있는 작은 과제 목록을 만드는 것이다.

이 옵션은 조직 내에서 수행할 작업의 크라우드소싱과 일부분 비슷하다. 이 개념은 모든 사람이 계층 구조에서 역할, 책임 및 위치를 가지고 있다는 기존의 계층적 사고방식을 인정하지 않는다. 그러나 이것이 문제의 핵심이다. 사람들이 스스로 능력을 키우고 개발하는 데 효과적이라는 것을 진정으로 믿는다면, 조직 역할에 대한 고정된 사고방식을 채택할 이유가 없다. 그렇다면 우리는 왜 새로운 능력 개발을 적극적으로 지원하면서도 그 능력의 행사를 금지하도록 진지하게 제안하고 있을까? 조직을 역할과 책임이 구분된 사람으로 구성된 것으로 생각하는 대신, '수행해야 할 작업'이라는 작업의 풀로 생각하고 누가 어떤 문제를 해결하는지의 측면에서 훨씬 더 유동성을 장려해야 하기 때문이다. 나는 모두를 위한 자유를 제안하는 것이 아니며 오히려 통제된 방식으로 조직 활동을 열어 활동 간 더 많은 발전과 이동을 가능하게 하고자 하는 것이다. 결국 혁신 팀만이 진행 중인 과제와 해결책에 대한 가시성을 개발할 수 있을 것이다.

마지막으로 '도전 공간'은 앞서 설명한 분산 교육 시스템과의 교차점이 된다. 거기에서는 환경적 지원 속에서 사람들이 도전 과제를 해결하여 내고 역량을 개발할 수 있는 시스템을 설명했다.

이제 우리는 이 시스템이 조직 내에서 어떻게 작동할 수 있는지 살펴보자.

### 디지털 소셜 학습

마이크로소프트의 야머와 같은 일종의 '소셜 엔터프라이즈' 시스템을 구현하고 이를 사용해 소셜 학습을 강화함으로써 학습 문화를 개선할 수 있다는 것이 일반적인 견해이다.

그러나 이 생각에는 틀린 두 가지가 있다. 첫째, IT 시스템을 구현하여 학습 문화를 개선할 수 있다는 것과 둘째, 사람들이 실제로 조직이 원하는 방식으로 '소셜 엔터프라이즈' 시스템을 사용하리라는 것이다. 하지만 분명한 것은 그렇게 되지 않을 것이고 투자는 낭비될 것이다. 일반적으로 그들은 '우리는 [소셜 엔터프라이즈 IT 시스템]을 구현했지만, 사람들이 이를 사용하도록 하는 데 어려움을 겪고 있다'고 말할 것이다.

이제 당신은 이것을 상향식 사고의 자연스러운 현상으로 인식해야 한다. 그럼 '어떻게 사람들이 더 많은 이러닝, LMS, 소셜 학습 플랫폼을 사용하도록 할 수 있을까?'라고 물을 때마다 문제가 해당 청중에게 있지 않다는 것을 확신할 수 있을 것이다. 항상 문제는 사람들이 무언가를 하도록 유도하는 동기와 도전을 이해하는 데 충분한 시간이 소요되지 않는다는 것이다. 즉, 청중 조사를 생략하고 효과가 있을 것이라는 공급 업체의 약속만으로 시스템을 구현한다는 것이다.

이 문제는 기업 시스템 구현 측면에서 거의 유비쿼터스에 가깝고, 조직이 부모-자녀 관계처럼 직원에 대한 계층적 제어를 행사한다는 구식적인 가정에서 비롯된다. 다시 말해, 그들은 IT 시스템을 구현할 수 있고 사람들에게 그것을 사용하도록 할 수 있으며 당연히 사람들이 그것을 준수할 것이라고 믿는 것이다. 후에 그들은 자신의 직원들이 사용해야 할 엔터프라이즈 시스템은 무시한 채 페이스북과 링크드인을 사용하는데 바쁘다는 사실을 알고 당황하며 좌절할 것이다. 이에 고위관리자들은 잘못된 투자 결정을 정당화하기 위해 사람들이 이러한 시스템을 사용하도록 강요할 의무를 느끼게 된다. 소셜 학습 시스템이 실패하는 주요 이유 몇 가지를 살펴보겠다.


## 소셜 미디어는 소셜이다

인류학자 케이트 폭스Kate Fox가 말했듯이 '모든 대화의 3분의 2는 가십이다'. 왜냐하면 이 "수다 떨기"는 우리의 사회적, 심리적, 신체적 안녕에 필수적이기 때문이다. 모바일은 가십을 더욱더 쉽게 한다. 여기서 조직은 단순한 실수를 하고 만다. 사람들이 인기 있는 소셜 미디어 사이트에서 업데이트를 공유하는 방식을 보고 '회사 소셜 미디어 사이트에서 유용한 정보를 공유하면 좋지 않을까?'라고 생각하는 것이다. 그들은 시스템을 구입하고 '비즈니스 목적으로만' 주의하여 시작한다. 왜냐하면 사람들이 가십을 위해 그것을 사용하는 것은 원하지 않기 때문이다. 하지만 사람들이 원하는 것은 생생한 가십이다. 직원들은 이미 에어컨 주변에서, 책상 건너편, 휴식 시간에 험담하는 데 상당한 시간을 보내고 있다. 가십은 정보 교환에 있어서 필수적인 촉매제이다.

이는 직감 그 이상이다. 성공적인 소셜 미디어 사이트의 사용을 분석한 결과 대부분의 주고받는 이야기가 '가십' 카테고리에 속함을 확인할 수 있었다. 기술 커뮤니티에서 독점적으로 사용하는 포럼은 가십 비율이 낮을 수 있지만, 일반적으로 소셜 미디어 커뮤니티의 사회적 측면에서는 그 비율이 꽤 높다. 사실 그것은 단순히 험담, 즉 호색적인 정보의 교환이 아니라 중요한 정보의 정서적 교류이다. 사람들은 개인적으로 중요한 정보, 충격적이거나 흥미진진한 정보를 공유하기 위해 가십을 사용한다. 실제로 사회적 검증으로 이어지고 자신의 가치를 높이는 모든 정보를 공유한다. 물론 이 모든 것은 비즈니스를 끔찍하게 만들 수도 있다. 직원들이 '소셜 엔터프라이즈' 플랫폼을 사용하여 가십과 개인 정보를 공유하도록 허용한다는 생각은 모든 종류의 법적 및 평판에 영향을 준다. 하지만 이 여정을 시작할 준비가 되어 있지 않다면 어떤 것도 이룰 수 없다. 그렇다면 무엇을 할 수 있을까? 다양한 조직에서 이 문제를 확실하게 해결한 결과, 몇 가지 중요한 교훈을 얻었다. 첫 번째는 조직에서 선호하는 기술이 아니라 청중이 선호하는 기술을 사용하는 것이다. 대화에 참여하라고 명령하기보다는 추가할 가치가 있는 대화에 참여할 것을 얘기하는 것이다.

둘째, 고양이 사진을 게시한다. 사람들은 자신을 감추는 것이 허용되지 않거나 일정 선을 벗어나면 공개적으로 '공포' 될 가능성이 있다고 느껴지는 소셜 학습 포럼에 참여하는 것을 꺼린다. 다시 말해, 사람들은 부모가 만든 그룹을 '채팅'하기 위해 프로필을 설정하는 십 대들의 마음이 아닌 회사 소셜 네트워크로 보는 것이다. 그것은 함정이다! 개인을 보여주는 사진(예: 애완동물, 음식, 휴가 장소, 근무 장소 사진)을 적극적으로 게시함으로써 중재자는 참여에 대한 친숙한 규범을 설정할 수 있다. 중재자의 역할은 커뮤니티를 형성하는 데 매우 중요하다. 사회적인 것이 허용된다는 것을 보여주는 한편 나쁜 행동을 단호하게 조절해야 한다. 따라서 용납할 수 없는 행동에 대한 명확한 규칙을 설정하는 것이 중요하며 중재자는 이러한 경계에 미치지 못하는 모든 활동을 끊임없이 지원하는 데 집중해야 한다. 때때로 어려움이 있을 수 있다. 주말 자선 활동 사진을 게시하는 회원은 충분히 격려받을 수 있지만, 같은 행사를 위해 모금 행사에 링크를 추가하는 회원은 지침을 위반할 수 있기 때문이다.

## 제공하는 것 이상을 가져간다

유튜브 또는 위키피디아와 같이 대중들이 사용하는 네트워크는 참여하는 환경에 대한 환상을 만든다. 사실, 대다수의 사용자는 이러한 커뮤니티를 방문했을 때 정보를 제공하기보다는 정보를 검색하거나 읽거나 가져온다. 일반적으로 소셜 네트워크에서는 사용자의 약 1%만이 막

대한 기여를 하고 있으며, 9%는 간헐적인 기여를, 90%는 '루커<sup>Looker</sup> 카테고리에 속한다. 즉, 대부분의 사람이 유용하거나 재미있는 콘텐츠를 찾고 소비하기 때문에 소셜 학습 커뮤니티는 '지식 교환' 보다는 '자원 허브'로 생각하는 것이 좋다. 소셜 활동은 콘텐츠 액세스의 부산물이라고 볼 수 있다.

따라서 소셜 학습 커뮤니티의 성공을 위해서는 강력한 콘텐츠 기반의 전략이 있어야 한다. 즉, 흥미롭거나 유용한 콘텐츠를 지속해서 제공하는 콘텐츠 전략 말이다. 그렇다면 청중에게 흥미롭거나 유용한 콘텐츠가 무엇인지 어떻게 알 수 있을까? 철저한 청중 분석을 통해 알 수 있다. 다시 한번, 조직은 시간을 투자하여 커뮤니티가 관심을 가질 만한 내용을 이해해야 하며 이를 바탕으로 기업 소셜 네트워크 콘텐츠를 적극적으로 큐레이팅하거나 생성해야 한다. 하지만 보통 모든 방식의 본사 정책 업데이트 및 커뮤니케이션은 버리는 채널로 보는 경향이 있다. 그 때문에 커뮤니티 초창기가 특히 중요하다. 처음 소셜 네트워크를 방문했을 때 흥미롭거나 유용한 것을 찾을 수 없다면 사람들은 다시 방문하지 않는다. 요약하면, 사람들이 무엇에 관심을 두고 있는지, 그들이 어떤 기술을 사용하고 싶어 하는지 알아보고 그런 관심으로부터 시작해야 한다.

### 네가 아니라 나야

페이스북과 같은 플랫폼을 사용하는 경우 사람들은 자료의 일정 비율은 광고가 될 것이라는 점을 받아들일 것이다. 이것은 플랫폼 사용에 대한 '유료'를 의미한다.

이 비율이 정확히 얼마가 되어야 하는지는 논란의 여지가 있지만, 광고주의 요구를 충족하는 콘텐츠의 양이 사용자의 관심사를 능가하는 지점에 있다면 사람들은 다른 곳으로 이동할 것이다. 여기서는 콘텐츠의 80%가 사용자의 관심사와 관련이 있어야 한다고 제안한다. 4장에 설명된 푸시 풀 모델을 다시 생각해 보면 이는 다음과 같은 방식으로 소셜 엔터프라이즈 네트워크에 영향을 미친다. 필연적으로 일부 콘텐츠는 특정 조직 목표를 제공하며, 즉, '푸시' 유형의 콘텐츠가 된다. 사용자는 현재는 관심이 없지만 조직에서 관심을 가질 수 있는 정보, 예를 들면 데이터 보호 법률에 대한 최신 업데이트 등이다. 소셜 네트워크는 이러한 유형의 메시지를 사용자가 관심을 두는 콘텐츠('풀'유형의 콘텐츠)에 '끼워 넣기' 하는 방식으로 운영한다. 사람들이 보고 싶어 하는 TV 프로그램에서 종종 많은 광고가 노출되는 것과 비슷하다. 그러나 광고 시간이 압도적이면 채널은 돌아갈 것이다. 따라서 사이트 편집자는 이러한 사이트의 콘텐츠 균형이 조직이 아닌 사용자에게 절대적으로 유리하도록 주의하여 조직과 사용자 모두가 충족되도록 해야 한다.

물론, 많은 전통적인 '주제 전문가'가 이에 대해 본능적으로 반응한다. 이를 기반으로 설정된 소셜 네트워크는 잘못된 정보를 퍼뜨릴 위험이 있고, 정책을 결정하는 기관의 권한을 훼손한다고 주장하는데 이는 사실이다. 전문가의 과제는 단순히 대답을 '구술'할 권위를 갖는 것이 아니라 대화에 참여하고 경청하고 신뢰를 구축하는 것이다. 이를 위해서는 일반적으로 조직 전문가들의 부족한 부분인 겸손이 필요하다. 이런 현상은 제대로 자리 잡지 못한 소셜 네트워크에서 자주 발견될 것이다. 한 그룹의 사람들이 열광적인 주제에 대해 '전문가'가 개입해 권위적인 방식으로 대화를 중단시키고 주의를 분산시켜 대화의 효과와 설득력을 떨어뜨린다.

이런 문제는 그룹이 대화를 '오프라인'으로 전환하기 때문에 발생하는 것이다. 전문가가 그룹의 관심 사항이 어디에 있는지 이해하지 못하고 정중한 대응 방식을 가지지 않는 경우 그룹은 조언을 무시하고 보이지 않는 곳에서 원래대로 진행한다. 전문가는 '법칙을 제정' 했다고 착각하지만 실제로는 지식을 공유하고 행동에 영향을 미칠 기회를 줄인 셈이다. 다시 한번, 정서적 맥락의 영향과 지식에 대한 관습적 사고의 문제를 살펴보자. 정보는 단순히 기술을 통해 전문가로부터 초보자에게 '이전'될 수 있는 것이 아니라 서로 반응하는 것이다. 사람들은 관계와 대화를 통해 관심을 두거나 새로운 관심을 만들기 때문이다.

### 일반적인 실수들

일단 만들어두면 사용할 것이다

이것은 학습을 위한 사회적 네트워크를 가동할 때 공통으로 저지르는 실수이다.

조직은 일단 지식/학습 플랫폼을 구매한 후 실행하고 사람들에게 홍보하면 많은 사람이 자신의 지식을 공유하고 이를 통해 다른 사람들의 학습으로까지 이어지리라 생각한다. 이것은 다음에 제시하는 몇 가지 이유로 계속해서 실패한다.

## 지시와 통제

대부분의 조직은 위계적으로 설계되어 있기 때문에 1:1의 관계에 있는 시스템을 실행한다는 것은 문화적 충돌을 불러일으킬 수 있다. 일반적으로 사회적 매체는 사람들이 자신의 의견을 표현하고 그들이 좋아하는 모든 것들을 공유하는 공간이다. 사람들은 그들이 좋아하는 사람을 팔로워하고 또 그들도 누군가에 의해서 팔로잉 된다. 게시물의 가치는 대부분 '좋아요' '공유'의 숫자에 의해서 측정된다. 신분 차별은 있을 수 없고 사람들은 그들이 원하면 미국 대통령에 대해서도 자신이 주장하는 바를 글로 남길 수 있다. 사람들은 종종 기업의 지위를 사회적 환경으로 가져오기를 기대한다. 사람들이 자신의 발언에 의문을 제기하거나 '승인'되지(네트워크에 공식적으로 가입되지 않은) 않은 사람의 답변을 선호한다는 사실에 분노를 느낄 수 있다. 무단 대화 또는 그룹이 '종료' 되도록 요구하거나 화를 내거나 그룹 채팅에서 유치하게 행동할 수 있다. 이런 종류의 행동은 사람들이 기업 소셜 네트워크를 이탈하도록 만들 것이다.

## 기업용 마우스 피스

이와 관련하여 조직은 지식 공유를 위한 시스템을 구현하여 기존의 일대 다 통신 채널처럼 사용할 수 있다. 커뮤니케이션 팀은 캠프를 설정하고 그룹을 만들고 모두가 알기를 원하는 콘텐츠를 플랫폼에 덤핑하기 시작한다. 누군가가 제품을 판매할 의도로 파티에 가는 것처럼, 그들은 의자에 서서 '모두 들어라!'라고 소리치듯 판매 홍보를 시작할 것이다. 그러면 채널은 텅 비게 되고 사람들이 다른 곳에서 채팅하고 있다는 것을 알게 될 것이다. 커뮤니케이션 팀은 그룹 이메일, 인트라 넷 및 게시판과 같은 수많은 일대 다 커뮤니케이션 채널을 독점적으로 제어하는 경우가 많기 때문에 이러한 실수에 특히 취약하다.

### 리더의 무관심

리더는 조직 계층에서 기득권에 있으며 평균 직원보다 나이가 많은 경향이 있다. 그들은 종종 새로운 기술의 이점을 식별하지 못한다. 결과적으로 이는 구성원들의 적극적인 동기부여에 부정적인 요소로 작용하게 된다. 이것은 강력한 메시지를 보낸다. 즉, 계층 구조를 더 발전시키고자 하는 사람은 그러한 것들이 경솔하다고 간주하는데, 리더가 적극적으로 참여하면 여러 가지 중요한 이점을 발견할 수 있을 것이다. 예를 들어, 일선 직원의 우려 사항을 이해하고 해결할 수 있고, 더 많은 청중과 직접적이고 진정으로 소통할 수 있으면 서로 간에 자주 발생하는 '우리와 그들'의 마찰을 줄일 수 있다.

### 우연에 맡기기

영향력이 큰 소셜 네트워크를 개발하려면 많은 것들을 고려해야 한다. 파티를 조직하는 것과 비슷하다고 생각하면 된다. 사람들이 알아서 나타날 것이라고 기대하면 안 된다. 특히, 콘텐츠 전략을 알리고 적용할 기술과 해당 기술이 사용될 특정 상황을 이해하려면 탄탄한 청중 조사를 시작해야 한다. 다음 단계는 콘텐츠 전략을 계획하는 것이다. 필요에 따라 콘텐츠를 만들고 선별한다.

결국 사람들은 첫 방문에 실망하면 다시 돌아오지 않을 것이다. 학습 그룹은 시간이 지남에 따라 구축되거나 이벤트와 연결되거나 프로젝트 기간에만 사용될 수도 있다. 초기 왕성한 활동을 보장하기 위해 제공할 캠페인 및 이벤트를 고려할 수 있다.

그 후, 커뮤니티는 시간이 지남에 따라 구축되어야 한다. 여기에는 편집 및 조정 책임이 포함된다. 새 회원은 커뮤니티에서 환영받아야 하며 일정한 자격이 부여되지 않더라도 누구나 게시글을 쓸 수 있어야 한다. 사이트 사용 데이터 및 시사 문제에 대응하여 새로운 콘텐츠를 정기적으로 추가해야 하며, 지역 사회가 확장됨에 따라 지역 챔피언 및 기여자가 개발되어야 한다.

보통은 이러한 측면은 많이 고려되지 않는다. 공간이 생성되면 사람들은 각자 사용하고 있는 기존의 앱으로 돌아가고, 소수의 사람만이 메시지를 게시하고 커뮤니티는 소란스러워진다.

## 사례 연구

### Moo: 지식 공유

약 12년 전 BBC의 Moo라는 비디오 공유 및 블로그 플랫폼을 구축하는 데 참여한 적이 있다. Moo는 일부 다른 소셜 학습 플랫폼에 영감을 쳤고 '비상적 사고'를 기반으로 했다. 즉, 새로운 세계에서 사람들은 재능과 능력으로 조직 내 어디에 있든 자신을 드러낼 수 있는 창의적인 상식들을 만들 수 있었다.

당시 블로깅은 비교적 새로운 현상이었고 유튜브는 큰 인기를 끌었다. 우리가 하는 모든 일이 연결된 것처럼 보였고, 몇 달간의 흥미진진한 개발 끝에 플랫폼이 가동되었다. 게시물을 게시한 대부분 사람은 플랫폼을 구축한 팀원이었다. 몇 달 후 그것은 학습 이데올로기의 고립성에 대한 끔찍한 기념비처럼 여겨지게 됐다. 학습에 대한 이해가 부족했다. 실질적으로 우리는 기여가 소비의 부산물이라는 것을 이해하지 못했다. 우리가 소셜 미디어 공간에서 목격한 것은 대부분 개인적인 검증에 대한 열망의 표현이었다. 사람들은 공유하지 않고 가져가기 위해 사이트에 접속할 것이며, 개인적으로 관련된 일이 진행되고 있다면 작게나마 공유할 수도 있을 것이다. 이 실수는 지식 공유 측면에서 청중 분석 및 콘텐츠 생성 전략이 수행하는 중요한 역할을 이해하는 데 도움이 되었다.

나는 그 후 몇 배나 큰 규모의 조직에 합류했다. 초반 중점은 청중 분석에 있었다. 조직이 무엇을 전달하고자 하는 것이 아니라 사람들에게 중요한 것이 무엇인지 이해하는 것이다. 개념적인 비유 대상은 꿀벌이었다. 몇 달 동안 우리는 흥미롭거나 도움이 될 만한 것들을 종합하고, 만들고, 선별했다. 이 스펙트럼은 나중에 지침들의 원칙이 되었다. 플랫폼에 업로드된 미디어는 매우 유용하거나 흥미로워야 한다. 우리는 500개의 동영상과 다소 초라한 마케팅 캠페인을 시작했다. 그리고 4년 후 660,000회 이상의 사이트 방문과 3,500개의 비디오를 기록했으며, 사이트가 문화와 지식을 공유하는 새로운 접근 방식의 중추라고 말할 수 있게 되었다.

사이트의 성공에 기여한 요인들은 많았다. 사용자 경험은 단순하고 사용하기 쉬웠다. 마케팅 캠페인을 실행하고, 개인화된 콘텐츠를 제공하고, 모바일 장치에서 사이트에 접속할 수 있도록 하고, 지역과 협력했다. 학습 및 커뮤니케이션 팀이 역량을 구축하고 양질의 외부 콘텐츠를 통합했다.

그러나 사이트 성공의 핵심은 바로 동적 콘텐츠 전략이었다. 우리는 트래픽 패턴을 이해하기 위해 매월 사이트 사용을 모니터링했으며 점점 더 정교한 콘텐츠 개인화 방법을 개발했다. 때때로 이것은 생각 이상으로 어려웠다. 한 예로, 우리는 특정 분야에서 30년의 경력을 가진 전문가가 은퇴할 예정이라는 소식을 접했다. '전문가의 지식을 저장 또는 기록할 수 있을까?' 그동안 그는 전 세계를 여행하느라 바빴다. 그가 떠난 시간에 가능한 한 많은 사람에게 강의를 전달했다. 전문가를 다시 만났을 때 그는 많은 교육자처럼 표준 8시간의 강의를 단순히 촬영할 것이며 하루의 여유만 있으면 누구나 모바일 장치를 통해 볼 수 있을 것이라 예상했다. 그러나 우리는 그렇게 할 생각이 없었다. 대신, 우리는 그의 교육과정에 등록한 모든 사람에게 그들이 직면한 어려움, 가장 염려하는 것이 무엇인지, 기회가 있다면 전문가에게 어떤 질문을 할 것인지 물었다. 우리는 이러한 질문의 긴 목록을 편집한 다음 전문가의 답변을 촬영했으며 각각의 답변은 몇 분이 소요되었다.

일반적인 문제를 해결하는 것은 필요한 시점에 액세스 할 수 있는 짧은 비디오 클립이다.

긴 프로젝트의 끝에서 우리는 정치적, 기술적 장애물을 성공적으로 극복했다. 사람들은 자신의 휴대폰으로 콘텐츠를 게시할 수 있게 됐고 조직의 법률 및 보증 부서에서는 직원들에게 모범 사례를 공유하도록 허용하는 것이 별로 위험하지 않으며 오히려 몇 가지 이점을 제공할 수 있다고 믿게 됐다.

나는 여전히 많은 조직이 공유할 만한 환경을 만들었지만, 사람들이 사용하지 않는다며 머리를 긁적거리는 것을 본다. 이런 경우 대부분 공유가 콘텐츠 전략의 부산물로 발생한다는 사실을 이해하지 못한 것이 원인이기 때문에 이 콘텐츠 전략이 성공하기 위해서는 청중의 요구에 부합해야 한다. 그들의 혼란은 이제 막 입사하는 세대들이 서로 많은 공유를 하는 것을 본 데에서 발생한다. 그러나 사람들은 정보를 공유하고 싶어서가 아니라 자기애가 강하기 때문에 페이스북이나 인스타그램에서 정보를 공유한다.

마찬가지로, 학교나 대학 교육이 이러한 '지식 공유' 환경을 구축하는 것은 불가능하다. 그 핵심은 과제 중심이 아니라 주제 중심이기 때문이다. 문제가 거의 없기 때문에(시험 통과를 제외하고) 사람들이 '당길 수 있는' 유일한 것은 시험문제가 되지 않을까.

## 핵심 요약

- 문화는 개인의 행동에 강하게 영향을 미치고 그들이 속한 조직의 구성원과 리더들에 의해서 사회적으로 전파된다.
- 학습 문화란 사람들이 쉽게 배울 수 있고 학습이 쉽게 공유될 수 있는 것이다.
- 모든 조직은 계획적이든 아니든, 조직의 규범을 암묵적으로 소통할 수 있는 명확한 학습 문화를 가지고 있다. 문화의 질은 실험의 수용성, 도전, 사회적 네트워크 및 스토리텔링 등의 몇 가지 요인에 의해서 결정된다.
- 조직에서 행해지고 있는 인재관리 및 학습에 관한 활동들은 학습 문화를 형성하는 데 도움 또는 제약을 줄 수도 있고, 전혀 영향을 미치지 않을 수도 있다.
- 학습 문화를 고양하기 위해서는 살아있는 가치, 구성원들의 매일의 경험, 신입직원 교육, 리더십 그리고 인정/보상제도 등에 집중해야 한다.
- 디지털 사회 학습 시스템은 독립적으로 작동할 수 없다. 실질적인 효과를 보기 위해서는 상당한 노력과 활동적인 콘텐츠 전략이 필요하다.

HOW PEOPLE LEARN

# 9장

◇ ◆ ◇

# 학습의 미래
## (어떻게 가능하게 할 것인가?)

학습과 일이 진정으로 통합되기까지는 시간이 걸릴 것이다. 하지만 일단 통합되면 일이 매우 다르게 느껴질 것이다. 왜냐하면 당신에게 의미 있고 당신이 진정으로 원하는 것들을 훨씬 더 많이 할 수 있기 때문이다. 오늘날 사람들은 의미 없는 일을 하도록 강요받다 보니 '일'이라는 단어를 생각할 때 부정적인 정서가 상당히 강하다. 최근에 조직 내에서 유행처럼 번지고 있는 '일과 삶의 균형'이라는 문구가 일과 삶을 구분하기 시작하면서 젊은 구성원들에게 일은 가능한 적게 해야 하는 부정적인 것으로 인식되고 있다. 이제 학습은 사람들의 삶을 더 풍요롭게 만들고 조직의 사업에 대해서도 가치를 더할 수 있도록 그 활동을 재구성해야 한다는 도전에 직면했다.

우리가 직면한 문제는 조직의 학습 기능이 실제로 사람들의 성장을 지원하거나 일을 더 효과적으로 수행하는 데 어떠한 도움도 주지 못하는 구조라는 것이다. 교육은 단순히 사람들에게 콘텐츠를 주입하도록 설계되어 있는데, 이것은 사람들 성장과 업무 효율에 어느 정도 도움이 된다는 가정에서 기인한다. 그러나 현실은 그러지 못하다. 구성원들은 교육이라는 것이 조직 내에서 아무런 의미 없다는 신호들을 지속해서 보내고 있지만, 우리가 그것들을 무시하고 있다.

내가 계속해서 주장하는 바는 학교 또는 대학 교육의 기능을 광범위하게 반영하는 '지식 전달' 모델의 관습이 비난받아야 한다는 것이다. 학습 산업은 상업 활동을 보호하기 위해 관료제 및 전통문화를 만들었다. 이것은 '학습 성숙도' 및 '학습 조직'과 같은 개념을 포함한다.

학습 성숙도 모델은 일반적으로 학습 조직이 역기능 상태에서 조직적 완성 단계인 '번성하는 학습 문화'에 이르는 방법을 보여주는 일종의 다이어그램이다. 나는 그것들을 구성하는 방법이 현재 유명한 유행어를 골라서 변화를 주고 일정한 형태로 배열하는 것과 같아서 우울한 생각이 든다. 강의실 교육과 같이 작동하지 않는 것에서부터 AI 및 개인화된 학습과 같은 더 복잡한 일련의 것까지 원활하게 진행하는 방법을 보여준다. 전체적인 모습은 탄탄하지 못한 이론적 기초(학습을 콘텐츠 덤핑으로 보는 암묵적 관점)에 놓여 있으며, 미래에는 아무 의미 없는 일을 더 효과적으로 할 수 있을 것이라는 환상을 제시한다.

전반적으로 이 모델의 목적은 학습 업계에서 판매한 마지막 물건이 전혀 작동하지 않았고, 그것을 인지한 구매자에게 그 핑계로 더 많은 물건을 판매하려는 것 같다. 이전에 실행되기로 약속했던 것들이 실제로 작동하려면 훨씬 더 비싼 솔루션이 필요하다고 흥분해서 이야기하는 영업사원을 의심의 눈으로 바라보지만 결국은 설득당한다. 조직이 완전하게 절망적이지 않다면 그들은 이미 오래전 가능성을 보여줬어야 한다. 내가 지금 이 글을 쓰고 있는 동안에도 수입 감소의 전망에 잔뜩 겁을 먹은 존경받는 대학들은 누군가에게 MOOC가 미래라고 설득하는 이야기를 들으며 불편하게 자리를 옮기고 있을 것이다.

내 이야기에 너무 지친다면 이러닝을 다시 한번 떠올려 보자. 이러닝은 세기의 전환점에서 혜성처럼 등장하여 학습과 교육의 혁명, 즉 장소와 시간에 구애를 받지 않고 교육의 비용을 획기적으로 줄여줄 것으로 기대했다. 그러나 현실은 전혀 그러지 못했다. 지금의 이러닝은 학습지원 시스템과 더불어서 조직의 천덕꾸러기가 되었고 실제로 조직 구성원의 80%는 단순히 법정 필수 교육을 완료하는 획기적인 수단으로 사용하고 있을 뿐이다. 그러나 교육산업은 과거의 실수로부터 전혀 배우려고 하지 않는다. 이러닝 모듈, 웹사이트, 비디오로 우리가 달성 하지 못했던 것을 가상현실이 완벽하게 달성해 줄 것이라는 낙관론을 가지고 있다.

간단히 말해서 우리가 학습을 이해하지 못한다면 학교든 대학이든 기업이든 어떤 미래의 교육에서도 발전을 기대하기 힘들다. 나는 사람들이 이 낙후된 교육의 현실에서 탈출하기를 원한다면 논리적인 몇 단계를 반드시 거쳐야 한다고 확신한다. 그림 9.1에서 대략적인 순서도를 제시하고자 한다. 이 그림에서는 교육에서 흔히 쓰이는 전문 용어나 도구들을 전혀 사용하지 않았다.

그림 9.1 학습 고도화 단계

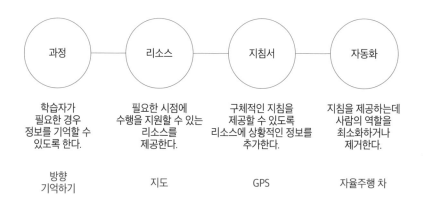

Step 1: 교육과정에서 리소스로의 이동

대부분의 조직에서는 직원들이 어떻게 일하고 있는지 상세히 알지 못한다. 나는 조직에서 성과 지원 시스템을 만드는 일을 오랫동안 하게 되면서 운 좋게 현업의 생리를 이해하게 되었다. 조직들은 직무 기술서, 표준화된 작동 방법 그리고 이러한 작동법을 교육하는 과정 등을 이미 가지고 있다. 그러나 실제로 이러한 것들이 일을 효과적으로 수행하게 하는데 그다지 도움이 되지 못하고 있다는 사실을 발견하게 되었다. 보험회사에서 있었던 사례를 들자면 이 회사는 다른 기업들과 비슷하게 계약 업무를 담당하게 될 신입사원들을 실제로 업무가 이루어지는 1층에서 실제 업무와는 전혀 상관없는 내용으로 5주 동안 교육을 한다. 내가 말하고자 하는 것은 당신이 속한 조직에서 실제로 일이 어떻게 진행되는지 모른다면 당신은 사람들이 미래에 더 잘 일을 수행하게 하거나 자동화로 전환될 가능성이 거의 없다. 아무도 읽지 않고 아무도 따르지 않는 정책과 절차를 만드는 것이 본사에 있는 사람들의 일자리를 제공하고 있지만, 결국 이러한 조직들은 관료주의를 타파하고 가벼운 몸짓으로 움직이는 경쟁자들로부터 심각한 도전을 받게 될 것이다.

리소스를 구축하는 과정에서 오늘날 사람들이 어떻게 일하고 있는지 알 수 있다. 수행 지원 시스템을 구축함으로써 경험이 없는 사람들(또는 기계)이 기능을 코딩하여 작업을 수행할 수 있게 된다. 그러나 오늘날 이러한 지식의 대부분은 암묵적이며 조직 내에 숨겨져 있다. 이것은 사람들이 문화에 대한 피터 드러커의 주장을 인용할 때 이야기하고 싶어 하는 부분이다. 조직의 진정한 메커니즘은 조직문화에 숨겨진 이야기, 규범, 암묵적인 지식 등으로 둘러싸인 '보이지 않는 자산'이다. 이는 로봇이 있든 없든 사람들에게 문제가 될 것이다. 예를 들어, 사람들이 직업을 더 빨리 바꾸거나, 더 적은 능력을 보유하거나, 또는 경쟁 우위를 유지하기 위해 고군분투할 때와 같이 말이다.

마찬가지로, 이것은 학교와 대학 교육에 대한 도전이다. 학습과 일을 병합하는 방향으로 전환을 하려 해도 비즈니스에서 직면하게 되는 도전 과제와 그것을 어떻게 해결할 수 있는지에 대한 프로그램을 가르칠 수 있는 사람이 대학 내에는 전혀 없다는 것을 쉽게 알 수 있다. 예를 들어 대학에서는 사이버 공격 및 방어에 대한 전문성을 갖춘 사람이 많지 않다. 대학에서는 과제 중심의 전문가보다는 주제 중심의 전문가가 많다. 따라서 이러한 변화를 만드는 첫 번째 작업은 도전 과제의 성공적 완료와 관련된 중요한 작업을 자세히 분석하는 것이다. 항공 산업에서 이륙, 착륙, 엔진 고장과 같은 중요한 절차를 다룰 때 시뮬레이터를 사용하여 비행 속도로 안내하는 것처럼 말이다. 시뮬레이션이 실제 생활을 정확하게 반영하려면 대학의 엔지니어링 부서가 아닌 항공기 제조업체와 긴밀히 협력해야 한다.

리소스를 개발하는 과정은 활용 가능한 형식으로 지식을 외재화하는 것이다. 우리는 리소스를 설명할 때 '교육 리소스'로 오해하는 일이 없도록 주의해야 한다. 왜냐하면 리소스의 목적은 오히려 정반대의 의미로, 최종적으로는 목표를 달성하기 위해 사람들이 받아야만 하는 교육의 양을 줄이자는 데에 있기 때문이다. 이제 우리가 좀 더 집중해야 하는 것은 효용성이다. 효과적인 리소스가 되기 위해서는 주어진 환경에서 가장 쓰임새 있는 도구가 되어야 한다. 이 부분을 좀 더 냉정하게 표현하면, 만약에 당신이 '리소스'라 불리는 무언가를 개발했는데 사람들이 사용하지 않는다면 이것은 더는 리소스가 아니라는 뜻이다. 왜냐하면 이것은 유용하지도 않고 접근 가능한 것도 아니기 때문이다. 당신이 오랜 시간을 들여서 거의 완벽에 가까운 '직무 길잡이 매뉴얼'을 개발했다고 하더라도 사람들이 여전히 그들의 동료에게 전화를 걸어서 문제를 해결하고 있다면 초기 설계 단계로 다시 돌아가야 한다는 뜻이다.

사람들의 삶에서 리소스의 역할을 이해하는 것은 관찰의 문제이다. 사람들은 자신의 관심사와 이어지는 일을 달성하기 위해 인생을 살아간다. 그러다 해결하기 힘든 문제에 직면하면 몇 가지 전략에 의존하게 된다. 여기에는 시행착오가 포함될 수 있다. 또는 친구에게 전화를 걸거나 답변을 검색할 가능성이 더 높다. 후자의 경우에 그들이 정말로 찾고 있는 것은 다음에 해야 할 일에 대한 단계별 조언이다. 그들은 흔히들 '지식'이라고 부르는 주제 중심의 자료를 거의 찾지 않으며 배우려고 하지도 않는다. 좋은 예는 지도가 될 수 있다. 자전거 여행을 할 때 가져갈 수 있는 아이템이지만 지도의 목적은 경로를 기억할 수 있도록 하는 것이 아니다. 오히려 정반대로 기억할 필요 없이 경로를 참조할 때 사용하는 것이다.

단순함을 위해 위의 모델에서 '경험 디자인'을 생략했다. 이는 업무적 맥락에서 거의 모든 문제가 운영의 흐름에 의해 제시되고 그 결과 대부분의 수행 향상은 유용한 리소스를 생성함으로써 발생하기 때문이다. 예를 들어 포용성의 필요를 느끼지 못하는 사람들에게 그것이 문화변혁에서 가장 중요하다는 인식을 심어주기 위해서는 경험 설계 방법이 적절할 것이다. 민간 조직과 달리 학교 및 대학 교육은 리소스를 창출하는 것뿐만 아니라 6장에 설명된 단계적 도전의 '트리 구조'를 만들어야 한다.

### Step 2: 리소스에서 길잡이로의 이동

GPS는 지도보다 훨씬 더 편리하다. 지도 역시 아주 좋은 리소스이기는 하지만 당신은 정기적으로 멈추어야 하며 내가 지금 어디에 있는지 확인해야 한다. GPS는 지도를 이미 알고 있고 당신이 어디에 위치하는지까지 알고 있기 때문에 당신이 다음에 무엇을 해야 할지를 알려줄 수 있다. 마찬가지로 경험이 없는 사람이 무엇을 해야 할지 잘 알려줄 수 있는 리소스들을 개발했다면 당신은 이미 한 발짝 앞서 나가고 있다. 그러나 당신은 아직도 정확한 시간에 올바른 리소스를 찾아 줄 수 있는 누군가의 도움이 필요하다. 이것이 오늘날 우리가 구글을 사용하는 방식이다. 구글은 상당히 유용한 리소스이기는 하지만 여전히 당신은 컴퓨터를 통해 검색하는 노력을 해야 한다. 검색하지 않고도 충분히 유용한 정보들을 습득할 수 있다면 얼마나 좋을까?

리소스에 상황적인 정보가 더해진다면 당신은 GPS와 같은 수행 지원 시스템을 만들어 낼 수 있다. 이러한 변화는 무언가를 잘하는데 요구되는 역량들을 혁신적으로 줄여 줄 수 있다.

우버는 혁신적인 회사가 아니다. GPS가 혁신적이다. 우버는 GPS가 없이는 존재할 수 없다. GPS처럼 수행 지원 시스템을 개발하는 것은 AI처럼 복잡한 알고리즘이 필요 없다. 단지 필요한 일부 정보만 있더라도 리더가 팀의 성과와 몰입을 높이는 데 유용한 길잡이를 충분히 제공할 수 있다. 일단 사람들이 필요로 하는 리소스들을 가지고 있다면 다음 단계에서는 그러한 리소스가 언제 필요한지에 대한 데이터를 찾을 필요가 있다. 달력과 같이 간단한 것이 당신이 알고 싶어 하는 모든 것을 말해 줄지도 모른다.

이러한 것들은 '개인화된 학습'이 아니라 '수행 길잡이'라는 것을 명심해야 한다. 누군가 운전 중 방문하는 모든 곳에서 작은 지도를 프린트해주는 장치를 개발했다고 상상해 보자. 방문하는 곳마다 작은 지도를 받는 것은 모든 것을 기억해야만 하는 것보다는 훨씬 더 좋은 방식이다. 그러나 머지않아 당신의 차 안은 작은 지도들로 가득 차게 되고 정확한 지도를 읽기 위해서 차를 자주 멈춰야 한다는 것을 깨닫게 될 것이다. 이것이 당신이 리소스를 가지고 일을 하게 될 때 마주치게 되는 상황이다. 당신은 사람들이 일하는 데 필요한 모든 리소스를 만들어 낼수 있지만 얼마 지나지 않아 도움이 되는 리소스들로 가득 찬 자신을 발견하게 되고 결국엔 적절한 시기에 올바른 리소스를 찾는 것에 의존되게 될 것이다.

만약에 우리가 작은 지도를 프린트하는 대신에 사람들이 현재 어디에 있고 어디로 가려고 하는지에 대한 상황적인 정보를 사용할 수 있다면 제때 명확한 지침을 제공할 수 있을 것이다.

이것이 리소스에서 길잡이로 전환하는 단계이며 개인의 학습과는 전혀 관계가 없는 개인의 수행 향상 시스템이다.

## Step 3: 길잡이에서 자동화로

이제 우리가 나아가야 하는 방향이 좀 더 명확해졌기를 바란다. 조직에서 수행해야 하는 규칙을 파악하고 자동화를 고려할 수 있는 좋은 시기이다. 예를 들어, 이제는 HR봇이 구성원들이 요구하는 질문과 요청사항을 95%까지 처리할 수 있다. 당신은 이러한 정보들을 앱 개발자와 공유할 수 있다.

당신은 사람들이 기술적인 영역에서 성공하는 요인을 알고 있고 기계가 유사하게 작동하도록 프로그래밍 할 수 있다. '축하합니다, 당신은 리더입니다. 여기 리더십 스타일에 대한 몇 가지 사항이 있습니다.'라고 말하는 대신 리더가 성과와 몰입을 높이기 위해 다양한 업무환경에서 무슨 말을 하고 무엇을 해야 하는지 알고 있다. 물론, 최적이 아닌 기존의 작업 방식을 복제할 위험이 있지만, 사람들이 오늘날처럼 일하는 데에는 타당한 이유가 있다.

요약하자면, 미래에 다가올 자동화를 준비하기 위해서 할 수 있는 몇 가지가 있는데, 예를 들어 한 페이지 안내서 및 체크리스트 등이다. 종종 사람들이 이미 스스로 이러한 일들을 하는 것을 발견할 수 있다. 표준화된 작업 절차나 교육 등의 반복으로 인한 현상이다. 대부분 조직은 구성원들에게 어떻게 일해야 하는지를 설명하는 방법으로 SOP와 같은 것으로 만든다. 문제는 그런 것들은 시간이 흐를수록 현실에서 점점 더 멀어진다는 것이다. 이는 사람들이 일하는 방식과 그들이 작동하는 맥락을 거의 고려하지 않기 때문이다. 간단한 예를 들어 작업 기억(동시에 기억할 수 있는 항목 수)이 약 5개 항목만 가능한 경우 이 중 2개가 마지막으로 작업이나 다음에 수행할 작업이라면 표준 작동 절차에는 3개 항목 이상을 포함해서는 안 된다. 사람들이 왜 운영 매뉴얼을 찾기보다 동료에게 '다음에 무엇을 해야 합니까?'라고 묻는지 알 수 있는 부분이다.

그런 의미에서 이러한 여정의 시작점은 다음과 같은 질문이다. 사람들이 지금 하는 업무를 간단한 지침을 사용해 편리하게 할 수 있는 방법은 무엇일까?

## 조직 내 교육 부서는 어떻게 구조화되어야 하는가

앞으로 학습이 나아가야 할 방향을 구체적으로 논의하기 전에 잠시 구성원들의 관점에서 학습이라는 것이 어떻게 여겨지고 있는지 생각해 보아야 한다. 그들의 시선은 매우 다르다. 당신이 만약 대기업에서 일하고 있다면 수시로 오는 교육 안내 메일의 홍수에 빠져있을 것이다. 그러나 교육부서에서 제공하는 교육들은 현업의 업무수행과 전혀 관계 없는 내용이 대부분이고 교육 방법 자체도 일방적인 강의식 교육이 주를 이룬다. 그리고 이런 방식은 직원들에게 책임을 전가하는 방법이라는 의심을 하게 한다. 진행이 잘못되어가도 학습 중인 어떤 팀도 서로 의견을 제시하지 않는 것으로 인해 상황은 더욱 나빠지고 있다. 그 결과 여러분은 사방팔방에서 온 교육들로 인해 정신없이 바쁠 것이다. 안전 아카데미에서는 이것을 해야 하고, 리더십 아카데미에서는 다른 무언가를 해야 하고, 정보 보안 교육에서는 또 다른 것을 해야 하기 때문이다.

이러한 경험들은 잘 구조화된 대기업에서 흔히 발생하는 특징으로 대부분의 교육이 상향식<sup>bottom-up</sup> 보다는 하향식<sup>top-down</sup>으로 진행되는 경우가 많다. 어떤 면에서 이러한 경험들은 온라인 쇼핑을 하는 것과 비슷하다고 할 수 있다. 갈색 구두를 사기 위해 당신은 온라인 쇼핑몰 사이트들을 방문하여 가격을 비교할 것이다. 이것은 고객의 관점에서 상당히 성가시고 비효율적인 일이다. 왜냐하면 이것은 당신에게 제품을 판매하고자 하는 기업의 상업적인 구조를 반영한 것으로 고객이 아닌 자사에 적합한 방식으로 제품들을 구조화하였기 때문이다. 다른 사례는 멤버십 카드이다. 가게들은 많은 제품을 팔기 위해 멤버십 카드를 제공하는데 지금은 아주 흔한 일이 되어 버려서 쇼핑했던 모든 곳의 멤버십 카드를 가지고 있으려면 작은 가방이 필요할 정도이며 지금 방문한 곳의 멤버십 카드를 찾기 위해서 몇 분을 소비해야 할지도 모른다.

이러한 시스템은 너무도 우스꽝스럽다. 왜냐하면 아무도 고객의 관점에서의 긍정적 경험을 향상하는 데 신경을 쓰고 있지 않았기 때문이다. 다행히 몇몇 조직들이 이러한 문제를 해결하기 위하여 새로운 방안을 제시하고 있다. 이제 우리는 하나의 앱으로 한 장소에서 모든 상품을 살 수 있고 다른 레스토랑에서의 주문도 할 수 있게 되었다.

이러한 '애그리게이터(여러 회사의 상품이나 서비스에 대한 정보를 모아 하나의 웹사이트에서 제공하는 인터넷 회사·사이트)' 서비스는 직접 매장을 소유하고 있지 않은 상태에서 단지 고객 중심의 경험을 제공하는 서비스를 통해 많은 주문을 창출해내고 있다. 이것은 다른 사업들에 획기적이고 파괴적인 영향을 줄 수 있다.

기업의 교육 조직들은 이러한 흐름과 달리 상향식으로 요구를 분석하지 않는다. 조직에서 구성원들에게 도움이 될 수 있는 자세하고 명확한 경험의 지도를 그리거나 그 경험을 전달할 수 있는 도구들을 개발하지 않는다는 것이다. 대신 그들은 대학과 학원들을 만들어서 주입식으로 교육 콘텐츠들을 사람들에게 밀어 넣기 시작한다.

이런 상황에서 직원의 개인 기기에서 간단하게 활용할 수 있는 작업 방법을 알려주는 앱을 제공하는 소규모 독립 기업을 상상하는 것은 그저 환상이지 않을까? 이런 발전을 막는 것은 무엇일까? 바로 조직의 불투명함이다. 조직은 하위문화들을 가지고 있고 외부에서는 상당히 이해하기 힘든 방식으로 작동하기 때문에 기업의 교육 및 육성 부서는 이러한 문제를 해결하기 위해 존재한다.

그림 9.2는 직원의 경험에 중심을 둔 조직들이 어떠한 모습인지에 대

해 대략적인 도식을 보여준다. 표면적으로는 오늘날 기업에 존재하는 교육부서의 모습과 별반 다르지 않게 보일 것 같아서 몇 가지 차이점을 제시하겠다.

- 교육이 아닌 경험과 성과: 제목이 암시하듯이 이러한 모델의 아웃풋은 교육이 아니라 직원들의 경험과 성과이다. 이것은 단순한 말장난이 아니라 사람들의 관심을 유용한 리소스나 변혁적인 경험으로 만드는 것에 집중시키는 것으로 이를 통해 업무를 수행하는 동안 자연스럽게 일을 즐기도록 할 수 있다. 사람들 대부분은 일상 속에서 구글이나 유튜브를 즐겨 사용한다. 그래서 나는 직장에서 무언가 알아야 할 필요가 생겼을 때 왜 이처럼 할 수 없는지 너무나 화가 난다.

- 능력이 아닌 도전: 조직의 단위는 능력보다는 핵심적인 성과 과제들에 의해 구성된다. 부분적으로 이것은 능력을 개발하는 것이 사람들의 성과를 향상시키는데 가장 비효과적인 방법이라는 것을 의미한다. 대신에 우리는 '이러한 도전 과제들을 해결하기 위해 사람들을 어떻게 도울 수 있을까?'라는 질문을 하고 그에 대한 답으로 변혁을 디자인해야 한다. 위의 이야기와 연결해 보자면 대부분의 학습은 변화의 시기, 예를 들면 회사에 입사하고 새로운 리더가 되고 기술적인 역할을 부여받았을 때 가장 많이 일어난다. 전환에 초점을 맞추면 현재 일을 하는 사람들이 알아둘 필요가 있는 더 많은 안내서를 제공할 수 있을 것이다(그러나 우리는 질문하는 것을 두려워한다).

- 전문가 중심이 아닌 청중 중심: 콘텐츠 개발은 전문가들에 의해 생성된 콘텐츠 더미들보다 일선에서 일하는 사람들이 업무를 잘 수행할 수 있도록 학

습자 중심의 설계 프로세스로 바뀌고 있다.

- 콘텐츠에 집중하지 말고 성과에 집중하라: 설계의 시작점은 교육 목표를 수립하는 것보다 바람직한 성과를 내고 맥락을 완벽하게 이해하는 데서 출발해야 한다.

- 조직의 구조보다 직원들의 경험에 집중하라: 많은 학습 기술들은 조직의 사일로 현상에서 기인한 콘텐츠들의 푸시에 사용되기 때문에 사용자의 전체적인 경험과 관련이 없거나 단편적일 수밖에 없다. 더 좋은 해결책은 일단 성과부터 시작해서 조직 내 다양한 부서들의 지침들을 통합하는 것이다. 이것은 교육과 유사한데 교육 과정은 주제 중심으로 구성되어서는 안 되고 학생들이 반드시 해결해야 하는 프로젝트 중심으로 이루어져야 한다.

- 정적 개발이 아닌 반복적 개발: 성과 지원은 콘텐츠를 완료하는 프로세스가 아니라 지속해서 개발하는 것이다. 시스템을 통해 전반적인 피드백을 수집하고 모범 사례를 전파한다. 이는 프로그램을 담당하는 개인이 제품 관리 역할을 더 많이 수행한다는 것을 의미하며, 피드백과 측정을 기반으로 프로그램을 개선할 방법을 계속해서 찾을 수 있다.

- 프로그램이 아닌 제품: 조직보다 사용자 중심이 됨에 따라 조직 메시지를 전달하는 프로그램이 아닌 의도된 사용자 경험을 제공하는 제품으로 초점이 이동한다.

- 커리큘럼이 아닌 콘텐츠 전략: 위에 링크된 콘텐츠 제작자는 일련의 과제에 맞는 콘텐츠를 개발해야 한다. 이를 위해서는 전략적 입력과 함께 사용자 데이터를 기반으로 하는 능동적인 콘텐츠 전략이 필요하다.

- 모두에게 공개: 기본적으로 모든 사용자가 모든 리소스에 액세스할 수 있도

록 허용하되 개인화 및 상황별 정보를 통해 관련 자료로 이동할 수 있도록 한다.

- 디지털 우선: 우리 학습의 대부분은 비공식적이며 기술을 통해 이루어진다. 조직의 성과 전략은 제때 효과적인 성과 지원을 제공하고 무의미한 교육 비용을 줄이기 위해 디지털 우선순위를 지정해야 한다.

- 교육이 아닌 경험: 사고방식을 바꾸거나 사람들에게 실천할 기회를 주고 자하는 경우, 우리는 경험 설계를 수행해야 한다(교육 설계가 아님). 즉, 라이브 이벤트는 '콘텐츠 덤핑' 세션이 아니어야 한다.

- 리소스가 지침이 됨: 리소스에 더 많은 맥락 정보가 추가됨에 따라 리소스를 제공하는 앱에서 상황에 맞는 지침으로의 전환은 매우 자연스럽게 발생한다. 이는 GPS와 유사하며, 상황 정보(목적지 및 위치)를 추가하여 리소스(지도)가 안내(좌회전)된다.

물론 조직이 현재 상태에서 이와 같은 상태로 전환하는 것은 매우 어려울 것이다. 그러나 미래를 더 명확하게 그리는 데 도움이 될 수 있으며, 대규모 조직에서도 처음부터 다시 시작할 기회를 얻게 된다. 과거의 관습이 그들의 영역을 필사적으로 방어하기 때문에 혁신은 굉장히 어렵다. 새로운 종처럼 혁신은 생존을 위해 현존하는 종과 싸워야 한다. 그렇다면 학습(더 정확하게는 '교육') 분야에서 혁신을 가져오려면 어떤 전술을 사용해야 할 것인가?

## 조직 내에서 혁신하는 방법

요즘에는 '파괴적 혁신'에 관한 책과 그 일을 어떻게 할 수 있는지에 대한 책이 서점을 점령하고 있는데 읽고 나서는 실망하는 경우가 많다. 그들은 '혁신이 미래의 열쇠'라고 말하지만 정작 혁신을 억제하고 있는 존재를 인식하지 못하는 것 같다. 그들은 종종 아주 적은 말을 하기 위해 많은 페이지를 사용한다. 혁신 방정식의 세 부분인 사람, 조직, 혁신 자체를 위한 몇 가지 전술을 살펴보겠다.

### 사람들

조직 내에서 혁신을 시도하려 한다면 이를 막으려는 동료들에 의해 좌절감을 느끼게 될 것이다. 혁신가에게는 그러한 사람들이 편협하고 근시안적인 것처럼 보일 수 있다. 마찬가지로 관료주의적 사람들에게는 혁신가가 무모하고 자기중심적인 것처럼 보일 수 있다. 관료주의자는 '왜'에 관심이 있는 사람들이 아니다. 그들은 규칙을 따르고 시행하기 위해 존재한다. 보통 그들은 넥타이를 착용한다. 그들은 경찰이고 혁신가는 강도이다.

수많은 조직이 '혁신'의 가치를 선전하는 상황에서 조직 내에서 일하는 대다수 사람이 왜 혁신에 적극적으로 저항하는지 이해하기 어려울 수 있다. 대부분 답은 '교육'에 있다. 무엇보다도 교육은 우리에게 순응하도록 가르친다. 구체적으로 말하면 권위를 존중하고, 들은 대로 행하고, 규칙을 준수하도록 가르친다. 면화 공장에서 일하려면 이 모든 것들이 매우 중요하다.

달리 말하면 교육은 '착한 소년'과 '착한 소녀', 즉 순종적인 사람들을 양성하는 데 탁월하다. 이 사람들이 똑똑하든 그렇지 않든 상관없다. 본질적으로 그들은 들은 대로 하는 일에 의존한다. 분명한 경계를 정하고 존중받기를 기대하는 엄격한 부모를 둔 고성취자일 수도 있다. '내가 그렇게 말하니까!' 또는 '그게 규칙이니까!'라고 말하는 부모, 그리고 완벽한 직원이 된다.

대부분 조직이 실제로 면화 공장이 아니지만, 그들은 아주 최근까지 노동과 프로세스의 분업을 통해 계층과 생산성을 유지하는데 의존했기 때문에 완벽한 직원이었다. 모든 사람이 각자의 일을 하고 프로세스에 따라 움직였다. 누구도 창의적인 것을 기대하지 않는다. 지난 50년 동안 많은 조직은 권위에 대해 순응하는 부모-자녀와 같은 관계를 통해 형태를 유지했다. 이런 식으로 교육은 산업계에 '좋은 소년'과 '좋은 소녀'를 지속해서 공급했고, 그 결과 조직, 특히 크고 계층적인 조직은 대다수가 이러한 유형의 사람들로 불균형적으로 구성된다. 조직은 직원에 대해 부모의 입장을 취한다. 계층 구조와 순종은 단단한 원자 결합을 통해 단단한 물체가 견고하게 유지되는 것처럼 변화가 일어나는 동안 조직이 안정을 유지하는 방법이다.

채용 프로세스를 통해 조직은 암묵적으로 부모-자녀 구조에 잘 맞는 사람을 고용한다. 최고의 학위를 받은 사람들은 마감일에 대해 가장 염려하는 사람들일 것이다. 정확히 조직의 목표를 달성하고자 하는 사람들이다. 어떤 의미에서, 이것이 당신의 학위가 진정으로 중요하지 않은 이유이다. 일종의 훈련을 받은 이상 당신은 의심의 여지없이 규칙을 받아들이고 시행할 사람이지만 항상 위아래를 주시할 뿐 옆을 보지 않는다. 그러나 강점은 항상 약점이 될 수 있다. 이러한 특성은 변화의 시기에도 대규모 조직을 하나로 묶고 수십 년 동안 생존을 보장하고 동료를 위험으로부터 보호했다. 엄격한 계층 구조는 우리가 손댈 필요가 없을 만큼 안정성과 번영을 보장했다. 따라서 조직은 혁신(기업 전문 용어, 인기 있는 논픽션 및 마케팅 자료로 들어가는 '혁신'이 아니라 진정한 의미의 혁신)이 위협을 의미한다는 것을 어느 정도 이해하는 사람들에 의해 직원이 배치되고 관리된다. 그렇다. 혁신은 조직을 천천히 갉아먹을 가능성이 크다.

혁신가와 조직 간의 인터페이스는 한 당사자는 '이유'에 대해 이야기하고 다른 당사자는 '규칙'에 대해 이야기하는 교차 대화가 특징이다. 그렇다면 조직에는 왜 혁신가가 필요한가? 결국, 그들은 성가신 것이다.

## 조직

조직은 하천의 바위와 매우 유사하다. 기류가 잠잠할 때는 견고함이 좋은 전략이다. 그러나 난기류가 전체 암석을 들어 올려 개울 아래로 던지는 지점에 도달하면 잡초가 더 유연하기 때문에 생존 가능성이 더 높다.

오늘날 사람들이 대규모 조직의 '유연함과 수평적인 문화'에 대해 이야기하는 것을 들었을 것이다. 이는 비정규직 인력에 대한 의존도가 증가하고 관리 계층이 감소하는 것을 의미한다. 더 적절한 용어는 '융합'이다. 조직 주변의 일이 '열화'됨에 따라 가장자리를 부드럽게 하는 것이 합리적이라고 판단하는 것이며 이는 계층 구조를 평평하게 만든다. 일부 조직은 천천히 녹는 큰 얼음 블록과 같다. 성공적인 조직은 바쁘지는 않더라도 유동적으로 될 것이다. 새로운 시장 기회를 활용하기 위해 빠르게 모양을 바꾸고 요구 사항에 맞게 크기를 조정할 수 있다. 물론 이러한 경향은 조직의 전통적인 두 가지 중심 특성, 즉 경직된 계층(그리고 부모-자녀 심리적 계약)과 지속적 형태를 유지하는 일련의 규칙을 무너뜨린다.

새로운 유형의 조직은 훨씬 더 느슨한 유대감, 더 작은 '원칙', 훨씬 더 두꺼운 혁신 및 자율적 행동을 가지고 있다. 실제로 이미 작동 중이기도 하다. 사람들은 즉각적인 조치 없이 작업을 완료하고 그 과정에서 수많은 규칙을 위반해 가면서까지 직장에서 자신의 기술을 사용하는 것으로 전환하고 있다.


## 혁신 전술

많은 사람이 조직 혁신의 미덕을 칭찬하고 있지만, 기존 조직의 본질적인 특성은 여전히 혁신에 부정적인 영향을 끼친다. 자체적으로 개발 혁신을 달성할 수 없는 대기업은 번성하는 스타트업을 인수하고 즉시 이를 파괴한다. 불만을 품은 전직 직원들은 자신들의 근무 문화가 급격히 악화하고 있다고 말한다.

내가 가장 자주 듣는 조언은 그러한 조직에서조차 혁신이 작동할 수 있는 실험적인 '불간섭' 공간을 만들어야 한다는 것이다. 혁신의 본질적인 독성 효과를 인정하고 통합 시도에 저항해야 한다는 것이다. 그러나 이러한 분리된 접근 방식은 오히려 혁신을 억제한다. 혁신은 조직 전체에 흩어져 있는 작은 주머니에서 자연스럽게 발생하고 생존을 위해 싸우는 경향이 있다. 혁신 책임자와 혁신팀을 만든다는 것은 혁신을 억제하는 또 다른 수단을 만드는 실수를 범하는 것이다. 예를 들어, 혁신 책임자는 이제 혁신 프로젝트를 위한 중앙 기금을 관리하게 된다.

이 돈을 현명하게 사용하기 위해 문서로 완성된 자금 신청 프로세스를 만들 것이다. 그 결과, 공식 메커니즘 외부에 있는 혁신 프로젝트는 적극적으로 억제되고, 진행하는 프로젝트는 혁신팀 자체가 주도하는 프로젝트와 자금 조달을 위해 경쟁해야 한다.

그렇다면 뭘 해야 할까? 나는 여기서 바이러스와 인간 면역 체계에 비유해 설명하고 싶다. 우리의 면역 체계는 우리 존재에 위협이 되는 바이러스를 탐지하고 제거하도록 설정되어 있다. 사실 우리의 존재는 바이러스(우리가 세포 구조에 통합되어 있음)에 빚지고 있다.

조직 내 혁신이 성공하기 위해서는 바이러스의 전술을 빌려야 한다.


- 위장: 혁신 영역은 생존을 위해 조직의 언어와 목표를 차용하는 방법을 배워야 한다. 그들은 현재의 '비즈니스 과제'를 해결하면서 '전략적으로 조정 된' 것으로 보일 필요가 있다. 궁극적인 목표가 조직의 생존이라면 정렬하지 않을 이유가 없지 않겠는가? 조직은 혁신을 야망이라 표현할 수도 있지만, 이는 현 상태를 유지하는 데 효과가 있는 계층적으로 쌓인 목표 세트로 명확하게 표현된다. 이러한 이유로 조직은 혁신을 인식하고 문제 해결을 위한 대응을 마련해야 함과 동시에 새로운 기능 수단(아직 정책으로 표현되

지 않은 수단)을 양성해야 한다. 학습 혁신을 커버하는 이니셔티브의 종류는 '70/20/10'의 법칙, '디지털 혁신' 또는 '직원 경험'이 될 수 있으며, 각각은 실험할 수 있는 안전한 공간을 제공한다.

- 투명화: 위장은 투명화를 달성하는 수단이지만 다른 많은 요소가 작용한다. 바이러스와 마찬가지로 크기가 작은 것이 큰 도움이 될 수 있다. 투명성은 항체의 회피를 의미하며, 조직적 측면에서는 위원회와 거버넌스 주의를 피하는 것을 의미한다. 위원회는 종종 조직의 핵심으로 구성되기 때문에 혁신을 신속하게 처리할 수 있다. 하지만 거버넌스 또는 광범위한 승인이 필요하지 않은 방식으로 소규모 파일럿 프로젝트를 수행하면 더욱더 빠르게 다른 작업을 시작하고 실행할 수 있다. 적은 양의 기술 실험이 큰 영향을 미칠 수 있기 때문에 이는 특히 디지털 접근 방식에서 잘 작동한다.

- 빠르게 확산: 성공적인 바이러스는 탐지를 피하면서 빠르게 확산한다. 혁신이 성공하려면 유사하게 운영하는 것이 중요하다. 감지되기 전에 이미 널리 퍼져 있어서 변화에 대처하는 것보다 통합하는 것이 낫도록 해야 한다. 다만 이것은 수익이 감소하는 전략이라는 점에 유의하라. 인간과 마찬가지로 조직의 면역 체계는 거버넌스를 피하면서 중요한 변화를 가져오는 데 더 많은 주의를 기울이는 방법을 빠르게 배울 것이다. 혁신이 조직에 실질적인 이점을 보여준 곳에서 조직은 점점 더 많은 양의 혁신을 용인할 것이다. 고위직을 맡은 사람들은 위험으로 인식될 새로운 것(암묵적인 선택 기준)에 대해 당연히 회의적이다. 작업이 발견될 때까지 그것이 개선을 의미한다고 설득할 수 있는 사례가 이미 있는 경우 해당 위험을 완화할 수 있다.

- 변형: 유동성은 미래 조직의 핵심이다. 기회를 신속하게 식별하고 이를 활용

하는 방식으로 재구성할 수 있는 능력이다. 혁신팀은 민첩성과 투명성을 가져야 한다. 그래야 빠른 변화를 통해 느리게 움직이는 조직의 핵심에서 앞서 나갈 수 있다. 한 영역에서 중단된 혁신이 다른 이름으로 빠르게 다시 나타날 수 있다. '지식 공유' 이니셔티브는 이제 '성과 도구' 또는 '포켓 코치'이다.

- 강력한 호스트: 중요한 누군가가 당신의 작업을 좋아한다면 그 활동에 대한 단단한 보호막을 만들 수 있다. 프로젝트의 선임 옹호자를 식별하고 잠재력을 자극하라.

- 감염성: 혁신가를 제거하기는 매우 쉽다. 대체로 그렇다. 조직의 핵심은 장기적인 실행 가능성보다 단기적인 성공을 우선시한다. 애플은 스티브 잡스를 무례하게 퇴장시켰고 외부에서의 그의 혁신 노력이 위협이 됐다는 것이 분명해졌을 때만 그와 재통합했다. 말소하기 훨씬 더 어려운 것은 아이디어이다. 아이디어가 전파될 수 있다면(전염성 있는 아이디어) 이것은 지우는 것이 훨씬 더 어려울 수 있다. 혁신팀이 전염성 있는 아이디어를 창출할 수 있는 방법은 여러 가지가 있다. 사실 전염성이 없다면 혁신이 아니다. 예를 들어 코스에서 리소스로 전환한다는 아이디어는 전염성이 있는 아이디어이다. 애플의 디자인 사고방식은 궁극적으로 계층적이지 않았다. 그 성공은 모두가 좋은 디자인 아이디어에 감염되었기 때문이다.

- 차이점: 아인슈타인은 '정신이상자는 같은 일을 하면서 다른 결과를 기대하고 있는 사람'이라고 말했다. 혁신은 차이에서 비롯된다.


학습의 혁신으로 드러나는 많은 것들은 오래된 사고와 똑같은 기반을 두고 있다. 혁신에 대해서만 배우려고 하고 마케팅, 철학, 전위 연극을 공부하는 등 다른 관점을 키울 수 없다면 진정으로 혁신적인 것을 제공할 수 없다. 다양한 관점과 건전한 갈등이 혁신을 뒷받침한다.

혁신 분야에서 일하는 사람들은 때때로 확신할 수 없는 열정으로 혼란에 관해 이야기한다. 그들은 혼란으로 인해 사람들이 일자리를 잃거나 불확실한 미래에 직면하게 될 수 있다는 사실을 간과하는 것 같다. 반면에 일단 타협하기 시작하면 혁신은 여지없이 흔들리고 이전 상태로 돌아간다. 때때로 타협은 단지 실행의 유예일 뿐이다.

그러나 학습 및 개발 상황은 급격히 혁신에 초점을 맞추고 있으며, 기존의 교육 방식을 고수하는 것은 점점 더 불안정해지고 있다. 지난 수십 년 동안 상대적으로 느린 속도의 변화와 교육자의 지나친 권위는 교수법의 효율성이 모호해질 수 있음을 시사했다. 조직은 자연스럽게 직원들이 학교에서 경험한 관습을 채택했다. 조직이 제공한 다양한 과정은 거의 성과를 내지 못했지만, 사람들은 네트워크를 누릴 기회를 즐겼고, 자신의 능력을 구축하는 실제 학습은 직장에서 일어난다는 암묵적인 이해가 있었다.

오늘날, 많은 요인이 혁신을 방해하고 있다. 하지만 게임은 끝났다. 가장 주목할 만한 점은 사람들이 일상생활에서 일을 처리하는 방식이 극적으로 변했다는 것이다. 이제 거의 모든 연령대의 사람들이 인터넷 검색을 통해 필요한 정보를 머릿속에 덜 담아둔다. 빠르게 변하는 세상에서 이것은 대단한 의미가 있다. 결국 학습은 인지적으로 비용이 많이든다. 여기에 조직이 이러한 변화의 영향을 흡수하면서 더 많은 예산을 아낄 수 있게 됐고 교실에서는 점점 줄어드는 암기의 비율을 늘릴 이유가 없다는 생각이 나타나기 시작했다.

교육이 사람을 소중히 여기는 합법적인 방법이라는 사실을 받아들이더라도, 이를 달성하기 위한 더 나은 방법과 비용 절감이 필요하다.

다시 한번, 우리는 사람마다 서로 다른 것을 중요하게 생각한다고 가정하고 그에 따라 '보상 및 인정' 접근법을 분류해야 한다.

유리한 사실은 학습 및 개발 전문가가 이러한 지각 변동을 활용할 수 있는 고유한 위치에 있다는 것이다. 지금까지 단순한 환상이었던 것을 실현할 수 있는 위치에 있다. 즉, 조직 내에서 성과의 질과 직원 경험에서 중심적인 역할을 한다. 위성 내비게이션이 필요한 지점에서 리소스와 안내를 제공함으로써 수백만 명의 통근자의 흐름을 안내 할 수 있는 것처럼 확실히 이를 수행 할 수 있다.

필요한 것은 고정관념에 얽매이게 하는 사고방식을 버리는 것이다. 학습은 정보를 사람들의 머리로 전달하는 방법을 찾는 것이다. 그것은 교육전문가의 일이 아니다. 호흡과 마찬가지로 학습은 학습자의 역할이다. 우리는 그것을 대신해 줄 수는 없지만, 그들이 배울 수 있는 경험과 자원을 제공 할 수 있다.


이 마지막 장에서 나는 미래 학습 조직의 개요를 스케치했다. 자원과 경험으로 개인을 지원하고 안내하지만, 학습은 그들에게 맡겨야 한다. 피하고 싶더라도 진보는 항상 관습과 싸움을 수반한다. 나는 진보를 가로막는 몇 가지 세력과 이를 해결하는 몇 가지 방법을 설명했다.

## 핵심 요약

- 근본적인 사고를 바꾸지 않고 새로운 기술만 학습에 적용하려고 하면 탁월한 결과를 얻을 수 없다.
- 조직은 '때에 따라' 정보를 암기하는 대신 과정에서 리소스로 전환하여 사람들이 필요할 때 원하는 정보에 액세스 할 수 있도록 해야 한다.
- 상황에 맞는 정보를 추가하면 이러한 리소스가 상황에 맞는 지침으로 발전할 수 있다.
- 상황에 맞는 지침은 작업 자동화를 위한 기초를 제공한다. 미래의 학습 조직은 학습보다는 직원 경험과 성과에 초점을 맞춰야 한다.
- '경험 및 성과' 조직은 지원 가능한 직원 경험을 제공하도록 설계되어야 하며, 서로 다른 팀이 협력하여 필요한 시점에 리소스를 제공하도록 해야 한다.
- 조직은 본질적으로 혁신에 저항하기 때문에 성공적인 혁신에는 보호 공간을 구축하고 혁신을 점진적으로 육성하기 위한 여러 가지 전술이 필요하다.

당신은 태어나면서 이미 쾌락과 고통, 얼굴, 소음, 기어 다니는 것, 높은 곳에서 떨어질 위험 등 많은 것에 대해 강하게 느꼈을 것이다. 가족, 성별, 지위 등 당신이 관심을 가져야 하는 것 중 일부는 시간이 지남에 따라 꽃을 피웠지만, 나이가 들어감에 따라 돈이나 '좋아요' 또는 시와 같은 원시적 요소로부터 새로운 관심사를 가지는 법을 배웠다.

각각의 새로운 경험과 끊임없이 진화하는 관심의 만화경에 의해서 당신이 느끼는 방식들을 인코딩 해왔다. 나이가 들어감에 따라 감정은 더 미묘해지고 반응이 더 정교해졌다. 이 저장된 감정 패턴('기억')을 사용하여 완전히 정확하지는 않지만 가장 중요한 기능을 균형 있게 보존하는 방식으로 과거 경험을 떠올리게 됐다. 당신의 기억은 당신이 들은 이야기와 경험하는 것들을 같은 방식으로 저장하기 때문에 항상 사실과 허구의 혼합된 이야기이다.

주변에서 비슷한 생물들이 비슷한 일을 경험했고 그들이 느끼는 것을 표현하기 위해 소음을 냈을 것이다. 그리고 우리는 이러한 소음('언어')을 일련의 감정(또는 사람들이 '생각'이라고 부르는 것)에 해당하는 방식으로 만드는 법을 배웠다. 물론 처음 시작할 때는 반응과 말이 모두 느슨하게 사용되었지만, 나이가 들어감에 따라 감정적 반응이 언어 사용과 마찬가지로 미묘하고 구체적으로 증가했다. 이러한 소음을 내는 것은 다른 사람들에게도 비슷한 감정을 불러일으킨다. 당신은 당신을 기쁘게 하는 경험과 말에 동일하게 기쁨으로 반응하는 사람들에게 끌린다. 물론, 사람마다 사물에 대한 반응이 다르기 때문에 그 과정이 완전히 정확하지는 않다. 그러나 같은 유전자와 환경을 공유한 생물들에는 충분할 것이다. 단어는 감정의 패턴에 해당한다. 그리고 감정은 경험의 패턴이다.

당신은 단어를 함께 묶어 일련의 경험을 설명할 수 있다. 이야기하거나 논쟁을 구성할 수도 있다. 인생을 살면서 당신을 특별하게 만든 것은 경험한 것들이 아니라 그 경험에 대한 당신의 반응이다. 당신은 삶을 인코딩할 고유한 문자를 형성하는 자신만의 관심사를 개발했다. 다른 사람들과 많은 공통점을 가진 문자 말이다. 둘 다 당신을 주변 사람들과 분리하기도 하고 연결하기도 한다. 당신의 이야기를 들려줌으로써 당신은 비슷한 것들에 대해 같은 생각을 하는 사람들, 같은 이야기를 좋아하는 사람들에게 이 차이의 바다를 탐색할 수 있었다.

교육자로서 우리의 역할은 주변 사회의 관심사와 조화를 이루는 방식으로 개인을 성장시키고, 그렇게 함으로써 보다 만족스러운 삶을 영위할 수 있도록 돕는 것이다. 이를 달성하기 위해 우리는 스펙트럼의 양쪽 끝에 초점을 맞출 수 있다. 개인이 가진 관심 사항에 대응하거나 새로운 관심 사항을 생성하기 위해 노력하는 것이다. 어느 쪽이든, 우리는 시작점을 이해해야 한다. 사람에게 가장 중요한 것이 무엇인지 이해하는 것부터 시작해야 한다. 그래야만 리소스를 만들거나 경험을 디자인할 수 있다.